ちょっと気になる社会保障 V3

権丈善一
Kenjoh Yoshikazu

勁草書房

V3 刊行にあたって

ある日，次の連絡が出版社から届く．

さきほど営業部より連絡があり，『ちょっと気になる社会保障
増補版』もおかげさまで在庫僅少となり重版を検討していると
のことです．増補から2年経ちますので，近々改訂のご予定は
あるか先生に伺ってほしい，とのことでした．

んっ？

この本，別に年金の本として書いたわけではないんだけど，不覚
にもいつの間にか，年金の本だと世間では思われてしまったんです
よね．この本を出したらすぐに，出版社から，次は，医療と介護も
いかがですかっと言われたりして，『ちょっと気になる医療と介護』
を書いてしまったし．仕方ない……となれば，年金の令和元年財政
検証が発表されたし……年金本だと思われているんだから，バージ
ョンアップするしかないっしょ．ということで，早速返事を

増補版に続く，V3の作成に取りかかります．令和元年財政検
証を反映させます．
この前，オンラインに「人はなぜ年金に関して間違えた信念を
持つのか」をアップしていまして，そこにある，年金大好き度
テストも紹介できればと思います．

以前は，「ちょっと気になるシリーズ」を，「再分配政策の政治経
済学シリーズ」（慶應義塾大学出版会）という航空母艦から飛び立つ

戦闘機と位置づけていたのですが，最近はオンライン記事という，時々うん 10 万人の読者に届く，超の付く機動的な飛び道具を手に入れて遊んでいます．そこで，この V3 には，「ちょっと気になるシリーズ」にあったコーナー「知識補給」に加えて，「オンラインへ GO!」という新コーナーを作りました．たとえば，上述のオンライン記事は，本文中で，次のように紹介していきます．

オンラインへ GO!

人はなぜ年金に関して間違えた信念を持つのか──もうすぐ始まる年金報道合戦に要注意『東洋経済オンライン』(2019 年 8 月 19 日)

ちなみに，この本にでてくるオンライン記事は，

kenjoh.com/online/

に収納していますので，お気に入りにでも入れておいてください．

　先ほど書いた「公的年金大好き度テスト」もこのオンライン記事の中に入っているので，これで，紹介は終了……といきたいところですけど，それではツライという人もいるかと思いますので，このテストだけ，ここに貼り付けておきますね．

　あなたが，〈師範〉になれるかどうかは，この本を手にするかどうかにかかってます──冗談でなかったりして（笑）！

　ところで，オンライン記事は，他にも，『Web 年金時代』で，年金の専門家と酒を飲みながら年金の話で盛り上がるという，ちょっとというか，かなりふざけた企画「居酒屋ねんきん談義」というのも始めていますので，これも時々，登場します──いや，居酒屋談義ではありますが，日本の年金論議の最先端をいっているってウワ

公的年金大好き度テスト

〈初心者〉□ 初級の問題も何が何だかわからない

〈初級〉□ 公的年金は保険である——民間の貯蓄性商品とは根本的に異なるなんて話は，何を
いまさら当たり前でしょうっと思っている……

〈初段〉□ 公的年金は 65 歳で受給しなければならないものでもない．
60 歳〜75 歳の（受給開始年齢）自由選択制である（2022 年 4 月以降）．

〈二段〉□ 支給開始年齢の引上げと，受給開始時期（年齢）の自由選択の意味・違いが分かる．

〈三段〉□ マクロ経済スライドの意味・意義が何となく分かる．

〈四段〉□ 将来の給付水準は絶対的なもの，固定的なものではなく，可変的なもの，経済環境
等によっても変わっていくが，自分たちの選択や努力によっても変えていけるもの
だということが分かる．

〈五段〉□ 対物価の実質価値と，対賃金の実質価値の違いが分かる．

〈六段〉□ 5 年に一度行われる財政検証で行っているのは現状の未来への投影（projection）で
あり，将来の予測（forecast）ではないことを理解している．

〈七段〉□ 年金は PDCA サイクルで定期的に状況を確認しながら改革を行い続ける制度であ
り，100 年間何もしなくても良い（安心）ということでなく，100 年位を見通して，
持続可能性を保つためにシステムの再設計を繰り返していくことが組み込まれた制
度だということが分かる．

〈八段〉□ 積立金がおよそ 100 年先までの公的年金保険の給付総額に貢献する割合は 1 割程度
であることを知っており，積立金運用に関するスプレッドの意味が分かり，名目運
用利回りでの議論は間違いであることを理解して，人に説明できる．

〈九段〉□ Output is central の意味を知っており，積立方式も賦課方式も，少子高齢化の影響
から独立ではいられないことを人に説明できる．

〈師範〉□ 年金改革の方向性を知るためにはオプション試算に注目すべきことを知っており，
オプション試算が行われるようになった歴史的経緯を人に説明できる．

サも（業界筋では）あったりもします．

　久しぶりに本書を読み直してみて，大きく数字が変わった……た
とえば単年度の予算額とかはアップデートしました．最も気になっ
たのは僕の年齢だったのでそれも上げました……おかげで，66 頁
にある僕の年齢での死亡率は初版の時よりも 1.2 倍に高くなってま
す……久しぶりに読み返してみたのですけど，書いたことをすっか
り忘れていることがたくさん書かれていて，ほうっ，こんなことも
書いていたのかっと，とても勉強になりました．忘れるという人間
の特技は，長い人生に新鮮なトキメキを与えてくれるものです（笑）.

　それから，この本は「社会保障」と書いてあるのに，あまりにも
年金の本だと思われるのは悔しいので，医療介護の一体改革の説明
を充実させたり，『ちょっと気になる医療と介護』を出した後に盛
り上がっていった医師の働き方の話など，知識補給をいくつか加え
ています．もちろん，令和元年財政検証をめぐる様々な議論を理解
するための説明を本文の中に組み込んでいたり，年金に関する知識
補給を加えたりもしています．ここだけの話，V3 は，知識補給が，
初版と比べて 15 個，増補版よりも 9 個増えていたりもしています．
おまけに，初版からあった知識補給「公的年金の財政検証，そして
平成 26 年財政検証の意味」は「——平成 26 年，令和元年財政検証
の意味」とタイトルを拡張して，2 頁減って 7 頁増えたりしてます
し，「スプレッドへの理解」も V3 での加筆が入って，3 頁も増えて
います．

　だから値段が上がりました！　日銀のせいでインフレが起こった
んじゃないです……．と言っても，V3 で外したのもあります．「右
側の経済学，左側の経済学」も外しました．

　というのも，話せば長くなりますが（？）——実は，2016 年に初
版『ちょっと気になる社会保障』を出して 3 週間ほど後には，「知
識補給　右側の経済学，左側の経済学」を書き上げて，いつか，重
版の機会を得れば，これを加えて，増補版を出そうと思っていたん
ですね．だって，この知識補給に出てくる，「社会保障と関わる経
済学の系譜」のような，ものの考え方というか，経済学の流派とい
うか，思想というか，そういうことを知らないことには，社会保
障・所得再分配という経済政策を理解するのが難しいからです．

　そして幸いに，「知識補給　右側の経済学，左側の経済学」とい
う 4 頁分の文章を加えた，増補版を出すことができたのですけど，

やはり短い文章で理解してもらうにはムリがあると思い，この本の次に書いた『ちょっと気になる医療と介護』では，ひとつの章を設けて，18 頁に及ぶ「手にした学問が異なれば答えが変わる」を書いてしまいました．しかーし，やはりそれでも言葉を節約しているために，まだ難しく感じるかもと思い，一冊の本『ちょっと気になる政策思想』を書くに及んだわけです．したがって，この本の「増補版」にはあった「知識補給　右側の経済学，左側の経済学」はなくなってしまいました……と言っても，いま説明したように，こうした話が大事じゃないということではなく，本一冊分くらい重要ってことですからね(￣。￣)ボソ……

2016 年に初版を出した『ちょっと気になる社会保障』から書いていたことは，財政検証で重要な試算はオプション試算であり，この試算で示される，将来世代の年金給付水準を上げる方向に年金改革が行われるためには，どうしても世論の後押しが必要になるということでした．いや，もっと言えば，次の年金改革をするために財政検証があり，その改革のシナリオはオプション試算に書かれているっと思った方が，年金の周りで今何が起こっているのかを理解しやすいですね．

僕が書く文章には，「正確な情報に基づく健全な世論」という言葉がよく出てきます．その意味を，このへのへの本を手にした人たちに理解してもらえればと願っています．

前回の改革，平成 28 年年金改革では，マクロ経済スライドの見直しが行われました．この改革については，さっそく，「知識補給の番外編」？　として紹介しておきましょう——普通は，知識補給

は後の方にあるものなんですけどお許しを.

知識補給・番外編

「平成 28 年年金改革」に寄せて

『企業年金総合プランナー』2017 年 3 月第 29 号

"親思う,心にまさる親心……"

　吉田松陰,辞世の句の前半部分です.子が親を思う気持ちよりも,親が子どもを思う心の方がまさっている,そして……と続きます.

　昨 2016（平成 28）年,年金改革法案が国会で審議されていた頃,その様子を多くのメディアが報じていました.記者たちは,おそらく 40 代,50 代でしょう.報道の様子を眺めながら,冒頭の句を思い浮かべていました.

　今回の年金改革論議の特徴は,メディアがこぞって,民進党の「年金カット法案」というネガティブキャンペーンを批判し,与党の法案を,支持はするが,その改革では不十分だという論調でそろっていることでした.年金報道において,このようにメディアの論調が整然と並ぶのを目にするのは,長く年金の世界をながめてきた私にとっては,初めてのことでした.

　記者達の親は年金の受給世代,同時に,彼ら記者達は子ども世代の将来も考えている人たちであったはずです.その記者たちが,今回の法案に組み込まれていた,「年金額の改定ルールの見直し (1) 名目下限を維持しつつ賃金・物価上昇の範囲内で前年度までの未調整分を調整（キャリーオーバー方式）(2) 賃金変動が物価変動を下回る場合に賃金変動に合わせて年金額を改定する考え方の徹底（賃金徹底）」を評価したのは,親心が親思う心にまさっているからだけではないと思われます.という

のも，2004（平成16）年の年金改革を前にして，これまでの給付水準である所得代替率約60%を維持するためには，仮に基礎年金への国庫負担2分の1が実現したとしても，厚生年金22.8%，国民年金の保険料は2004（平成16）年価格で20,700円が必要と，当時，厚生労働省は試算していました（国庫負担3分の1のままでは，厚生年金25.9%，国民年金29,500円）．したがって，2004（平成16）年改革時に最終保険料水準が18.3%，16,900円にとどめられたことにより，所得代替率で見れば今の高齢者の水準を将来は受け取ることはできないことが確定し，物価調整済みではいまの給付水準よりは上がり，現在の年金受給者が享受している生活水準を今後とも維持することはできるのだが，一方，将来的には所得代替率は50%程度までの切り下げが不可欠となったわけですから．

保険料水準固定方式のもとでの年金財政の問題を，「一本の羊羹を世代間で分ける分配問題」とうまく例える人もいます．まさにそのとおりなんですね．そして，今の年金受給者から将来に羊羹を分けていく方法は，実はいろいろあります．その中に，2016（平成28）年改革で導入されたキャリーオーバー方式や，賃金徹底があったわけです．40代，50代の記者達は，所得代替率60%程度の親世代と，経済などが順調に推移しても50%強になる子ども世代の間に立って，今回の法案を支持していたのだと思います．

この改革案を，民進党の山井和則氏（旧民主党議員）は，今の高齢者の給付が下がる側面のみを捉えて，「年金カット法案」と呼んで成立を阻止しようとしたわけですから，メディアが，「かつて民主党政権が嘘つきマニフェストと呼ばれた時代に逆戻りしつつある」と批判することになるのも無理はありません．さらには各紙揃って，今回の「年金改革法で物足りないのは，少子高齢化の進展に応じて給付水準を自動的に引き下げるマクロ経済スライドの強化策だ」と言うのもうなずけます．

キャリーオーバー方式は，抑制できなかった分を翌年度以降に繰り越

し，物価などが上昇した時にまとめて差し引く方式です．これでは，デフレ下では繰り越しが続くだけで機能しませんし，後で差し引いたとしても，それまでの，将来世代の羊羹を減らして給付した分は取り戻せません．だから，「経済情勢にかかわらず，マクロ経済スライドを完全実施（フル適用）するべきだ」という論調が大方の報道に共通するものになっていたわけです．

今回の改革は明らかに前進であり，成立に至る関係者の方々の苦労は大変なものがあったと思われます．そして，将来の年金給付水準を少しでも上げていくためには，マクロ経済スライドのフル適用をはじめとして，適用拡大，被保険者期間の延長を，これからも根気強く目指していかなければなりません．平成 28 年年金改革は，まだ志半ばに位置するものに過ぎないとも言えます．

ところで，松蔭には，松下村塾の弟子達に残した辞世の句もありました．

> "身はたとひ武蔵の野辺に朽ちぬとも
> 　　留め置かまし大和魂"

松蔭の志，大和魂は生き続け，彼の刑死からおよそ 8 年後に維新を迎えました．それに比べて今後なさねばならない年金改革，そんなに難しいものではないと思います．

ここに，平成 28 年年金改革の次には，「厚生年金の適用拡大，保険料を納める期間の延長を根気強く目指して行かなければなりません」と書いていて，そしていま，これらの目標を目指して令和元年財政検証が行われたわけです．

　ところで，この本，どうして V3 なの？っと思う人がいるかもしれませんけど，やっぱり，力と技の風車が回った方がいいでしょっ，うん．それに，年金の世界って，お前はデストロンの手先かってのがいっぱいいるようなもんだし……

　デストロンの仕業（しわざ）なのかどうか不明なところはあるんですけど，年金って，ほんっと面倒なんですよ．年金に関してのここ何年間かの僕の仕事の方針は，「俺がやらなきゃ誰かやるから引き受ける」っでありました．だって，僕が引き受けないと，年金論が別物になってしまうわけなんですね．本当は，「俺がやらなきゃ誰がやる！」とかっこよく生きていきたいわけですけど，なかなかそうはいかないわけでして．

　というのも，年金というのは，過去に，抜本改革だなんたらだと，トンデモ論を掲げた人たちの論がひとつひとつ退治されていった歴史が延々とあるわけです＊．民主党が掲げて，2009 年の政権交代のきっかけにもなった 7 万円の最低保障年金というのもそうですね．

　トンデモ論を唱えていた彼ら，特に学者たちは，過去に間違えてしまいました，ごめんなさいっとは決して言わず，今でも微妙に論を変えながら生き延びてはいるのですけど，彼らの目には，年金の「王道」の話は歪んでしかみえないようなんですね——いわゆる，「酸っぱい葡萄」の話しか彼らからは出てこない．そしてメディアもそうした，ちょっと斜（はす）に構えた話がスキなようで，令和元年財政検証の後には，新聞，テレビは酸っぱい葡萄の話のオンパレード!!

＊　権丈（2015 Ⅶ巻）第 2 講「年金，民主主義，経済学Ⅱ」，第 35 講「前途多難な社会保障教育」，および権丈（2017）「年金の誤解と克服と到達点」『日本年金学会誌』第 36 号などに，トンデモ年金論が退治されていった歴史絵巻が描かれています．

なんだ，これは⁉　の世界でした．

　でもですね，過去に，公的年金が保険であることを理解できずに，積み立てられた貯金かなんかと勘違いしたり，逆に，生活保護との区別もつかずに，公的年金の救貧機能の強化が必要と言ったりしていた人たちが（76頁「図表28　年金論，混乱の源」参照），公的年金はなによりも保険であることを理解することが重要！　なんて王道の話，年金論の保守本流の話を，深層心理の面で受け入れることはできないようなんですね．口にするのも苦痛，不愉快に思えるんだと思いますし，人間って，そんなもんだと思います．

　酸っぱい葡萄は，イソップ物語の「キツネと葡萄」ででてくる話で，負け惜しみの心情を表している寓話です．この酸っぱい葡萄は，心理学上の「認知的不協和」を説明する際に用いられる話で，まぁ，ひとことで言えば，預言や信念と矛盾する現実に直面した，いわゆる歴史上の敗者が心境の苦痛から逃れるために自分を正当化する心理作用ゆえに生じる認知上の歪みのようなものです．人間は，認知的不協和ゆえの不快を逓減するように行動や態度をとっていきます．

　えっ，認知的不協和って何？　分からないよ？　っと思う人は，Wikipediaででも調べてください．そこに，酸っぱい葡萄の話も書かれていますし，年金論，そしてメディアなどで論じられるいわゆる年金専門家？　たちの年金論を見分けるためにも，認知的不協和という言葉は最重要なワードであるっと僕はよく講演などで話しています．でないと，なんでこの人たちがこんなことを言うのかということが理解できませんから．年金って，政策論を歴史的に論ずることのできる専門家ってほとんどいないんですよね──みんな隠したい過去があるから．

　そうですね，年金周りの世界がどうしてここまで歪んだのかを理

解するのには，ポピュリズムとかヒューリスティックという言葉も
重要になってきます．ということで，次の知識補給で，「V3 刊行に
あたって」を閉じておきましょうか．

ジャンプ 知識補給・人間の認知バイアスとポピュリズム　260 頁へ

ジャンプ 知識補給・ヒューリスティック年金論　262 頁へ

知識補給の増補版について

（2017 年 2 月）

　この度，2 度目の重版出来！　の機会を頂きました．そこで，この本で思いのほか評判だった「知識補給」を少し増やしてみました．……

　増補版では知識補給は 8 個増やしました．増補した知識補給は，初版の後ろにくっつける形にしています．他，細かいことはちょこちょこありますが，まぁ，気にしなくていいですし，本書に登場する僕の年齢は増えてはいるんですが，無修正であったりもします．でも，前著の校正時に無理やり付け足した「知識補給　バカ発見器のひとつ？―スプレッドへの理解」には，少し説明を加えたことは，明かしておきましょうかね．

　あっ，それと，この増補版が出る頃には，へのへの本シリーズ第2 弾，『ちょっと気になる医療と介護』が出ていると思います．この第 1 弾と第 2 弾を手元におけば，読まずに社会保障が分かります！……などというのは，ウソですけどね．まぁ，へのへの本第 1弾であったこの本の「おわりに」には，「もし，あなたが最後までたどり着いた生存者でしたら，今はかなりの社会保障ツウになっていることは間違いありません！」と書いていましたけど，第 2 弾が出るのに，第 1 弾だけでかなりの社会保障ツウはなかったですね―少々，誇大広告でした……．でも，2 冊を読み通せたら，きっとそれ以上になれますよ！……う〜ん，誇大広告，またやったかな……

はじめに——社会保障なんか信用ならん⁉

2016 年 1 月

　社会保障って，なんだか気になるんだよね．ちょっと知りたいと思うんだけど，なに読めばいいんだろ．政府の資料もいろいろとあるみたいだな．でも，なんか胡散臭いしなぁ．となれば，テレビで見たことのある人の本やよく売れてそうな本を読めばいいのかな．なるほど，これはおもしろいぞ，政府っていつも国民を騙そうとしているわけか．うんうん，そうかそうか……世の中はやっぱり陰謀で動いてんだよなぁ．それを暴いてくれるこの本って，イケてない？　えっ，なに，僕たち若者って，そんなにひどいめに遭ってるの？「若者は決してそれを許さないだろう」って，そんなこと知らなかったオレって何者？　そう言えば高校の時に眠気眼でながめていた現代社会の教科書に，年金は「現在でも多額の積立金不足が生じており，この部分の解消が課題となっている」ってのもあったし，「公的年金制度の抜本的な見直しが必要である」とかあった気がするな．友だちも高校の教科書に「年金一元化を含めた抜本的な改革が必要」ってあったぞって友達に話して，まわりからお前社会保障をえらい分かってるなぁって感心されていたしな．やっぱ教科書にも書いてあるんだから一番の問題は年金なんだな．たしか昔，100年安心プランとか言っていたのは，あれいまや破綻したと言われている年金の話だろう．だいたいもって，昔は高齢者を支える若者の数は御神輿型だったのがこれからは肩車型になるんだろう．そんなんで，あの，なんて言うんだ，僕たち若者が高齢者に貢いでるって

言うの，いや奪われているって言うのかな，あんな年金もつわけな
いし，やめてもらいたいよ．そんな制度になってしまったのは，政
治家や官僚がえらいいい加減なことしたからなんだろぉ．「過去の
不始末」って言うえらい有名な大学の先生もいたけど，そんな責任
を僕たち若者が担わされてるわけなの？　なんだか，腹立ってきた
ぞ．でも，官僚って悪いのの集まりだから，自分たちの既得権って
いうか，あれを守るために抜本改革なんてやるわけないじゃん．う
～ん，社会保障の本当の事ってのを僕は知ってしまったから，毎日
がストレスでいっぱいだ．なんか官僚を痛めつけてくれるホンモノ
の政治家って出てこないかなぁ．おっ，テレビにでているあの人，
良いこと言うなぁ．おっ，このコメンテーターは脱藩官僚なの？
応援しよっかな．

　というような，脱藩官僚と脱落官僚の違いも分からない感じの人，
そして政府は 100 年安心なんて一言も言っていないなんてことも知
らない人，さらには今ではこの国の社会保障の課題は年金ではなく，
むしろ子育て支援や医療介護に改革の焦点が当てられるべきことを
知らない人たちが読んでくれる本でも書いてみようかと思って書き
始めてみたのですけど，やっぱり読んでくれないでしょうね．そこ
で，この本の名前は，社会保障に興味は持って少しは気にしてはい
るんだけど，これって一体なんなの？　というくらいの疑問を持っ
ている人たち向けということにして『ちょっと気になる社会保障』
くらいにしておきました．もちろん，先ほどの若いお兄さんにも読
んでほしいし，最初から順に読んでいけば分かるくらいの難易度な
んですけどね——途中から読んだら分からないかもしれません
(笑).

　また，この本には，ところどころ，説明を補足しておいたほうが
いいかなっと思えるタイミングで，「知識補給」というコーナーを
設けています．たとえば今，政府は100年安心なんて一言も言って
いないんだよねっと書いたことなど，ほとんどの人が信じてくれな
いでしょうから，本書で最初の「知識補給」コーナーを設けておき
ます（知識補給は，巻末にあります）．巻末にジャンプして読んで，
再びここに戻ってきてもらったらありがたいです．

ジャンプ 知識補給・100年安心バカ　177頁へ

　社会保障を少しわかったつもりの人たちは，社会保障さえこの世
になければ，どんなに良いことかなどと考えているんじゃないです
かね．だって，払った分だけ返ってこないらしい年金，財政の赤字
も社会保障が原因らしいし，社会保障のための税金や社会保険料の
負担はこの国の経済成長を邪魔していて，そもそも，20世紀にで
きあがった福祉国家って失敗策なんでしょう？　社会保障なんて，
ない方がいいんじゃない，あれって世の中がうまく行っていない諸
悪の根源なんだよっ！　と思っている人たちに，僕はこれまで何度
も会ったことがあります．そう思っている人たちは，みなさんだけ
ではなく，けっこう，学者さん，とくに経済学者のなかに多いんで
すよね．

　経済学者と言えば，かつて，年金の話でおもしろいことがありま
した．今でも世界的に超有名な経済学者スティグリッツの『入門経
済学 第3版』が出版されたのは2005年4月でした．手にして眺め
ていると，ムムムッ!?　284頁に次の文をみつけてしまった．

　　　日本は長寿世界一で，出生率もかなり低く，年金問題は世界でも

っとも深刻である．しかし少子高齢化は予測可能なことであり，世代間分配の改善と民営化への計画的対応によって，年金制度の維持可能性をたかめることができる．

　あれっ，僕が知っているノーベル経済学賞の受賞者スティグリッツさんの他にも，スティグリッツさんっていたっけ？　民営化への計画的対応によって，年金制度の維持可能性を高めることができる⁉

　実は，今あなたが手にしているこの本を読めばわかってもらえることですけど，ちゃんとした経済学者がそんなこと言うわけがないんですよ．思わず，今読んでいる『スティグリッツ　入門経済学』の文章を確認してみると，「CLOSE-UP　日本語版　日本の公的年金の持続可能性」というコラムでした．スティグリッツが日本語版に寄せたのか⁉　でも，内容があまりにも……と思って，「訳者はしがき」をチェックすると，次の文章があったので，ホッと，胸を撫で下ろしました．

　　本書においては，原著のコラムのほかに，訳者たちによる「日本語版コラム」や「補論」が加えられているが，それらは日本経済にかんするものだけではなく，教科書の内容を理解しやくするためのものを用意した．

　親の心，子知らずじゃないけど，ただの「スティグリッツの心，日本の経済学者知らず……」というわけでしょうね（笑）．スティグリッツは，年金について次のようなことを書いていますし，しかも，日本の年金経済学者のように，彼はコロコロと言っていること

を変えるようなトンデモ論者でもないんですよね.

　奇妙だったのは, クリントン政権の国外向けの弁解と, 国内でくり
ひろげていた戦いとの対照である. 国内では, われわれは公共の社
会保障 [アメリカでは年金を意味する] を民営化することに反対し,
公共による社会保障は処理コストが低く, 国民の収入を保障し, 高
齢者の貧困をほぼゼロにしていると絶賛していた. しかし国外では,
われわれは民営化を推奨した.

——スティグリッツ (2003) 45 頁.

（公的年金の）完全な民営化はもちろん, 部分的な民営化でさえ,
進めるにたる合理的な理由はまったくないのである. しかし, 反対
する理由ならいくらでもある.

——スティグリッツ (2003) 249 頁.

大統領経済諮問委員会の委員長から世界銀行のチーフ・エコノミス
トへと仕事が変わったとき, 私が最もとまどったのは IMF（国際
通貨基金）とアメリカ財務省が外国で推奨している見解が, たいて
い私たちが国内で必死に主張しているのと正反対のものだったこと
である. 私たちは国内で, 公的年金の民営化に反対して戦った. し
かし外国では, それを熱心に勧めていた.

——スティグリッツ (2003) 283 頁.

＊J. E. スティグリッツ (2003)『人間が幸福になる経済とは何か──世
　界が 90 年代の失敗から学んだこと』
　Stiglitz, J. E. (2003), *The Roaring Nineties: A New History Of The
　World's Most Prosperous Decade.*

　この文章の中に,「私が最もとまどったのは IMF とアメリカ財務

省が外国で推奨している見解が，たいてい私たちが国内で必死に主張しているのと正反対のものだったことである」とあります．まさに，IMFやアメリカ財務省が世界中に推奨していた「私たちが国内で必死に主張しているのと正反対の」年金民営化や積立方式化を信じ込んでしまった経済学者たちが，日本にはたくさんいたわけです．これは本当に困ったもので，もしこの本を手にしたあなたが，日本の年金は破綻しているとか，破綻するとか，さらには，高齢者が得をするだけの社会保障制度に加入するのは大損だと信じているのでしたら，それは，実は，スティグリッツと敵対していたウォール街，多国籍企業や市場礼賛を決め込んでいたシカゴ大学の経済学者たち（シカゴ学派）を始めとした人たちの思う壺ということにでもなるでしょうかね．そのように，あなたも強く信じているのであれば，マーケット（市場）に自分のお金をせっせと差し出せばいいですよ．市場はみんなが思っているようには，みなさんの生活を守ってはくれないんですけど，どうしても希望したいというのならばそうすれば良いですよ，止めやしません．ちなみに，日本の社会保障というのは9割近くが社会保険で運営されていまして，社会保険というのは保険料を収めている人（あるいは免除・猶予手続きをしている人）たちの間の助け合いの制度ですから，制度に参加していない人の生活を守ってはくれません．社会保険でなくとも生活保護があるじゃないかと思う人もいるかもしれませんが——そのあたりはこの本の本論でおいおい説明していきます．

　また，今，スティグリッツの話が出てきたわけでして，彼が世界銀行の上級副総裁を努めていた間（1997-2000年）に年金に関して行った仕事についても，少し知っておいてもらいたいと思うので，「知識補給」を準備しておきます．

ジャンプ ⅣV 知識補給・世銀と年金とワシントン・コンセンサス　179 頁へ

　ところで，シカゴ学派の経済学者たちが礼賛する市場経済という
もの，昔は「資本主義」と呼ばれていたのですが，まさに彼ら経済
学者のおかげで，いつの間にか市場，市場経済と名前を変えてしま
って，大勢の人に，それってダイナミックで効率的ですばらしいこ
とだよねっと思わせることに成功したようです．そういうところを
含めて，資本主義というのはなかなかしたたかな面を持っています．
だから，そうした面を少しは知っておいたほうがいいかもしれませ
ん．

　かつて「規制」というものは，国民の生活を貪欲な資本などから
守るために存在するものと考えられていました．しかし世の中には，
政府というのがどうにも好きになれない，いや心から憎んでいるよ
うな人たちは昔からいるわけでして，そうした人たちのひとりにス
ティグラーというシカゴ大学の経済学者がいました．彼は，1971
年に，「経済規制の理論」という論文を発表して，そこでは，従来，
公共善を増進するために行われると考えられていた「規制」を，利
益集団が政府を虜（とりこ）にして，自分たち集団の利益を守るために政府に
作らせたのが「規制」であるという捕囚理論（capture theory）の
方向に考え方を切り替えたわけです．この捕囚理論は，スティグラ
ーが論文を発表して 20 年近く経った日本では，ほぼ常識として受
け止められるようになり，「規制緩和」を声高に言う人たちが，利
益集団から国民を守る正義の徒とみなされるようなムードが盛り上
がることになります．

　それだけではなく，当時の政府嫌いの経済学の考え方は，ブキャ
ナンとタロックを開祖とする公共選択論（public choice）という政

治の経済学も誕生させていきました．公共選択論は，ひたすら「政治の失敗」を説く学問なのですが，この公共選択論のなかにニスカネンの官僚行動に関する「予算極大化モデル」などが出てくることになります．このニスカネン・モデルは，官僚を従来の「公益」のために奉仕する行政の専門家というイメージから，自らの権限を極大化させるために予算極大化行動をとり，公益を損なう主体というイメージに切り替えることに成功していったわけです．こうした思想の切り替えは，時間と共に大きな流れになっていきました．

　20世紀のはじめに大活躍したイギリスのケインズという経済学者は，「経済学者や政治哲学者の思想は，それらが正しい場合も誤っている場合も，通常考えられている以上に強力である．実際，世界を支配しているのはまずこれ以外のものではない．誰の知的影響も受けていないと信じている実務家でさえ，誰かしら過去の経済学者の奴隷であるのが通例である[1]」と言っていますけど，まったくもってその通りなんですね．1970年代に進められていった公共に対する考え方の転換——特に官僚を悪者にして政府不信を煽りに煽った経済学の内部での考え方の転換——は，社会保障政策にも大きな影響を与えました．もちろん，政府には誤りがあり失敗もすることは事実でありますし，経済学によって，政治家は選挙に勝つことばかりを考えているという「政治家の得票率極大化行動」や，投票者は公共政策に関してちゃんと勉強するはずがなく基本的には本当のことをほとんどなにも知らないという「投票者の合理的無知」など，民主主義について実にリアルな考え方が導入された点は，彼らの功績として高く評価されます．だけど，彼らの経済学は極端に走

1　ケインズ，J. M.／間宮陽介訳（2008）『雇用・利子および貨幣の一般理論』岩波書店，下巻，194頁．

ったように思えます．そして歴史の皮肉と言いましょうか，彼ら経済学者が提唱した，利益集団の既得権益にメスを入れるための規制緩和は，今になってみれば明白な歴史的事実ではありますが，金融業や多国籍企業という集団の力を，かつてよりも一層強めていった側面がありました．いや，端的に言えば，経済界がシカゴ学派流の経済学を利用したわけですけどね[2]．そうした側面には考えも及ばなかった経済学者たちが活躍した時代の中で，社会保障政策にとって実に厄介な存在となっていたのが，いわゆる「規制は悪」「政府は悪」だという観点から政策をながめる訓練を受けている経済学者たちだったわけです．幸い，彼らの社会保障政策への影響はさほどなかったのですが，彼らは，社会保障の世界の議論に大変な迷惑をかけ，結果，多くの国民に社会保障への不信感や誤解，さらには嫌悪感，憎しみを植えつけていきました．そうした流れとともに進んだ雇用環境の悪化の中で，国民の生活は少なからず不安定になり，中間層の生活が脅かされ貧困層も多くなっていったとも言えます．

　そうは言っても，日本では1980年代に入る前は，経済学者といえども，社会保障には制度があり，歴史があり，そうしたことを踏まえることなく議論に参入することは難しいだろうと自重していたようです．ところが，1980年代の後半に入ると，数人の経済学者が，経済学の論理，つまりは市場の論理を武器にして社会保障の世界に入ってきたわけです．そうすると社会保障のことを学んだことも研究したこともない多くの経済学者たちは，なに，制度や歴史を知らなくても社会保障を論じることができるのか!?　すわ経済学が進出

2　このあたりの話については，権丈（2021）『ちょっと気になる政策思想　第2版』第4章「合成の誤謬の経済学と福祉国家」などを参照．以下，権丈著書情報については拙著文献表（xxv頁）を参照．

できるフロンティア発見！　ということになりまして，社会保障の世界は経済学者で大賑わい．ほんの数人の制度・歴史知らずの経済学者がダムの堰(せき)を切ったから，社会保障の世界に大洪水が起こったようなものですね.

　医療経済学者で，バランス感覚に長けたすばらしい研究を行ってきたスタンフォード大学名誉教授のフュックスは，1999年の国際医療経済学会での基調講演で，若い経済学者のために，経済学の強みと経済学の弱みを取り扱った話をしています．まず強みとして「経済学者は，新しい問題，今まで経験したことのない問題に直面したとき，データ収集が始まるずっと前から，すぐに問題について考え始める方法を持っている．他の"政策科学"の研究者ではこうはいかない．それらの研究者は，まず特定の問題についてある程度詳しい知識を求め，それからその問題について本格的に考え始める[3]」と言っています．フュックスの言う経済学の強みを活かして？，社会保障のことをよく知らない経済学者が，社会保障の「問題についてある程度詳しい知識を求め」ることなく，大勢口出ししてきたのが，この20年から30年ほどの社会保障の世界だったわけです．ところがさすがはフュックス，返す刀で，経済学者たちに経済学の弱みも自覚するように警告を発しているわけでして，「多くの経済学者は制度（institutions）に十分な注意を払っていない．制度は重要である．……制度が重要な理由のひとつは，歴史が重要だからである[4]」．そして「経済理論は非常に重要だが，多くの新しい研究は

3　Fuchs, V. R. (2000), "The Future of Health Economics," *Journal of Health Economics*, 19(2), pp. 141-58（V. R. フュックス氏による国際医療経済学会第2回世界大会（1999年6月30日於ロッテルダム）の基調講演「医療経済学の将来」[二木立訳（2000）『医療経済研究』（Vol. 8, 96頁)]）.

4　フュックス（2000）96頁.

何時の時代にも一時の流行や自己満足の表現にすぎず，海辺で筋肉をひけらかしている若者の知識版である」（フュックス（2000）105頁）と釘を刺します．さすがですね．

　でも残念ながら，日本にはフュックスやスティグリッツのような，社会保障を論じることができる一流の経済学者がいなかったように思えます．そのため，社会保障を論じる上で極めて重要である制度や歴史を知らないままに，経済学者が社会保障の世界に参入してきたために社会保障のまわりの議論が荒んでしまいました．それゆえに，きわめて容易に政治家たちが政争の具として社会保障を利用しやすい環境が生まれてしまったように思えます．21世紀に入ると，日本の社会保障はこれ以上ないほどに政争の具とされてきました．その政争の過程では，現在の制度が国民に憎悪の対象として受け止められるように政治的に仕立て上げられていくわけですから，その時代に生きていたみなさんの意識の中には，社会保障へのいくつもの誤解，そうした誤解に基づく制度への憎しみが深く刻まれていったのではないでしょうか．

　経済学者が言い始めた，社会保障で最も重要な問題は世代間格差だ！　特に年金は（今の現役が今の高齢者を支える財政方式である）賦課方式から（自分の老後のために積み立てておく）積立方式への抜本改革が必要だ！　などという話を信じている人たちは気持ちが良いくらいに日本には数が多く（笑），中にはそうした論を利用する政治家もいるみたいです．そしてトンデモ社会保障論を唱える経済学者や社会保障を政争の具として利用する政治家たちは声が大きいから，もしかすると，この本を手にしているあなたもそうした話を信じて，社会保障なんか信用ならん！　社会保障で飯を食ってる官僚は許さんっ！　彼らは省益を守ることしか考えていない！　と心

から思っているかもしれません．でもそうした論は，フュックスが経済学者に説いた「制度の重要性，歴史の重要性」をかけらもわかっていない，「海辺で筋肉をひけらかしている人」たちが言っているだけの話なんですね．

　そうそう，2014 年から 2015 年にかけて世界的なブームを巻き起こしていたピケティは，「賦課方式の公的年金が，将来のどんなところでも，理想的な社会国家の一部であり続けるだろう」と書いていました[5]．本書の中でも説明することですが，公的年金は，賦課方式でしかその目的を達成することはできないんです．そんなことあるものか，誰々先生が経済学的には今の制度は間違えていると言っていた！　と反発される方がいらっしゃるかもしれませんけど，まぁ，そうしたことを言う先生は，あんまり信用しないほうが良いと思いますよ．これからこの本で少々分からないところがあっても，そこはすっとばしながら読み進めていけば，おいおいそうしたことが見えてくるようになります．

　ということで，社会保障の制度あり，歴史あり，理論あり，そうした話をベースとした政策論あり，笑いあり（ウソ）という社会保障のエッセンスをまとめた本書の話を，ぼちぼちスタートするといたしましょうか．社会保障をちょっと気になる程度のあなたが，この本を最後まで読みおえられた頃には，かなりの社会保障ツウになっていることは間違いありません !?

5　邦訳は筆者によります（英語版，489 頁）．なおピケティが賦課方式の公的年金が存続するだろうとした理由はふたつあり，ひとつは賦課方式を今の現役が自分の積立方式に切り替える際の二重の負担の問題．今一つは，不確実性の問題を挙げ，これを，賦課方式を正当化する主要な根拠としています．今の賦課方式を積立方式にして「全額をサイコロの目次第に賭けるのは全くもって不合理だろう．賦課方式を正当化する主要な根拠は，それが年金給付を信頼できる予測可能な方法で支払う最善の方法だということである」（英語版，489 頁）と論じています．

拙著文献表

本書においては，たとえば，権丈（2015 Ⅵ巻）の表記は，下記の『医療介護の一体改革と財政——再分配政策の政治経済学Ⅵ』を意味します．

それから，「再分配政策の政治経済学」の意味については，たとえば，権丈（2015 Ⅵ巻），（2015 Ⅶ巻）の vi 頁などをご参照あれ⁉

また勿凝学問（学問ニ凝ル勿レ）という言葉が出てきたりしますが，「勿凝学問」については，権丈（2015 Ⅵ巻）や（2015 Ⅶ巻）の vii 頁をご覧下さい．Ⅵ巻とⅦ巻—「はじめに」はまったく同じなんです，はい．

＊以外はすべて慶應義塾大学出版会刊行

『再分配政策の政治経済学Ⅰ——日本の社会保障と医療［第2版］』
　　（2005［初版 2001］Ⅰ巻）

『年金改革と積極的社会保障政策——再分配政策の政治経済学Ⅱ［第2版］』
　　（2009［初版 2004］Ⅱ巻），権丈英子との共著

『医療年金問題の考え方——再分配政策の政治経済学Ⅲ』（2006 Ⅲ巻）

『医療政策は選挙で変える——再分配政策の政治経済学Ⅳ［増補版］』
　　（2007［初版 2007］Ⅳ巻）

『社会保障の政策転換——再分配政策の政治経済学Ⅴ』（2009 Ⅴ巻）

『医療介護の一体改革と財政——再分配政策の政治経済学Ⅵ』（2015 Ⅵ巻）

『年金，民主主義，経済学——再分配政策の政治経済学Ⅶ』（2015 Ⅶ巻）

＊『ちょっと気になる社会保障　V3』（2020）勁草書房

＊『ちょっと気になる医療と介護　増補版』（2018）勁草書房

＊『ちょっと気になる政策思想　社会保障と関わる経済学の系譜　第2版』
　　（2021）勁草書房

目　　次

目　次

目　次

目　次

第1章　少子高齢化と社会保障

少子高齢化と言えば……

　社会保障というと，結構多くの人が，財務省が作成している次の図表1などを連想して，こんなもの破綻するに決まっているじゃないかと思うようです．支えている人たちがかわいく笑っていてもダメですよね．

図表1　財務省作成の少子高齢化の図

出所：財務省作成資料．

　まぁ，財務省の名誉のために，結論を先に言っておきますと，彼らは今，次のような図を使っているようです．つまり，高齢者が長く働ける環境づくりや社会保障改革により，支え手を少しでも増やす努力が必要ということです．

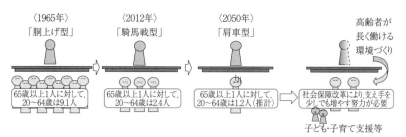

出所：財務省作成資料.

就業者 1 人当たり人口の安定性と努力目標

　ところで，2012 年 1 月 24 日の国会での施政方針演説で，当時の首相野田さんは「多くの現役世代で 1 人の高齢者を支えていた「胴上げ型」の人口構成は，今や 3 人で 1 人を支える「騎馬戦型」となり，いずれ 1 人が 1 人を支える「肩車型」に確実に変化していきます．今のままでは，将来の世代は，その負担に耐えられません」と言っていました．こういう話を聞いたら，日本はもう終わったなと感じるでしょうね．これが本当なら僕も元気がなくなります．

　似たような話は，1990 年代にも流行りました．当時の政府は，国民に消費税の増税を求めるために，かつては胴上げ型だったのがこれからは云々，……と言い始めたわけです．そしてその頃，そうしたキャンペーンが，またたくまに政府不信，社会保障不信につながっていった様子をリアルタイムで眺めていた僕は，一本の論文を書いていました．そこにはあえて 1999 年時の高校の教科書から引用した次の図表 2──これは今の教科書にもよく載っている図──を示した上で，

　「扶養負担を表す指標──所得というパイを何人で生産しそこで生産されたパイを何人に分配するのかを表す指標──として最も適切なものは中高校生の教科書に図示されているような 65 歳以上の

図表 2 高校教科書にある少子高齢化の図

1990年5.8人　　2000年4.0人　　2040年2.1人

出所：高校『現代社会』教科書, 東京書籍 (1999), 133 頁.

高齢者に対する 65 歳未満人口の比率ではなく, 就業者 1 人当たりの人口であるということは「論理的, 学問的にはすでに決着がついている[6]」[7]と書いています.

　こうした僕の論を読んでくれていた新聞記者が, 2012 年に総理が, 胴上げ型から肩車型にという話を十数年ぶりに再び流行らせようとしたので, 僕の話を特集記事にして世の中に広く知らしめてくれました.

　次の図表 3 が載った新聞記事は, 第 12 回社会保障制度改革国民会議[8] (2013 年 5 月 17 日) に僕が配付していますので, 同会議のホームページの配付資料にある「権丈委員提出資料」からダウンロードできます[9].

　記事の中でのインタビューでは,「視点を変えて, 社会全体で就業者 1 人が何人の非就業者を支えるかを見ると, 1 人程度でこの数

6　川上則道 (1994)『高齢化社会はこうすれば支えられる』あけび書房, 24 頁.

7　権丈 (2005 [初版 2001] I 巻) 159 頁.

8　税と社会保障の一体改革をめぐる自民, 民主, 公明 3 党の合意に基づいて 2012 年 11 月発足. 少子化, 医療・介護, 年金分野を 20 回の議論を重ねて報告書にまとめ, 2013 年 8 月 6 日, 安倍晋三首相に提出. 詳しくは,「知識補給 社会保障に関するふたつの国民会議とは?」(214 頁) 参照.

9　http://www.kantei.go.jp/jp/singi/kokuminkaigi/dai12/siryou3-4.pdf

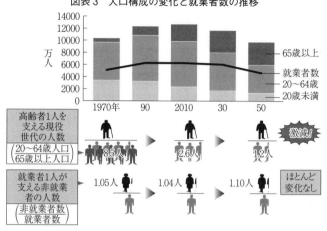

図表3　人口構成の変化と就業者数の推移

注：人口は国立社会保障・人口問題研究所資料より．2010年まで実績値，その後は推計値．就業者数・就業率は労働力調査（実績値），2030年は労働政策研究・研修機構の推計値，2050年は2030年推計値を基に権丈教授試算．

出所：「少子高齢化への対策　就業者増やし支え手確保　女性・高齢者に働きやすい環境を」『読売新聞』2012年4月23日朝刊．

十年間ほぼ安定しており，将来もあまり変わらない．実態としては，若い世代の将来の負担が何倍にもなるわけではない」と答えています．さらには，「女性や高齢者が働きやすい環境を整え，支え手に回る人を増やすことで，少子高齢社会の荒波も何とか乗り切れることがわかる．少子高齢化に耐えうる仕組みに転換するには，雇用の見直しこそが最重要課題」とも．

　時の総理が，胴上げ型から肩車型に変わる日本では今のままではその負担に耐えられません，と言っていた2012年の始め頃から，彼ら政治家の言葉に対抗（笑）して僕が流行らせていた話は，「サザエさんの波平さんは，いくつだと思う？」でした．みなさんは，波平さん，いくつだと思いますか？

波平さんは 54 歳です．1946 年に福岡の『夕刊フクニチ』ではじまったマンガ「サザエさん」，当時の 55 歳定年制の下，波平さんは定年を 1 年後に控えた設定なわけです

支えられる人を年齢で区切った指標なんてのはバカバカしいです．この「波平さんはいくつだと思う？」の話は，かなり普及しまして，2012 年 4 月の毎日新聞には「高齢者の雇用　働き続ける波平さんに」との社説がでたり，2013 年 4 月 22 日の国会の参議院予算委員会でも，「サザエさんという漫画は知っていますよね．もう何十年もやっていて，私たちも小さいころからずっと見ている漫画ですが．あのサザエさんに出てくる波平さんというお父さんがいるんですね．幾つか，総理，御存じですか．」との質問が出されて，彼の施政方針演説のおかしさが国会でも指摘されるようになっていました．

働きたい人には，高齢者も女性も働いてもらう．公共政策としては，彼らが働くことに負担の少ない社会を作っていく．そうすれば，これから超高齢社会を迎える日本も，なんとか乗り切っていくことができるわけです．これはもう，やるしかないですね．

ここでクイズをひとつ．定年を迎えた 65 歳の男性はこのあと何年生きることになると思いますか？

2010 年発表の『第 21 回生命表（完全生命表）』に基づけば，2010 年の男性の平均寿命は 79.55 歳ですから，この年齢から 65 歳を引いた 14.55 年……ぶ〜，期待通りに間違えて頂いてありがとうございます．

「平均寿命」というのは，0 歳児の人たちが平均してこれから何年生きるかを示す指標です．ところが，65 歳までに亡くなる人もいます．具体的には，0 歳児に 100 人いた人たちのうち 65 歳までに 12 人程度が亡くなることが生命表を見れば分かります．そして，

65歳まで生きることができた88人は，実は平均83.74歳まで生きることが見込まれていまして，65歳の男性はこれから平均18.74年の定年後の人生が待っていることになります．この18.74年が65歳時点での平均余命ということになります．すなわち，0歳児の人たちの平均余命が「平均寿命」，0歳以降は，それぞれの年齢時点での「平均余命」という数字があるわけです．

ちなみに，サザエさんが福岡の地方紙『夕刊フクニチ』で連載がはじまったのは1946年です．先ほど紹介したように，当時の標準的な定年年齢は55歳でした．そして当時の55歳男性の平均余命は15.97年でした（昭和22年「第8回生命表（完全生命表）」より）．

実は，今の時代に，社会から引退して公的年金生活に入る年齢が65歳以上にまで伸びれば，引退後の余生の長さは，サザエさんが始まった戦後すぐの日本とそれほど変わっていないとも言えます．というのも，1947年55歳男性の平均余命は15.97年だったのですが，2015年65歳男性の平均余命は，19.41年で，1947年と同じくらいの平均余命になる年齢は，余命が16.33年の69歳と15.59年の70歳の間になるからです．

そうしたなか，2017年1月に，日本老年学会と日本老年医学会から，高齢者を75歳からにするべきであるとの提言がありました．両学会は，2013年から高齢者の定義を再検討する合同WGを立ち上げて，高齢者の定義について，次の観点から分析を行ったそうです．

　・疾患の発生や受療の経時的データ
　・身体的老化の経時的データ
　・歯の老化の経時的データ

・精神心理的老化の経時的データ

・社会的老化の経時的データ

　その結果，特に 65 歳から 74 歳は，心身の健康が保たれており，活発な社会活動が可能な人が大多数を占めているらしく，そうした科学的根拠に基づいて，75 歳高齢者を提言したんですね．このあたり，とても素敵な話があります．

　こうした一連の活動を行った WG の座長，東大医学部の名誉教授で今は虎の門病院の病院長をされている大内尉義先生は，次のような文章を書かれていました．

　「実は，提言を出してから「70 歳が落としどころとして適切なのでは」と言われたことがあります．「落としどころ」という言葉に驚きました．我々は科学者として，数々のデータが，いまの高齢者は以前より十歳ほど若返っていると示しているから，高齢者の定義を 75 歳以上にすることを提案したわけです．これは科学から導かれた提言であって，スローガンではありません[10]」．

　学問って，こうでなくっちゃですね．大内先生達に，僕は 2019 年 6 月に医学会をはじめ 7 つの老年関係の学会が集まる日本老年学会総会に呼ばれて，次のスライドを使いながら（図表 4），「65 歳から 75 歳への高齢者定義再検討を求めているのは，科学的・医学的エビデンスであって，社会保障はそれにしたがうだけの話であり，より長く生き生きと就労やボランティアなどで社会参加できる世の中を作っていこうとしているだけです．今は，日本老年学会・日本老年医学会の提言を受け止めた，政治という政策形成の川上，上流

───────────

10　大内尉義「10 歳若返っている日本人　高齢者 75 歳以上提言には科学的な根拠がある」『中央公論』2017 年 6 月号.

図表4　気を付けるべきは，ポピュリズム医療政策

参考資料：権丈（2018）「喫緊の課題「医療介護の一体改革」とは——忍びよる「ポピュリズ
ム医療政策」を見分ける」『中央公論』2019年1月号．

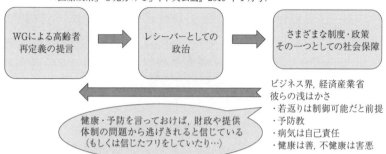

日本医師会『日本の医療のグランドデザイン2030』

・元厚労省健康局長である佐藤敏信氏
「医療提供の実態」
- 嗜好品，食品や運動にターゲットを絞っ
  た一次予防は，一定の意義はあるものの
  「絶対ではない」．
- 「世界の動向」（ランダム化比較試験
  （RCT）の結果）に基づけば，二次予防（健
  診・検診）の健康増進効果は確認されて
  いない（204-205頁）．
- 「本来ならある一つの健診の本格導入の前
  に，RCT等で一定の効果を確認してから
  開始すべきであったはずだが，『早期発見
  はできるし，それを早期に治療すれば，
  予後は必ずいいはず』との臨床的な経験
  に基づいて開始されたものがほとんどで
  ある．…科学的には明確に健診・検診の
  効果を証明できないまま今日に至ってい
  る（206頁）．

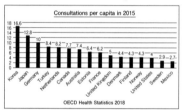

佐藤氏「日本の国民1人が医師の診察を受け
る回数は年13回程度とOECD主要各国のほぼ
倍で，米国の3倍程度である．世界的な基準
で捉えると，早期発見，早期治療は，保険制
度の中で相当程度に実現できていると言える」
日本医師会「日本の医療のグランドデザイン
2030」208頁
・予防への支出　OECD平均の1.6倍

での動きが，さまざまな制度・政策，その一つとしての社会保障に
前向きな方向性を与えようとしています[11]．社会保障が財政的な理

11　たとえば，2018年2月には，政府の『高齢社会対策大綱』においても両学会か
　　らの提言が紹介され，「65歳以上を一律に"高齢者"と見る一般的な傾向は，現状
　　に照らせばもはや，現実的なものではなくなりつつある」として，「70歳やそれ以

由などにより高齢者の再検討を求めるなど本末転倒．この世界に，因果を逆に読み取って，自分たちの都合の良いように，邪な動機に基づいて高齢者の再定義を求める人たちへの警戒は続けていかなければならないと思っております」と話してきました．

オンラインへGO！

「予防医療で医療費を削減できる」は間違いだ──人生100年時代に向けた社会保障改革とは？『東洋経済オンライン』2018年9月14日

　大内先生は「65〜74歳の元気な人たちから「高齢者」というくびきを取り除き，就労やボランティアなどで，生き生きと社会参加できる世の中をつくってほしいと願っている」とも言われていて，就労だけでなく，ボランティアを含めた「社会参加」と言われていることも心しておかなければならないとも思っています．

　国民皆保険，医療の進歩，生活水準の向上，それこそ様々な理由により，人が若返り，長生きを愉しめるようになれば，これまでのように標準的な引退年齢を引き上げていく，そうした地道な努力を続けていけば，人類史上未曾有と言われる超高齢社会も乗り切れるというものです．と言ってそれは当たり前の対応で，スウェーデン

降でも，個々人の意欲・能力に応じた力を発揮できる時代が到来しており，“高齢者を支える”発想とともに，意欲ある高齢者の能力発揮を可能にする社会環境を整えることが必要である」と記し，高齢者再検討の提言を新しい社会を構築していく上での基礎に据えるに至っています．さらに2018年5月には，自由民主党政務調査会の「人生100年時代戦略本部」がまとめた報告書では，「高齢者像も大きく変化している．関係の学会は，“最新の科学データでは，高齢者の身体機能や知的能力は年々若返る傾向にあり，現在の高齢者は10年前に比べて5〜10歳は若返っていると想定される”」と論じることにより，政策を考える指針として両学会の提言を受け止めていることを示しています．

の年金財政の報告書には，「平均寿命の延びのおおむね3分の2は，就労に充てる必要がある」って書いてあったりします．冷静ですね．日本の年金局がそんなこと言ったら，メディアや野党が大騒ぎかな．

　そして今この国は，標準的な定年退職年齢を65歳に引き上げることをめざして環境の整備が進められています．その先も，希望する人たちはみんなが社会に参加することができる社会のあり方を目指して，みんなで前向きにやっていきましょう．

　この点，2019年6月に閣議決定され，そして2020年3月に成立した高年齢者雇用安定法の改正法では，70歳までの雇用確保について企業に努力義務を課すこととしています．

　　65歳から70歳までの就業機会確保（2020年3月31日成立，
　　2021年4月1日施行）
　　下記の7つの選択肢からの選択を努力義務化
　　（a）定年廃止
　　（b）70歳までの定年延長
　　（c）継続雇用制度導入
　　（d）他の企業への再就職の実現
　　（e）個人とのフリーランス契約への資金提供
　　（f）個人の起業支援
　　（g）個人の社会貢献活動参加への資金提供

　さてさて，世界でトップの高齢社会を進んでいるニッポン——チャチャチャっと，世界に高齢先進国モデルを示すことができるようになるのでしょうか．なかなか，期待できる方向に進んでいるようにも見えます．でも，そうした社会ができあがるのかどうかは，こ

れからこの国で生きていく皆さん次第でもあります．皆さんは，そうした社会の構築に向けて，前向きに協力する？　それとも反対をしますか？

ジャンプ 知識補給・Work Longer を阻む壁　274 頁へ

オンラインへGO！
人生 100 年時代の公的年金保険改革とは何か──2019 年年金財政検証のポイントを読み解く『東洋経済オンライン』2018 年 12 月 8 日

　ただ，こういう話をすると，年金の「支給開始年齢」を引き上げるべきだ！　なんだかんだと騒ぎ立てる人がどうしてもでてきます．そういう人は，次の「知識補給　日本の年金を世界がうらやましがっている理由」にジャンプして読んで，この国で支給開始年齢を引き上げるなんてムダでお騒がせな話をすることは諦めてください．

ジャンプ 知識補給・日本の年金を世界がうらやましがっている理由
180 頁へ

　でもそんな年金の話よりも，もっと大きな大切な話をしておきましょう．それは，社会保障は何のため？　そして社会保障は誰のため？　という話です．

第2章　社会保障は何のため?

分配面における貢献原則の必要原則への修正

　社会保障は，何のためにあるのですかと尋ねられることがあります．これは，なかなか難しい質問で，よくよく考えてみると，それは，みなさんが，自立した尊厳のある人生を全うしてもらうためにあると答えたくなるのですが，その目的を達成するためには，社会保障だけでは到底かないません．むしろ，労働市場とか，そういう社会の自律的なメインシステムがしっかりとしているときに，それでも足りないと判断されて，社会保障がサポートするという，社会保障はそういうサブシステムのようなものと考える方がいいようにも思えます．そういうことを分かった上で，あえて，この本では，社会保障は何のため?　という問いからはじめてみたいと思います．

　いま，あなたは，自分が住んでいる社会のトップだとします．そしてあなたは，自分がトップを務める社会で，今年は何を「生産」するべきか，そしてそこで生産されたものを誰にどのようにして「分配」するべきかという問題を考えなければならないと想像してみましょう．これは人類が生産という行為を覚えて以来の太古から，頭を随分と悩ませてきたふたつの大きな経済問題だったと思います．

この「生産」と「分配」という二大経済問題のうち，生産された財・サービスを消費してもよい権利を人々の間にいかにして分配するかという問題について，市場のみならず政府の働きにも強く依存しているのが現代の国家，すなわち福祉国家です．

　福祉国家にあっては，人々が不幸せなときにはどうしても必要となる基礎的な財・サービスや，子どもという，本人達の経済的責任，意思決定の責任を問うことが難しい人たちが必要とする基礎的な財・サービスについては，できるだけ彼らの必要性に基づいて利用できるようにすることを目的とした制度が準備されています．前者の代表例が，医療・介護であり，後者の例として保育・教育などをあげることができます——2015年の春にはやっていた『21世紀の資本』を書いたピケティは，従来の社会保障を軸に置いた福祉国家に教育も加えて現代の社会国家（social state）という言葉を使っています．ドイツでは伝統的に社会国家（sozial staat）という言葉が福祉国家に類した用語として使われていましたが，日本では，随分と前から社会保障関連の資料に同様の機能をはたす教育も掲載されていましたので（図表5），これまで僕は福祉国家という言葉を使ってきました．これからは，ピケティのように教育を含めて社会国家（social state）——ドイツの社会国家（sozial staat）よりも広い意味——と呼ぶ方が良いかもしれません．

　これら生活に不可欠な基礎的な社会サービスが，政策目的を十分に達成できるかどうかは，各制度が税や社会保険料を通じてどれほど財源を調達することができるかということに依存しているのですが，目指そうとしていることは，どの制度も同じです．必要性に基づいて利用できるサービスを，市場社会の中に一定程度組み込んで，市場と公の役割の間にバランスをとることです．

図表5　1人の生涯から見た社会保障給付の姿

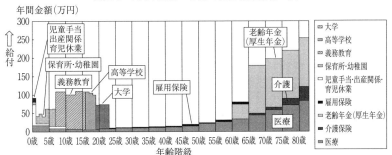

注：平成11年版厚生白書記載のデータを平成15年度の実績等をもとに修正し，1人の生涯
　　から見た社会保障給付の姿のイメージとして示したもの．
出所：第1回社会保障国民会議（2008年1月29日）参考資料2頁.

　市場は，消費者の意思と能力——所得や資産に裏打ちされた支払
能力——に基づいて，生産される財・サービスを利用できる権利を
人々の間に分配してくれます．逆に言えば，市場は需要にしか対応
できず，市場の原則とは，消費者にものすごく強い必要性があった
としても，支払能力がない人には必要となる財・サービスを利用で
きる権利は与えないことでもあります．そのように市場は非情では
ありますが，市場はダイナミックな性質をもっていて，多くの人の
生活を向上させる力をもっていました．市場の力のおかげで，僕ら
の生活はより便利に，より清潔に，そして僕らはより健康になり，
人生選択の機会を増やすことができるようになったわけです．そう
した力を持つ市場は，なかなかそう袖
そで
にはできず，どうしても社会
の中心に据えたくなるメカニズムではあります．

　市場に主に頼る社会にあっても，所得や資産に基づく支払能力だ
けに依存しないで，ある特別な財・サービス——それは20世紀に
入って平等なアクセスが国民の権利として認識されるようになって
いったサービス——については，これを市場から外し，必要に応じ

図表 6　特殊平等主義を組み込んだ市場社会

出所：権丈（2015 VI巻）301 頁.

て利用できる機会を平等に保障する方針を「特殊平等主義[12]」と言う人もいます．宇沢弘文さんの「社会的共通資本」にもそうした資本を必要に応じて利用できるようにするという考え方が含まれています．

　この「特殊平等主義」を，市場のまわりに，あたかも誰もが利用できる共有地のように配置した社会は（図表6），「能力に応じて働き能力に応じて分配する」結果としての純粋資本主義とも，「能力に応じて働き必要に応じて分配する」結果としての社会主義とも異なる，現代的な国家の形態であるわけです．こうした，純粋資本主義の中に部分的に特殊平等主義を取り入れた国家は，福祉国家と呼ばれることもあり，修正資本主義国家と呼ばれることもあり，社会主義の原理と資本主義の原理が混じり合ったことを意味する混合経済と呼ばれることもあります．

12　特殊平等主義（specific egalitarianism）については，Tobin, J. (1970), "On Limiting the Domain of Inequality", *Journal of Law and Economics* 13, pp. 263-77. その解説としては，権丈（2005［初版 2001］I 巻）100-105 頁参照.

図表7　福祉国家の仕組み（再分配政策としての社会保障の役割）

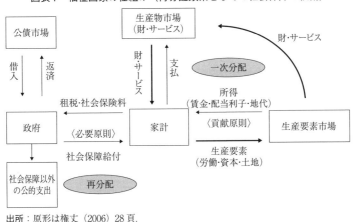

出所：原形は権丈（2006）28頁.

　福祉国家の仕組みを図表7にしたがって説明しておきましょう.

　まず図表7の真ん中にある家計は，みずからが所有している労働，資本，土地という生産要素を市場に供給し（家計から生産要素市場への矢印→），その見返りとして所得を得ます（生産要素市場から家計への矢印←）. この所得は，労働に対しては賃金，資本に対しては配当や利子，土地に対しては地代という形をとります. 市場の分配原則は，生産要素が生産にどの程度貢献したかに応じて分配する「貢献原則」です. こうした分配を，市場による所得の一次的な分配という意味を込めて所得の「一次分配」と呼ぶこともあります.

　この一次分配に政府は租税・社会保険料を課して，公共政策を行うための資金を徴収することになります（家計から政府への矢印←）. そして政府は，徴収した資金，すなわち財源を用いて，公務員を雇用して，公共事業や，警察国防などの公共サービスを供給します（政府から社会保障以外の公的支出への矢印↓）. 同時に政府は，徴収

したかなりの財源を，今度は，社会保障給付として，家計が必要と
している程度という「必要原則」にもとづいて再び分配し直します
（政府から家計への矢印→）．このような，市場がいったん分配した
所得を，社会保障が再び分配し直すことを，ここからは社会保障に
よる所得の「再分配」と呼ぶことにします．

図表8　貢献原則に基づく分配を必要原則に基づいて修正

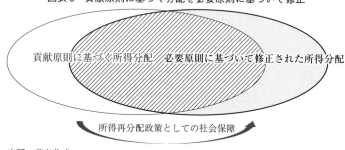

出所：著者作成.

　つまりは，社会保障という再分配制度の基本的な役割は，図表8
に描いているように，市場の分配原則である「貢献原則」にもとづ
いた所得分配のあり方を，家計の必要に応じた「必要原則」の方向
に修正することだということになります．

　他面，家計は，所得から租税・社会保険料負担と貯蓄を差し引い
た額で，生産物市場から財・サービスを購入することにより，みず
からの需要を満たすことになります．ここで需要とは支払い能力に
裏付けされた必要のことです．家計は財・サービス消費の必要を感
じていても，支払い能力がなければ，財・サービスを利用する権利
を市場から与えてもらうことはできません．さきに，「市場は非情」
と言ったのはそういうことです．

　医療・介護，保育・教育サービスなどを利用する権利を市場とい
う方法で各家計に分配するということは，貢献原則にもとづいて分

配された所得に強く依存した形で，生活に不可欠な基礎的な消費部分も分配されることを意味します．繰り返しをおそれずに言いますと，支払い能力に裏付けされた必要が需要であり，たとえば医療需要——医療の場合は往々にして医療保険需要——も所得分配の状況に強く依存しているのですから，医療を市場で分配することは，医療サービスを利用する権利を所得や資産に応じて与えるということ，すなわち所得階層に応じて医療消費の質と量が階層化するおそれのある状況——所得の高い人は良質の多くの医療を受けることができる一方，所得が低い人は医療の必要があってもそれを受けられない状況——を容認することにつながります．所得階層によって消費水準が変わってしまうことをさけるために，現在の多くの国々では，「特殊平等主義」に基づいて，基礎的消費部分の平等消費を実現することを目指しているわけです．

　このことは，所得と資産という支払い能力に裏打ちされた需要，すなわち支払能力でウェイト付けされた方法で，生活に不可欠な基礎的な財・サービスを消費する権利を人々の間に分配するのではなく，それらの財・サービスについては，ひとりひとりに等しいウェイト付けをして消費する権利を分配することを意味します．政治領域において人権をひとりひとりに等しいウェイトで配分しているのと同じですね．

将来の生産物への請求権を与える公的年金

　さて，ここまでは，「この一年に生産された財・サービス」を消費する権利を人々の間にいかにして分配するかを論じました．それでは，将来の生産物への請求権についてはどうでしょうか？

　この問いへの解答として，社会保障の一分野をなす公的年金があ

ります．年金は将来の退職世代に「将来の生産物に対する請求権」
を事前に約束しておく公的な取り決めです．公的年金が誕生する前
は，よほどの高資産家は別でしょうが，普通の高齢者は個々の家族
の中で現役世代が扶養していました．しかし農業社会から，工業化，
さらには経済のサービス化を遂げるという一層の産業化（industriali-
zation）を経ていく過程で，核家族化が進んでいき，親類縁者の助
け合いのつながりも大幅に弱まり，さらには人々の収入源も賃金と
いう家族のニーズにあわせて融通がきき辛い制度に依存する人が増
えました．

　農業が主だった社会を想定して下さい．夫婦共に働いて，子供も
働いてと，生産に携わり家計を支える人は家族の中に何人もいまし
た．そこで誰かが病気になってひとり働けなくなったとしてもなん
とか対応できたはずです．そしてなによりも，農業では，一定の年
齢に達したことを理由に働けなくなる定年という考え方も馴染みの
ないものだったと思います．

　ところが，多くの国々では，産業化が進む中で，核家族化が進み，
所得を得る方法も賃金という仕組みに頼るようになっていきました．
そして，賃労働という世界においては高齢者を働く場から退出させ
る制度も導入されていくようになりました．

　図表 9 は，19 世紀末から 20 世紀初頭にかけての大英帝国で「貧
困の発見」と呼ばれた時代を作るきっかけの一つとなった貧困調査
の結果です．賃労働者の場合，貧困，すなわち必要と収入とのギャ
ップはライフサイクルをもって訪れるわけで，子供の誕生から養育
期，そして労働市場から退出した高齢期は貧困に陥っていくことが
分かります．この貧困のライフサイクルの発見は，それまでもうす
うす感じられていた賃金制度の欠陥，市場の欠陥を強く認識させる

図表9　貧困線と貧困のライフサイクル

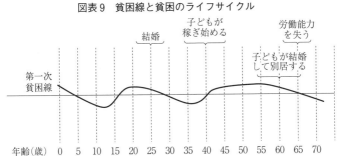

出所：Rowntree, B. S. (1902) *Poverty: A Study of Town Life* 2nd ed., p.137.　権丈（2015 Ⅶ
巻）426 頁より.

ことになるわけです.

　賃労働者が主体となる社会となってくると，従来の農業社会にお
ける大規模家族が持っていた年老いた親を家族内で扶養する機能が
弱まった，新しいタイプの家族が増えることになります.　その結果,
高齢者に大量の貧困が生まれてしまいました.　そこで先進国では,
高齢者の貧困が生まれないように，年老いた親の扶養を，それまで
の家族内での私的な扶養から，社会的な扶養，すなわち公的年金に
置き換えていきました.　要するに公的年金というのは，国民全員で
親の世代に仕送りをする「国民仕送りクラブ」のようなものです.
これは，大妻女子大学短期大学部教授である玉木伸介さんの言葉と
して 2014 年 4 月 30 日『朝日新聞』社説の中にあったのですが，な
かなかうまい表現です.　そして次の図表10 は，国民仕送りクラブ
が形成されていく過程をモデル化したもので，このモデルでは，勤
労期にある子供が親を扶養する働きが，第 3 世代が勤労期にある第
3 期に家族から国民全体へと社会化されたものとして描かれていま
す──その時，仕送りの負担が応能負担に切り替わったことがきわ
めて重要なんですね！　さらには，第 4 期には子育て費用の社会化

図表10　扶養の社会化制度としての公的年金と子育て支援

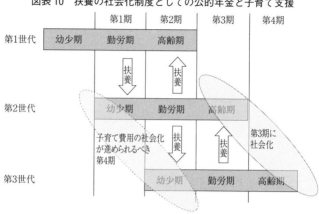

出所：厚生労働省（2012）「第４回社会保障の教育推進に関する検討会資料」資料2-1「社会保障の正確な理解についての１つのケーススタディ　〜社会保障制度の"世代間格差"に関する論点」図表「社会保険の創設と扶養の社会化」（12頁）に一部加筆.

が進められることが期待されているものとして描かれています.

Output is central という考え方

　2013年１月に IMF 主催で開催されたシンポジウム「世界危機後のアジアにおける財政的に持続可能で公平な年金制度設計」において，これまで年金研究に多大な貢献をしてきた経済学者の一人であるニコラス・バー LSE（ロンドン・スクール・オブ・エコノミクス）教授は，この日，僕たち研究者には周知でも通常あまり認識されていない事実を強調していました. すなわち，「生産物こそが重要（Output is central）であり，年金受給者は金銭に関心があるのではなく，消費に関心がある（食料，衣類，医療サービス）. このように鍵となる変数は，将来の生産物である. 賦課方式と積立方式は，単に，将来の生産物に対する請求権を組織的に設定するための財政上

の仕組みが異なるに過ぎない，2つのアプローチの違いを誇張すべきではない」．

ニコラス・バーは，年金を設計するただ 2 つだけの方法として次をあげます．

・現在の生産物を蓄える
・将来の生産物に対する請求権を設定する

この点を少し説明しておきます．

将来の消費のために，現在の生産物を蓄えるということは可能かどうかを考えてみましょう．今，ペットボトル 500ml 入りの水を 30 年後に飲みたいとします．この水を 30 年後に飲もうと思い，どこかの穴蔵にボトルを埋めておく，あるいは冷蔵庫に入れておく．30 年後にパソコンを使いたいから，押し入れにしまっておく．30 年後に床屋に行きたいから……さて，どうすればいいのでしょうか？

やはり，30 年後に消費する財・サービスというのは，ほとんどが，30 年後に生産されなければならないわけです．となれば，将来の消費のために，現在の生産物を蓄える方法というのは現実的ではありません．そこで，将来の生産された財・サービスに対する請求権を事前に公的に約束しておく方法が，どの国でも採用されることになります．そうした公的な取り決めが公的年金です．

20 年後，30 年後，40 年後に財・サービスを消費するためには，そのほとんどがその年々に生産されなければなりません．そうすると，その財・サービスを生産する人たちは誰なのでしょうか．それは，その時代時代の労働者でしかあり得ません．僕ら 50 代の世代が 30 年後の 80 歳代になった時に床屋に行くときには，その時の床屋さんに髪をきってもらうしかないわけです．その時代時代の労働力が，少子高齢化と人口減少の結果少なくなっていく場合，1 人の

図表11　生産される財・サービスに対する少子高齢化の影響

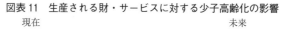

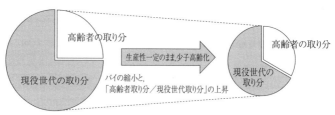

ただし未来において，高齢者の現役世代に対する相対的生活水準を上下させると，「高齢者取り分／現役世代の取り分」を上下させることができる．

出所：権丈（2015 Ⅶ巻）206 頁．

　労働者が生産することができる財・サービスの量で測られる生産性が変わっていないのであれば，合計された生産物は減ってしまいます．その少なくなった生産物をみんなで分け合うことになります（図表11）．

　その時，20 年前，30 年前から，お金を蓄えて請求権を確保していたつもりでいても，その請求権の基になる貨幣価値は変化せざるを得なくなります．高齢者が，現役時から積立金を債権や株で蓄えておいたら，それを現金化する高齢期には金融市場でそれらの価格が調整されることになるでしょうし，高齢者の割合が増えて，高齢者向けの財・サービスに対して超過需要が生じると，生産物市場で今度は物価で調整されるかもしれません．勤労世代からみれば，高齢化が進み高齢者の取り分が増えると，どうしても自分たち勤労世代の取り分が減ります．年金財政のあり方が賦課方式（現役世代が高齢者の生活を直接支える仕送り方式）でも積立方式（今の高齢者が現役時にお金を蓄えておく方式）でもそれは同じなわけです．

　年金受給者は金銭に関心があるのではなく消費に関心がある――生産物こそが重要（Output is central），これは，年金を考える上で

「最も」と言ってもいいくらいに，きわめて重要なポイントです．食料，衣類や医療サービスのような変数は将来の生産物です．公的年金では，その財政方式である賦課方式と積立方式の間の選択の議論をする人もいます．これらふたつは，高齢者の貧困の発生を防止する効果という側面では賦課方式が積立方式よりも優れているという点で大いに異なるわけですが，財政的な側面からみれば，単に将来の生産物に対する請求権を組織的に設定するための財政上の仕組みが異なるにすぎません．この点をひと味違った観点から論じた人もいますので紹介しておきます．

　先ほど紹介した，公的年金を「国民仕送りクラブ」と呼んだ玉木伸介さんは大学に移られる前は永らく日銀マンであり今は大妻女子大学短期大学部の先生でして，2004 年に『年金 2008 年問題——市場を歪める巨大資金』を出されています．この本の中に，「勤労世代の負担は給付であって拠出ではない」という言葉があります．高齢者が財・サービスを消費している限り，その生産物は勤労世代が生産しているのであって，勤労世代は自らが生産した財・サービスの一部を高齢者に渡して高齢者の生活が支えられているのですから，玉木さんの言うように，「給付が負担」という命題が出てくるわけです．

　この本を読んだとき，僕は少し驚いてしまいました．というのも，僕は，公的年金に関する経済学研究などを何十年も前の論文をはじめサーベイしていたから，積立方式も賦課方式も，生産物という実物的視点からはさして違いはなく，共に少子高齢化の影響を受けるということに決着が着いているのを知っていたわけですけど，そうした既存研究をサーベイしているわけでもなく，日銀で金融政策の仕事をしながら，公的年金に関しては独学で「給付が負担」という

考えに到達している人がいるのか⁉　と.

　公的年金をめぐっては，積立方式と賦課方式のどっちが有利かという議論が，たしかにありました．しかし，そうした議論を眺めていた，先ほど紹介した Output is central の考え方を論じていたニコラス・バーや，2010 年にノーベル経済学賞（正式にはスウェーデン国立銀行賞）を受賞したピーター・ダイヤモンドら年金経済学者達は，賦課方式と積立方式の相違をそう強調するべきではなく，積立方式論者が信じているような人口の少子高齢化とは独立な年金制度などできないよっと諭してきたわけです.

　こうした考え方は，年金研究の世界ではかねてより常識になっていたものです．たとえばニコラス・バーとかは 1970 年代から，今と同じことを言っていました．そして，日本では 2013 年の社会保障制度改革国民会議に，厚生労働省年金局が，ニコラス・バーが講演で使用したスライドを英語日本語対訳の形で紹介した次の資料，図表 12 を提出したことにより，この国でもようやく広く認識されるべきことになったわけです.

　「Output is central——生産物が中心」という考え方や，「負担は給付」という考え方をさらに進めると，ケインズ経済学者として有名な伊東光晴さんが 1987 年の論文でも書いているように，「（賦課方式と積立方式の）いずれの場合においても，増加する高齢者の支出にみあうだけの物的生産を現に働いている人たちが生産しなければならず，それを彼ら（勤労世代）が利用することはできないという点で，負担増となるのである[13]」ということになります．こうした少子高齢化がもたらす勤労世代への負担増は，僕も 10 年以上も前に書いているように，高齢者に生産物を分配する次の 4 つのどの

13　伊東光晴（1987）「老いの政治経済学」『老いと社会システム』岩波書店，39 頁.

図表 12　厚生労働省年金局による社会保障制度改革国民会議での配付資料
海外の年金議論の動向　②IMF講演資料（1）

○IMF主催「世界危機後のアジアにおける財政的に持続可能かつ公平な年金制度の設計（2013年1月9～10日,東京）」におけるニコラス・バー氏の講演資料「適切な年金制度を確保するための公共部門と民間部門の役割─理論的考察」から抜粋.

※ニコラス・バー氏：LSE（ロンドンスクールオブエコノミクス）教授であり, 1990年～1992年まで世界銀行のコンサルタント.

2.2 Output is central

• Two and only two ways of organising pensions
　·Store current production
　·Build a claim to future production
• Pensioners are not interested in money, but in consumption (food, clothing, medical services). Thus the key variable is future output.
• PAYG and funding are merely different financial mechanisms for organising claims on future output
• Thus the difference between the two approaches shou not be exaggerated

2.2 生産物が中心

• 年金を設計するただ2つだけの方法
　·現在の生産物を蓄える
　·将来の生産物に対する請求権を設定する
• 年金受給者は金銭に関心があるのではなく,消費に関心がある(食料,衣類,医療サービス).このように鍵になる変数は,将来の生産物である.
• 賦課方式と積立方式は,単に,将来の生産物に対する請求権を組織的に設定するための財政上の仕組みが異なるに過ぎない.
• このように,2つのアプローチの違いを誇張すべきではない.

出所：第12回社会保障制度改革国民会議（2013 年 5 月 17 日）厚生労働省提出資料「年金関連4法による改革の内容と残された課題（http://www.kantei.go.jp/jp/singi/kokuminkaigi/dail2/siryou2.pdf）

手段をとってみても変わることはありません.

1　公的老齢年金は存在せず私的に家計内で高齢者に生産物を分配する方法

2　高齢者自身のいわゆる自助努力──私保険・貯蓄──で高齢者に生産物を分配する方法

3　私的であれ公的であれ, 積立方式の年金で高齢者に生産物を分配する方法

4　賦課方式の公的老齢年金で高齢者に生産物を分配する方法

　これまで積立方式は少子高齢化の影響を受けないと主張していた人たちは, 積立方式も影響を受けると指摘されると, 積立方式にすれば貯蓄が増えて生産物も増えると言ったり, 資産を海外で運用すれば国内の生産物を増やせると言ったりしています. しかし, これらも随分と前から考察され, 積立方式の方が将来の生産物を増やす

という説が成立するには厳しい前提条件がいくつも必要で，そうした条件がそろうことは難しいということで，研究の世界では落ち着いています．

　Output is central という考え方，生産物という長期的には蓄えのきかない物的な視点からみれば，その年々に勤労世代が生産した生産物を高齢者が消費する方法しか存在しないことは当たり前のことです．この事実は，伝統的な家計内での高齢者扶養制度であろうが，高齢者の自助努力に任せようが，老齢年金の財政が積立方式，賦課方式のいずれであっても，変わりはありません．伊東光晴さんが1987年の論文で証明したかったのは，この点，すなわち「老齢者は，若い人たちの経済的負担を重くしないために，現に自らが働いているうちに老後のための費用を貯蓄し，それによって，自らの老後を支えるべきである[14]」という世間の常識は間違えているということだったわけですね．

　このような考え方，すなわち，積立方式でも賦課方式でも，残念ながら少子高齢化の影響を受けてしまうという考え方は，日本では，昔は玉木さんや僕ら数人しか言っていなかったのですけど，今では政策当局にも浸透していまして，厚生労働省年金局は，次の図表13のような資料も作るようになっています．

　ここでは，「生産物（商品やサービス）は積み立てられないため，高齢者への生産物の分配手段――①私的扶養，②私保険・貯蓄，③積立方式の公的年金，④賦課方式の公的年金――のどの分配手段でも，その年々に現役世代が生み出した付加価値を，現役世代と高齢者で分け合う構造に変わりがない」と説明されています．年金経済学の研究成果をよく踏まえた説明だと思います．また，平成26年

14　伊東（1987）36頁.

図表13　厚生労働省年金局作成の積立方式と賦課方式の説明

積立方式でも賦課方式でも少子高齢化や低成長の影響を受ける

〇生産物（商品やサービス）は積み立てられないため，①〜④のどの分配手段でも，その年々に
　現役世代が生み出した付加価値を，現役世代と高齢者で分け合う構造には変わりがない．

　　□ 年金の受給者
　　　 の取り分
　　□ 現役世代の
　　　 取り分

◆高齢者への生産物の分配手段
　①私的扶養
　②私保険・貯蓄
　③積立方式の公的年金
　④賦課方式の公的年金

〇少子高齢化社会で積立方式の年金制度を採用した場合，多数世代（高齢者）が現役時代
　に積み立てた資産（債権・株式）に対して，少数世代（現役世代）の需要は小さいため，資産
　価値は低下する．
　結果として，年金の購買力（実質的な価値）は低下してしまう．

②債権などの購入　巨額の積立金　①積立額分の請求権　③年金の支給

【現役】　　　【政府】　　　【高齢者】

積み立てられた資産に
対する需要小

年金の購買力（実質的
な価値）の低下

出所：厚生労働省年金局作成資料.

図表14　マンガで知る公的年金における積立方式と賦課方式の説明

積立方式の特徴	賦課方式の特徴
〇民間保険と同様に現役時代に積み立てた積立金を原資とすることにより運用収入を活用できる 〇インフレによる価値の目減りや運用環境の悪化があると，積立金と運用収入の範囲内でしか給付できない年金の削減が必要となる	〇社会的扶養の仕組みであり，その時の現役世代の（給与からの）保険料を原資とするため，インフレや給与水準の変化に対応しやすい（価値が目減りしにくい） 〇現役世代と年金受給世代の比率が変わると，保険料負担の増加や年金の削減が必要となる
少子高齢化で生産力が低下した影響はいずれも受けるが，積立方式は運用悪化など市場を通して，賦課方式は保険料収入の減少などを通して受ける．	

出所：「いっしょに検証！　公的年金」第6話
　　　「日本の公的年金は「割賦方式」〜どうして積み立てておけないの？」
　　　http://www.mhlw.go.jp/nenkinkenshou/finance/finance02.html

　財政検証が行われるのにあわせて，「図解・マンガ　公的年金のこ
と，どのくらい知っていますか？」という資料が作られていまして，
その中に上の図表14のような資料があります.

　この資料には，「少子高齢化で生産力が低下した影響はいずれ（積立方式も賦課方式）も受ける」と記されています．こういう，人間の直感ではなかなか理解しづらいところが，世の中にはあるんですね．でも直感に基づく第一印象とは異なる見方ができるようになるところこそが，学問の面白いところでもあるわけです．最近は直感に基づく年金論とヒューリスティック年金論と呼んでからかっております．

ジャンプ　知識補給・ヒューリスティック年金論　262頁へ

　と言っても，いま世の中にある高校の教科書を見渡せば，ひとつひとつ出所は示しませんけど，「積立方式はインフレーションに弱く，賦課方式は高齢化により現役世代の負担が重くなるという欠陥がある」，「賦課方式は……現役世代が高齢世代を支える方式なので，少子高齢化が進むと現役世代の負担が増すことになる」，「賦課方式は……現役労働者の数が少なくなると，費用負担の問題が出てくる」などという間違えた記述は枚挙にいとまがありません．この点，政府による説明も，かつては賦課方式はインフレに強く少子化に弱い，積立方式はその逆というものでしたから，教科書会社を責めることはできません．ちゃんとした正確な情報がひろく行き渡るまでには，相当の時間が必要だろうと思います．

　付け加えますと，これら高校の教科書には，先進国の公的年金は日本のみならず賦課方式で運営されていること，そしてそれらの国々も年金制度発足当初は積立方式を意識していたものが，高齢者の貧困を防ぐという公的年金の目的を達成するために，すぐに賦課方式に切り替わっていったこと，さらには，日本の公的年金の積立金は，先進国の中では比較的多くあることなど[15]はどこにも記述さ

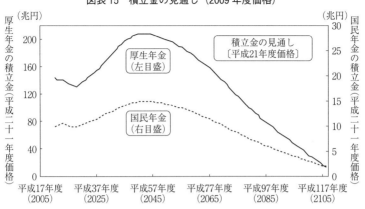

図表 15　積立金の見通し（2009 年度価格）

出所：平成 21 年度財政検証関連資料.
著者注：2004 年（平成 16 年）の年金改革の後, おおむね 100 年後（2105 年度）に, 積立金が給付費の 1 年分程となるように, 積立金を計画的に使っていくこととなっています.

れていません.

　日本の公的年金は, 基本, 賦課方式です. しかし, 他国と比べて変動の大きい人口構成に対応するバッファーとして, おおよそ 4 年分の給付を賄うことができる積立金を持っています. このバッファーとしての積立金があるために, ふたつの大きな人口のコブ——第 1 次ベビーブームと第 2 次ベビーブーム——を抱える日本の公的年金が, 賦課方式のもとでも保険料を上下しなくて済むように制度を設計することができているわけです. また, 様々な社会・経済的なショックに対しても, 積立金は給付を賄うためにいったん立て替えてあげたりと, バッファーとしての役割をはたしてくれます. 図表 15 は, 日本の公的年金が, およそ 100 年後には年金給付の 1 年分

15　権丈（2015 Ⅶ巻）第 9 講「微妙に積立金をもつ賦課方式のワナ」, 第 35 講「前途多難な社会保障教育」などを参照.

図表 16　公的年金の財源の内訳 ケースⅢ

財　源
合計　2,400兆円

保険料　1,670兆円（70%）

積立金から得られる財源　210兆円（9%）
（積立金の取り崩し及び運用収入）
1 割程度

国庫負担　520 兆円（22%）

2019（令和元）年度末

注：今後，概ね 100 年間にわたる厚生年金，国民年金の財源の内訳を運用利回りで現在（2019
　　年度）の価格に換算して一時金で表したもの．
出所：令和元年財政検証資料 4，34 頁に筆者加筆．

の規模になるまで今ある積立金を計画的に使っていくことを示して
いるものです．

　これに比べて，フランスは積立金をほとんど持っておらず，ドイ
ツは年金給付の 2 ヶ月分くらい，イギリスは 4 ヶ月程度，アメリカ
で約 3 年という状況です．もちろん，今の高校の教科書には，バッ
ファーとしての日本の公的年金の積立金についての記述などまった
くありません．高校での教科書が，研究・政策レベルで決着が付い
ているところに追いつくまでは，まだまだかなりの時間が必要であ
るようにも思えます．

　ちなみに，図表 16 に描いているように，およそ 100 年先までの
公的年金保険の給付総額に積立金が貢献する割合は，平均すると 1
割程度にすぎません．将来の年金給付水準を上げるのに最も有効な

策は，保険料収入の増大をもたらす賃金の引き上げや，それにつながる人的資本の充実だと言われるゆえんです．そのうえ公的年金積立金の運用は超長期であるため，３ヶ月，半年などの短期間の運用結果に世の中が一喜一憂している様子は，ちょっと可笑しく，愚かしく見えたりもするんですよね．まぁ，悪い時しかニュースとして報道されないから，一喜一憂ではなく，一憂そしてしばらくたってまた一憂かな……

第3章　社会保障は誰のため？

計数感覚に欠ける善良な市民

さて，これまで，「社会保障は何のため？」という問を立てて，先ずは今年1年間に生産されたものをいかに分配するべきか，次に将来生産されたものをいかに分配するべきかを考え，そこで社会保障はどのような役割をはたしているかを説明してきました．そこで次は，「社会保障は誰のため？」という問を立てて，話を進めていきたいと思います．そしてここから，社会保障の財政規模の話が必要になるわけですが，社会保障には年間100兆円以上も使われていると言われても，それがどのくらい大きなお金なのか，すぐには分かるわけがないですよね．

いま，1万円札を100万円分積み上げると，大体1センチの高さになります．となれば，一千万円は10センチになりますね．では50億円は？　1メートルで1億円になるわけですから，50億円は50メートルですね．では，1兆円分1万円を積み上げると，どの程度の高さになると思いますか？　東京タワー333メートルよりも高いと思いますか？　富士山と3,776メートルと比べれば？

100万円を1センチとすれば，1兆円は10キロになります．想像

したことないですよね．2019 年度予算は 99 兆 4 千億円ですから，1 万円札を並べて 994 キロ，税収は 62 兆 5 千億円で 625 キロ，歳出を税収で賄い切れていない額は，31 兆 9 千億円なので 319 キロとなります．

　1 兆円は 1 万円札を積み上げて 10 キロというような規模感，計数感覚というのは公共政策を考える上ではとても大切なことです．こうした規模感をはじめ，身近な数字が国民規模に大きく拡がるときの数字の膨らみ具合などの感覚を身につけると，ものを考える上でのムダな時間を節約することができるようになります．

　たとえば，国民みんなに生活できるだけの所得を無条件に保障するというベーシックインカムという構想があります．僕は以前，埼玉県の入間市にある人事院公務員研修所で国家公務員の新人に社会保障の講義をしたときに，経済官僚の 1 年生から，「先生は，ベーシックインカムの専門家ではないと思いますが，この政策についてどのようにお考えですか」との質問がありました．僕は，「ベーシックインカムの専門家ではないし，これからも専門家にはなりたくないけどね」と言って，君は，ベーシックインカムとして，月額でいくらくらい必要だと思いますか？　と尋ねてみました．彼曰く，10 万円．では，10 万円を 1 億 2 千万人の国民に配るといくらになると思う？　と問うと，彼は 12 兆円と即答．さすがです．そこで，ベーシックインカムで 1 ヶ月に必要となる 12 兆円を 12 ヶ月配るとすると？　そして，今年の国税収入は？　と問うと，彼はすかさず，144 兆円の財源が必要で，今年の税収はおよそ 50 兆円と回答．ねっ，ベーシックインカムについて頭を悩ませる時間を節約できるでしょう，その 144 兆円には医療，介護，保育，教育などの現物給付——英語では benefits in kind. ここで kind は［現金ではなく］現物の意

味──の支出も入っていない
よねと言うと，彼はごもっと
もと．ところが，そうした簡
単な計算さえも念頭にないま
まに，ベーシックインカムを
論じる人が山ほどにいたりし
ます．疲れますね．

オンラインへGO！

がんばれ!?　元気の出る
ベーシックインカム──
議論には社会保障の正確
な理解が欠かせない『東
洋経済オンライン』2018
年5月24日

　ということで，いま，公共
政策を考えたり論じたりする
際に最低限押さえておいても
らいたい計数感覚である1兆
円は，1万円を積み上げたら
どのくらいの長さになるのか
を身につけてもらいました．
普通の人にこういう感覚が欠
けているのは，仕方がないこ
とだとは思います．僕が昔か
ら学生に薦めている『社会調

©いしいひさいち

査のウソ』の著者谷岡一郎さんが『データはウソをつく』の中で，いしいひさいちさんの右の漫画を紹介されていました．

谷岡さんの言葉を借りれば，「山林五千ヘクタールとか，資産三百億と言われても，理解範囲を越えてしまって，「へ〜」の世界でしかない．しかし，毎日駅からタクシーに乗ると言われると，途端に実感が湧き，「ひぇ〜」の世界になってしまうのです」．

まったくその通りだと思います．政治ではこうした人間の感覚というか錯覚といいますかそうした人間の弱点が大いに利用されます．いや，政治家本人達が分かっていないのかもしれません．

2010年の秋に，民主党の代表選が，菅直人さんと小沢一郎さんとの間で争われていました．2人の公開討論が行われた後，テレビ方面の記者が，次の質問をしています．

「財源について，小沢さんにだが，207兆円の組み替えを断行してマニフェスト実行の財源に充てると言っているが，この組み替えについては鳩山小沢体制でも言っていたことだと思うが，実際に当時マニフェスト実行に可能なように，どれだけ捻出できたのか．捻出出来なかったとしたらなぜ出来なかったのか」．

小沢さんは，次のように答えています．

「207兆円の予算の組み替えという話は，いわゆるマニフェストでもうたってきたことだと思う．……私は何年か前にクエスチョンタイムでも福井県美山町の，いわゆる雪深い町の道路に雪が詰まるので消雪パイプを作りたいという町の要望があった．ところがそれだけでは補助金をもらえない，それで色々探したらスキー場と併設ならば，予算を出しますという項目があって，スキー場なんて全然

誰も望んでいないが，しょうがないからその予算をもらえることにした．スキー場と消雪施設でもってそれぞれ 4000 万から 5000 万の補助金をもらった．それには町の負担もあるから，同じように 4000 ～ 5000 万円借金をしたということだが，もう 10 数年たつが，1 度もスキー場は誰 1 人として使われていなかったという現実がある」．

　民主党の藤井裕久さん（2009 年の政権交代後，民主党の財務大臣になった人）は，2009 年の政権交代の前に，「総予算 207 兆円の 1 割から 2 割くらいは簡単に切れる」と言っていたので，質問している記者は，207 兆円の 1 割から 2 割，すなわち約 20.7 兆円から 41.4 兆円，1 万円の束で 207 キロメートルから 414 キロメートルに関する質問をしていると思うのですけど，いつの間にか，50 センチ，すなわち 5,000 万円の話になっているのが分かると思います．

　日本の民主主義のおもしろいところは，その日から翌日にかけて，記者たちは，民主党代表選候補者たちが掲げる政策についてまじめに紹介していることですね．言うまでもないことですが，財源がないと政策は実行できません．政治家も，記者も，そして普通の投票者にとっても，計数感覚というのはとても大切な感覚なわけでして，僕はこういう人たちを「計数感覚に欠ける善良な市民」と呼んできました．

　この「計数感覚に欠ける善良な市民」たちは，「せいじしゅど～」という呪文に弱いという弱点を持っているとも言えます．「官僚任せの政治からせいじしゅど～（政治主導）の政治で財源を！」という話をついつい信じてしまうんですね．日本に蔓延している政府不信，官僚不信の源には，こうした「計数感覚」というのが関わっているわけでして，計数感覚というのは我々国民が，生活や社会保障を政治から守るために大切なセンスであるとも言えます．

生活保護と社会保険

　さて，ようやく1万円札を積み上げた距離感と，1兆円，10兆円，100兆円の規模感がつながってきたと思いますので，ここから社会保障の話，社会保障は誰のため？　という問に取りかかろうかと思います．

　そこでふたつめのクイズを出したいと思います．2015年度予算で社会保障の給付費は117兆円，すなわち1万円の束で1,170キロの規模に達しています．このうち，テレビなどでよく取り上げられる生活保護の給付費は，30%，40%，50%，それに「該当なし」という4つの選択肢のうち，どれだと思いますか？

　この問題には，大方みんな引っかかってくれます．答えは，「該当なし」でして，生活保護，すなわち図表17における「公的扶助」は3%強にすぎません．しかも，そのうちの約半分が医療扶助でして，多くの人が「生活保護」という言葉で連想する現金給付——英語では benefits in cash——の生活扶助は社会保障給付費総額の1%程度しかないんですね．まさに社会保険を知らずして社会保障を語るなかれでして，貧困に陥っていないわれわれみんなが負担と給付の双方に関わる，医療，介護，年金などからなる社会保険がおよそ9割を占めているわけです．

為政者の保身と社会保障政策

　社会保障の主な役割は，中間層の保護育成，より厳密には中間層が貧困に陥らないようにすることにあると言っていいです．その手段は，主に中間層による助け合いによるものですから，社会保障というのは，中間層の人たちによる中間層の人たちの間の助け合いの制度だということも言えます．社会保障がないときよりも厚い中間

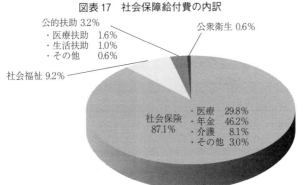

図表 17 社会保障給付費の内訳

注：国立社会保障・人口問題研究所（2018）『平成 28 年度社会保障費用統計』を基に作成.
出所：社会保障の教育推進に関する検討会作成「社会保障を教える際に重点とすべき学習項目の
　　　具体的内容」より転載. http://www.mhlw.go.jp/stf/seisakunitsuite/bunya/0000051472.
　　　html

層が育ち，維持されることになるわけでして，この中間層の生活の
安泰が，政治面では時々の支配体制を安定させてくれるわけで，経
済面では一国の購買力を支えてくれるようになります．ピケティ流
に表現すれば，「現代の所得再分配は，金持ちから貧乏人への所得
移転を行うのではない．……それはむしろ，おおむね万人にとって
平等な公共サービスや代替所得，特に保健医療や教育，年金などの
分野の支出をまかなうということなのだ[16]」ということになります．
最近は，経済学者を中心として，高所得者から低所得者への所得再
分配——これを垂直的再分配と呼ぶことがあります——以外の所得
の移転を，非効率な再分配とみなす人もいるようですけど，社会保
障というのは，基本的に，生活リスクに直面していない人から直面
してしまった人への保険的な再分配や，医療介護や年金などのよう

16　ピケティ，T.／山形浩生・守岡桜・森本正史訳（2014）『21 世紀の資本』みすず
　　書房，498 頁.

に必要でない時から必要な時期への時間的な再分配から成り立っているんですよね.

　政治面について少し触れておけば，1880 年代にドイツ帝国で生まれた医療，労働者災害，年金という３つの社会保険はビスマルク社会保険と呼ばれていますが，ビスマルクはこれら３つの社会保険を作る直前に社会主義者鎮圧法も作っています．有名な「飴と鞭」の政策です．革命をねらったり労働争議を企んだりと不穏な動きをしていた労働者に対して飴である社会保険と鞭の社会主義者鎮圧法を用いて体制を安定させていたわけです．マキャベリは『君主論』の中で，大衆を味方につけよと繰り返し言っているのですが，ビスマルクはまさに大衆を相手としたマキャベリズムを飴と鞭の政策でもって実行していました．

　各国の社会保障制度の創設期を見ると分かるのですけど，大方はビスマルクのような視点で社会保障政策が導入されています．社会主義と帝国主義を融合した社会帝国主義者として知られるイギリスの政治家，ジョセフ・チェンバレンの「（裕福な者は）財産がその安全を保障される代償として身代金を支払うべき」（1885 年演説）という，いわば富裕層への脅しの言葉も，ビスマルクとは立場こそ違え，同じ視点から出たものだと思われます．また，政敵のお株を奪うという政略として社会保障は拡充されたりもします．僕は，こうした現象を，「為政者の保身」と表現しています．決して悪い意味ではなく，為政者達が我が身，および自分たちが支配者である体制を守る，いわゆる保身のために大衆に妥協を示す際に，国民にとっての善政のひとつとしての社会保障政策は生まれるようです．そしてこの言葉は，僕は公には次の場面ではじめて使っています．

社会保障国民会議第 4 回雇用年金分科会（2008 年 5 月 19 日）

　政策というのは強い権力さえ持っていれば何でもできるんですね．政策の実行を抑止する力というのはどこから生れてくるのかというふうに，私の思考回路は向かうわけです．そのときにキーワードとなるのは「為政者の保身」，「為政者の保身」が非常に重要なキーワードになると．歴史的な事例をいろいろと考えてみますと，為政者が自分を守るために，これはできるかできないかを判断していく．そしてその時に結構な善政がなされる．我々がその政策をできるとかできないかと判断するときには，為政者はどう考えるかを，間接的に問うしかありません．そこで現代民主主義の下での政治家の保身ということが重要な概念になってくると思うわけです．

　今日は政治家は補佐官しかいらっしゃいませんので，補佐官に聞くしかないんですけど（笑）．基礎年金の租税方式への移行の実行可能性を問うポイントとして 5 つぐらいの問いを考えていて，これに「イエス」と答えるか「ノー」と答えるか．これが実行可能性を問う分岐点になるかと思っております．だから，心の中で，補佐官にはわたくしの問いに対して「イエス」，「ノー」を答えてほしいんですね．……

　そして為政者に我が身の危険を敏感に感じ取るセンスが欠けている場合には，為政者そのものが，革命や選挙で大衆から取り替えられることになります．と同時に，社会保障政策のような，所得の分配面で大きな変革を伴う政策は，為政者に身と地位の危険を感じさせるくらいの動きが起こらないと，なかなか先には進まないようです．

　さて，社会保障が主に果たす中間層の助け合いによる中間層の保護育成は，経済面でもプラスの効果を持ちます．だって，顧客がい

ないところで商売しろといっても無理ですからね．一国の経済政策
の中では，広く厚い層をなす顧客，つまりは分厚い中間層は意図的
に創出し，その存在を意識して守っていかなければならないわけで，
この広く厚い中間層の創出を，いわゆる「市場」は大の苦手として
います．市場ばかりに依存した所得の分配は，どうしても大きな格
差をもたらしてしまい，中間層が抜け落ちた社会を作ることになっ
てしまいます．そういう性質をもっているのが市場なのですから，
そればかりは仕方がありません．そうした市場の欠陥を民主主義に
より補整しているわけでして，そうした修正手段のひとつが社会保
障という制度になります．市場サイドからみれば，市場の自由な活
動を縛る，いわゆるにっくき「規制」に見えるかもしれませんけど，
民主主義サイドからみれば，それはできるだけ多くの市民を中間層
に育てて保護していったり，貪欲な市場から市民の安全や生活を守
ったりしていくための「ルール」であったりもするわけです．

救貧機能と防貧機能

　ところで，社会保障という所得の再分配制度は，貧困に陥った人
を事後的に救済するという「救貧機能」を果たしていることは確か
です．しかし，社会保障の中でもそうした役割を担う公的扶助（生
活保護）というのは，今の日本では社会保障給付費の3%台しか占
めていません．先ほども言いましたように，社会保障給付費の9割
近くは社会保険が占めています．この社会保険は所得の高い人から
低い人への垂直的再分配に加えて，個人の力だけでは備えることに
限界がある生活上のリスクに対してみんなで助け合う形としての保
険的再分配，さらには個人あるいは家計のライフサイクルにおけ
る時間的な再分配を行うことにより個々の家計の「消費の平準化」

Comsumption Smoothing を果たしています．そうした総合的な再分配政策である社会保険によって，中間層の貧困化を未然に防ぐという「防貧機能」を果たしているわけです．もしあなたが，一生涯，貧困に陥らない人生を享受できるのであれば，その幾分かは，貧困に陥るのを未然に防ぐ機能を持っている社会保険のおかげだと思いますよ．

ジャンプ 知識補給・「防貧」と「救貧」は異質
　　　　　──政策の実行可能性を考える　233 頁へ

第4章　社会保険と税

社会保障政策の歴史的経験と制度の理念

　社会保障給付費の9割近くが，貧困に陥るのを未然に防ぐ「防貧機能」をはたす社会保険制度から給付されていることを見てきたわけですが，この社会保険というものが，どうも理解しづらいんですよね．どうして，政府が使うお金が税ではなく，社会保険料なのかという疑問がでると思います．しかし，ここを考えることはきわめて重要ですので，がんばってみましょう．

　社会保険とは一体何なのか，税とはどこが違うのかということを理解するためには，社会保障政策がどのような歴史を経てきたのか，そしてそうした歴史的経験がどのような形で現在の制度の理念に組み込まれているのかということを知るのが，遠回りのようで近道であるように思います．

税による貧困救済の扶助原理

　第3章でも触れましたが，社会保険が生まれるのは1880年代のドイツ帝国においてです．その後この社会保険制度は，当時のドイツと同様の社会問題を抱えていた国々に，一気に普及してくことに

なります．ドイツ帝国で医療（1883），労災（1884），年金・障害保険（1889）というビスマルク社会保険が生まれ，イギリスで失業保険（1911）が誕生して，ドイツで介護保険（1994）が成立．どうしてこれらの国々は，税という財源調達手段とは異なる社会保険制度を利用したのでしょうか．

　19世紀末に社会保険が生まれる以前から，もちろん普通に生活している人が貧困に陥るリスクはありましたし，広範囲にわたる貧困問題はありました．そして社会保険が誕生する以前は，貧困問題に対処する方法として，広く税が用いられていました．社会保障の歴史の中でいつも最初に出てくるのは，1601年のエリザベス救貧法です．16世紀にイギリスで作られたいくつもの救貧制度にかかわる法令をエリザベスⅠ世の治下で集大成されたものです．その財源は，教区に課された救貧税でした．しかし，エリザベス救貧法に限らず，税によって貧困問題に対処しようとする時，為政者達は，どうしても納税者感情を慮るために，貧困に陥ってしまった人たちに対する一方的，事後的な救済になり，本当にその人が救済を必要とするのかを判別する審査が厳しく行われることになります．

　たとえば，税による貧困救済を日本で行っている生活保護に申請があった場合には，保護の決定のために次のような調査――ミーンズテスト（資力調査）[17]――が行われ，所得，資産，能力などの有無

17　日本でのミーンズテストに関する規定は，生活保護法第28条にあります．
　（調査及び検診）
　生活保護法第28条　保護の実施機関は，保護の決定又は実施のため必要があるときは，要保護者の資産状況，健康状態その他の事項を調査するために，要保護者について，当該職員に，その居住の場所に立ち入り，これらの事項を調査させ，又は当該要保護者に対して，保護の実施機関の指定する医師若しくは歯科医師の検診を受けるべき旨を命ずることができる．
　2　前項の規定によって立入調査を行う当該職員は，厚生労働省令の定めるところ

や程度，およびその利用可能性が審査されます[18].

1. 生活状況等を把握するための実地調査（家庭訪問等）
2. 預貯金，保険，不動産等の資産調査
3. 扶養義務者による扶養（仕送り等の援助）の可否の調査
4. 年金等の社会保障給付，就労収入等の調査
5. 就労の可能性の調査

　税による貧困問題への対処に付随する，古くからあるこうした性質は「扶助原理」と呼ばれてきました．そして扶助原理と密接にかかわる，現在の生活保護の基本原理には「補足性の原理」というものがあり，補足性の原理に関する規定は，生活保護法第 4 条 1 項にあります．

　　生活保護法第 4 条第 1 項
　　保護は，生活に困窮する者が，その利用し得る資産，能力その他あらゆるものを，その最低限度の生活の維持のために活用することを要件として行われる．

　補足性の原理に基づくと，保護費支給のイメージは，次頁の図表18 のようになります．

　そして，生活保護は，生活保護法第 9 条「必要即応の原則[19]」に

により，その身分を示す証票を携帯し，且つ，関係人の請求があるときは，これを呈示しなければならない．
18　http://www.mhlw.go.jp/stf/seisakunitsuite/bunya/hukushi_kaigo/seikatsuhogo/
　　seikatuhogo/
19　**生活保護法第 9 条**　保護は，要保護者の年齢別，性別，健康状態等その個人又は

図表18　生活保護費支給のイメージ

収入としては，就労による収入，
年金等社会保障給付，親族による
援助等を認定します．
（厚生労働省ホームページ生活保護
　制度より）

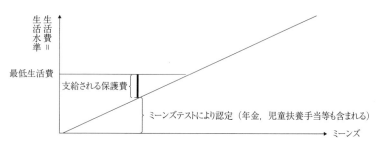

出所：上図は厚生労働省 HP「生活保護制度」，下図は著者作成．

基づいて，「個人又は世帯の実際の必要の相違」が考慮されて図表
19 の 8 種類の扶助別に保護費が支給されることになるわけです．
生活保護給付総額の 5 割程度を占めるのは被保護者の医療費を全額
支給する医療扶助[20]，ついで 3 割強を占めるのは日常生活に必要な
費用（食費・被服費・光熱費等）を支給する生活扶助です．

　2011 年の東日本大震災の折，東電からの補償金が「収入」とみ
なされ，生活保護が打ち切られた話があったのは，生活保護の補足
性の原理のためでした．東電からの補償金は収入とみなされ，残念
ながら給付が打ち切られることになったわけです．生活保護を知る
上では，この「補足性の原理」を理解することは必須ですので，す

　世帯の実際の必要の相違を考慮して，有効且つ適切に行うものとする．

20　医療扶助率（医療扶助人員／被保護実人員）は約 8 割，入院／医療扶助人員は約
　1 割，医療扶助人員の中の入院のうち，精神入院が約 5 割となっています．人員で
　はなく医療扶助の費用でみれば，入院は 6 割となり，精神入院は医療扶助費総額の
　およそ 4 分の 1 になります．

図表19　扶助別保護費の年次推移

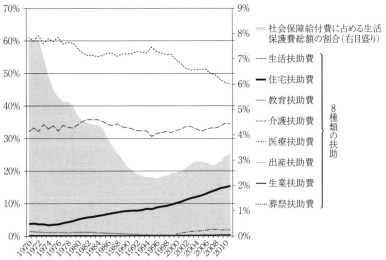

出所：国立社会保障・人口問題研究所『「生活保護」に関する公的統計データ一覧』
　　　国立社会保障・人口問題研究所「社会保障費用統計（旧社会保障給付費）」より著者作成.

ばらしい参考文献を紹介しておきます.

　　大山典宏（2008）

　　『生活保護 vs ワーキングプア——若者に広がる貧困』PHP 新書

　それに対して，社会保険で運営されている公的年金は補足性の原理とは無縁です.

　そしてここで重要なこととして，ミーンズテスト（資力調査）はインカムテスト（所得調査）とは異なることを理解してください. 所得はフローで，ミーンズテストに含まれる資産はストックという性格をもっていますが，フローを調査しただけでは，その人が扶助原理に基づいて生活の支援を行うべき対象なのかを判断するのには無理があります. なぜならば，所得が低くても資産の多い人はいるからです. 現在の制度の下では，公的年金というフローの水準をみ

るだけでも同じ問題がでてきます．年金が低くても多くの資産をも
つ人はいるからです．そして現在の制度の下では，生活保護ではミ
ーンズテストが行われています．一方，社会保険では，ミーンズテ
ストは行われていません[21]．このあたりは，同じ現金給付でも，年
金と生活保護の給付水準を比較したりする際にはきわめて重要なポ
イントとなりますので，しっかりとおさえておいてください．

　さて，ミーンズテストというのは役所の人から，家族・親族との
関係を含めどんな人生を送ってきたかの生育歴を全て聞き取ってケ
ース記録として保存され，いわば身ぐるみすべて剥がされて調査さ
れるようなものですから，テストを受ける人たちの自尊心が相当に
傷つけられるでしょうし，税による貧困救済を受けている人には世
間から否定的な評価，汚名の刻印が押されることにもなってしまい
ます．それは決して良いことではないと思いますが，それが歴史の
教訓なのです．そうした汚名の刻印を，かつて奴隷や犯罪者の身体
に刻印された徴（しるし）を意味するギリシャ語の「スティグマ」
と呼ぶわけですが，税による救済にはそうした不名誉や屈辱を引き
起こすスティグマが付随することになります．さらに，税による扶
助では，財源の性質上，保障水準も自立した生活をしながら税を負
担している人たちよりも生活水準が良くなってはいけないという
「劣等処遇原則」が先立って，せいぜいミニマムの保障しか行うこ
とができませんでした．そうしますと，普通に生活をしていた中間
層の人たちが，いったん貧困に陥ってしまった場合に救済されると
言っても，最低限の生活しか保障されないのかと，貧困に陥ること
への不安や恐怖を緩和することができませんでした．そしてそうし

21　一部，所得の相違により給付水準に差を設ける社会保険がでてきていますが，こ
　　れは別途検討する必要があります．

た国民の生活不安や貧困への恐怖は，為政者の地位を脅かすことに
つながります．

社会保険誕生の意味

　税による貧困救済が，自助を基本とする市民社会にあってはどう
しても扶助原理から抜け出せないできた状態の中で，税財源の救貧
政策とは根本的に異なる性質を持つ政策技術として社会保険が誕生
することになります（次頁の図表20）．社会保険という制度の下，
自立して生活している人たちの所得の一部を自立して生活している
間に拠出してもらう「自助の強制」という発想は，市民社会の倫理
観の基礎をなす自助の思想になじみやすいものでしたから，給付水
準が最低保障水準に縛られることもなく，スティグマを伴う厳しい
審査や劣等処遇原則から解放された給付を行うことができるように
なったわけです．年金の受給開始年齢になればミーンズテストもな
く年金保険から年金を受け取ることができる，失業しても扶助原理
が適用されることなく雇用保険から失業給付を受けることができる
という世界には，スティグマはありません．これは，事前に保険料
を義務として拠出しているからこそ発生する権利だと受け止められ
ているからです．そうした社会保険が各所に準備されているからこ
そ，人生において収入の途絶と支出の膨張を伴う生活リスクに遭遇
した人も，市民社会のなかで自信と誇りを持って生きていくことが
できるわけです．さらに，拠出した者が権利として給付を受けると
いう発想や，当時の財政当局の管轄の外で新しい制度を発足させる
ことができたという事情は，その導入にあたっては政治的な摩擦も
少なくしました．とは言っても，社会保険は民間保険とは違います．
　社会保険では，国が保険料を拠出させるという「自助の強制」の

図表20　社会保障の歴史展開概念図──スティグマからの解放の歴史

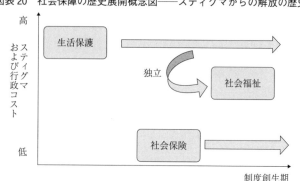

出所：権丈（2015 Ⅶ巻）236 頁.

形式をとりながら，私保険の原則（給付反対給付均等原則）に「負担は能力に応じて，給付は必要に応じて」という社会政策的な目的による変容を加えることができます．その結果，社会保険の中では，通常の民間保険が行う保険的再分配に加えて，高所得者から低所得者への垂直的再分配，生活事故発生確率の低い人たちから高い人たちへの所得のリスク集団間再分配という種類の再分配が行われることになります．それにもかかわらず，給付に権利性を付与するために，拠出を義務づけているのが社会保険制度であるわけです．

公的年金保険と生活保護

　しばしば，社会保障の中でも同じように現金給付を行っている年金保険と生活保護の給付水準を比較する人がいますけど，両者にはスティグマの有無という圧倒的な性質の違いがありますから，僕たちは両制度の給付水準を比較するのにはためらってしまいます．いや本当は，両制度の給付水準を直接比較するのは間違いだと思っています．

　と言いますのも，仮に基礎年金が，生活保護が謳う最低生活の保障も担うのであれば，生活保護と同様に，本当に最低生活が保障されていないのかどうかを審査しなければなりません．しかし先ほども言いましたように，年金所得はフローであって，フローでは生活水準を測ることは難しいです．また，持ち家の人とそうでない人の間では，同額の年金を得ていても持ち家というストックの差がある生活水準には相当の違いがあるはずなのですが，日本はヨーロッパの幾つかの国々と異なり，持ち家政策を採ってきたという歴史を持っているために，家をもっている人とそうでないひとが国民の中に混在しています．そうした国では，年金というフローのみで生活水準を推測するのが極めて困難な話になります．この点，生活保護では，大きな家であればそれを処分してそこで得たお金を生活費に回すことが求められ，もし預貯金があるのならば，月額の最低生活費の半分程度の保有は認められますが，それ以上は生活費に回すことが求められます．そうした資金が尽きた後に，生活保護の給付が行われるわけです．自家用車の所有も原則認められません．

　さらに生活保護では，家計人員が2人であれば1人に必要な生活費の2倍よりも低くなるはずだと計算されますし，住んでいる地域が違えば物価も違うわけですから，それも考慮されて生活保護が保障する最低生活費は地方の方が東京などの都心よりも低く設定されているわけです．これらの措置は厳しく煩わしくもあると言えばそうとも言えますが，最低生活の保障を行う制度が，目的を達成するために論理的，客観的に求められる措置であるとも言えます．ところが年金は，給付段階で生活水準に関する審査は行っていないわけですし，行う必要性もないわけです．それゆえに，前頁の図表20のようにスティグマからの解放，行政コストの引き下げ等多くの長

図表21　扶助原理（生活保護），社会保険，民間保険

	扶助原理（生活保護）	社会保険	民間保険
私保険の原則 （給付反対給付均等原則）	——	給付反対給付均等原則は，社会政策目的に従属させ，個々人の事故発生率の大小を操作することにより，生活事故へのリスクヘッジを行う目的と共に，再分配にも目的を置く．	確率を媒介項として個人単位で給付反対給付均等原則が厳守される．
受給の権利性	薄い，もしくは無し	高い	あり
財源調達の安定性と給付の安定性	不安定	税財源とするよりも財源調達は安定的であり，したがって給付も安定性が高い．	——

出所：厚生労働省（2012）「第4回社会保障の教育推進に関する検討会資料」資料2-1「社会
　　　保障の正確な理解についての1つのケーススタディ ～社会保障制度の“世代間格差”
　　　に関する論点」11頁.

　所も持つことになります．そうした年金であるはずなのに，年金に「基礎年金」というネーミングをして，年金も生活保護と同様に，最低の生活を保障する制度というふうに多くの人に思わせるようになったり，基礎年金の給付水準が生活保護よりも低いとか，高くするべきだとかの議論を引き起こすきっかけを作ったりしたのは，問題があると思います．

ジャンプ 知識補給・生活保護とブースターとしての年金
185 頁へ

　ちなみに，今日の公的年金でも，高所得者から低所得者に所得の垂直的な再分配が行われています（つまり，年金に加入することは高所得者よりも低所得者の方が有利）．そうは言っても，「現役時代に保険料拠出という自助努力をした人は，老後もそれなりに報われる」という制度設計となっていて，保険料拠出が多かった人が少なかっ

た人よりも給付が低くなることはなく，現役時の労働や保険料納付のインセンティブを損なわない仕組み，かつ所得が高い人が年金制度に対して，奪われるばかりだという強い敵意を抱かせないような工夫がなされています．

ジャンプ**🌟**　知識補給・日本の年金の負担と給付の構造と令和元年財政検証　188 頁へ

税と社会保険の財源調達力

なお，左頁の図表 21 には最下欄に，財源調達の安定性と給付の安定性というのがあり，扶助原理（生活保護）は不安定で，社会保険は税財源とするよりも財源調達が安定的となり，したがって給付も安定性が高いとあります．それは，次のような歴史的事実に基づいた記述です．

図表 22 にみるように，国税収入は低下傾向をたどっていった中

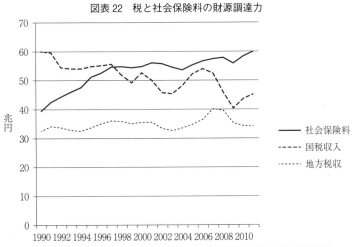

図表 22　税と社会保険料の財源調達力

出所：国立社会保障・人口問題研究所「社会保障費用統計（旧社会保障給付費）」
　　　『社会保障統計年報』「第 330 表　国税及び地方税」．

でも社会保険料収入は増加してきました．そして日本の社会保険料収入は，1998年に国税収入を追い抜いています．

　給付は財源がなければ安定的ではあり得ません．社会保険料というのは一種の目的税——使途を特定して徴収される税金——とみることもでき，目的税は給付の硬直性を招くという批判が財政学における伝統的な評価ですが，給付が硬直的であるからこそ，権利性のある給付を守ることができるわけです．そして社会保障給付を守るためには，社会保険料の財源調達力の高さに頼らざるをえない状況でもあります．

　こうしたことは，消費税を上げるのに，何十年間も政治が七転八倒している姿を見ることができる一方で，リーマン・ショックの時も東日本大震災の年も，年金保険料，医療保険料が上がっている様子をみれば想像できると思います．

図表23　社会保障制度設計における社会保険と租税の選択

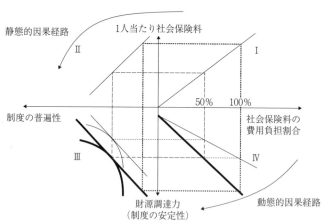

出所：原形は権丈（2009［初版2004］Ⅱ巻）316頁．

トレード・オフの関係にある制度の「普遍性」と「安定性」の価値

　では，社会保険制度に税が投入されている意味はどのように考えればいいのでしょうか．それを考えるための材料として作った図表23を説明します．

　まず，原点から右側の横軸を見てください．社会保障制度を設計する際に，100%社会保険料でやろうか，50%は租税を使おうか，いや租税は10%に留めておこうかという「社会保険料の費用負担割合」を示しています．次に左側の横軸です．社会保険料が高くなると，保険料を払うことができないためにその制度を利用できない人たちが出てきて，その制度のカバレッジ，「制度の普遍性」が落ちていきます．多くの人は，この図の第Ⅰ象限，第Ⅱ象限のみを見て，未納者も発生しないから租税のほうが望ましく，社会保険料は問題の多い制度だという意見になるみたいです．

　しかし，日本の歴史を見ても，外国の歴史を見ても，社会保険料の費用負担割合が高い制度は，財源調達力が高まり，制度の安定性が高いという経験則を観察することができます．反対に税が大量に入った制度は，毎年度，財政当局が力の限り減らそうとしてきます．その結果，この図の第Ⅳ象限に描いているように，社会保険料の費用負担割合が高いほど，「財源調達力（制度の安定性）」が高くなるという関係が生まれるわけです．

　僕たちは制度を設計するときに，財源・制度の安定性や，制度の普遍性などを視野に入れます．これは，安定性をリンゴ，普遍性をミカンと考えればよく分かります．リンゴもミカンもともに価値があり，それを手に入れる消費者に効用を与えます．しかし，一定の予算制約の下で，リンゴを多く買うとみかんの数が減るというトレ

ード・オフの関係がある．そして，ほとんどの人が気づいていない
わけですが，社会保障制度の財源調達の側面にも同様の制約条件が
あると考えられます．

　この図をたどっていくと，第III象限に制約条件が描かれることに
なります．経済学を少し学んだ人たちには，第III象限に，制度の普
遍性と財源調達力・制度の安定性という2つの目的の実現から得ら
れる効用の無差別曲線があることが分かると思います．制度という
のはこうしたバランスのなかで考えていくことになるわけです．

　社会保障制度の安定性と財源調達力の高さ，それと財政当局から
見た財源の硬直性というのは，同じ現象を違った側面から見た評価
にすぎません．これは，社会保障の利用者からみた給付の安定性や
十分性，厚労省からみた財源調達の確実性，財務省からみた財源の
硬直性，これらは，同じものと言えば分かりやすいかと思います．
本書の「はじめに」で医療経済学者フュックスの「制度は重要であ
る」という言葉を紹介しました．そこでは，「時には非常に重要で
あり，このことは特に医療で言える」と言っています．その部分を
紹介しますと，「国民医療保険の2つの代替的財源調達方式を例に
あげて，この点を説明した．1つは給与に7%で課される医療目的
税であり，もう1つは給与の7%の強制的医療保険料である．ほと
んどの経済学者はこの2つの方法にはほとんど差がないとみなすで
あろう．多くの経済学者が両者は同一だと主張するだろう．しかし
現実の世界では，両者は大きく異なる．なぜなら，最初の方法［目
的税］はおそらく大蔵省（アメリカでは財務省）が所管するであろ
うが，後者［保険料］は社会保健省等（アメリカでは保健・人的サー
ビス省）が所管するであろう．医療保険の所管が大蔵省と社会保健
省のどちらが良いかについての判断は，国によって異なるであろ

う[22]．フュックス級の一流の経済学者になると，多くの経済学者にとって同じものにみえる事柄に重要な違いが分かるようになるものなのでしょう．

そしてこの図表 23（58 頁）の第Ⅲ象限に現れるように，制度の普遍性という価値と，制度の安定性の価値はトレード・オフの関係にあって，普遍性の価値を求めると安定性の価値を捨てなければならず，安定性の価値に重きを置くと普遍性を犠牲にしなければなりません．私たちは，こうしたなかのどこかを選択していくことになるわけです．

ジャンプ　知識補給・国民年金の未納者ってどんな人？　236 頁へ

もっとも，北欧のように租税への依存が強くても社会保障の給付が安定しているところがあるではないかという意見もあります．彼の国とわが国の違いを言うとすれば，北欧などは，財政支出の中でも生産関連社会資本より生活関連社会資本を日本よりも重視する特徴があるわけですが，それは日本よりも労使関係における労働側の力が強いことが原因であったりもするわけです．そうなると，図表 23 における第Ⅳ象限では，北欧と日本，第Ⅰ象限で同じ租税割合であっても労使関係における労働者組織の力が強い国では社会保障制度の財源調達力は高まることになります．したがって，北欧での第Ⅳ象限の線は，日本と比べて時計回りに回転した太線のように描かれることになります．

そうすると，他の条件が一定であったとしても，第Ⅲ象限での制約条件は，北欧のほうが日本よりも原点から離れたより望ましい位置に描かれることになるんですね．したがって，第Ⅲ象限において，より高い予算制約線を得ることができるようになります．こうした

22　フュックス（2000）97 頁．

理由により，北欧のような国々は，制度の安定性と制度の普遍性の組み合わせを日本よりもより高いところで選択できることになるわけです．日本の社会保障が充実し，かつ制度の安定性を高めるために，労働界の高い交渉力が求められているとも言えます．

第5章　社会保険と民間保険

リスクと不確実性

　「図表21　扶助原理（生活保護），社会保険，民間保険」（56頁）
には，民間保険の欄も設けられていますが，社会保険と民間保険の
違いは，どのように考えればいいでしょうか．そのために，まず
「保険」というものについて考えてみましょう．

　保険というものが売っているのは何でしょうか．

　それは安心感です．人生には，予期せぬ望ましくないことが起こ
る可能性があります．通常，これはリスクと呼ばれています．しか
しですね，厳密には，予期せぬ将来起こり得ることでも，将来起こ
る確率がある程度既知であるリスクと，確率は皆目分からないリス
クがあるわけで，経済学の中で保険のことなどを考える際には，前
者を「リスク」，後者を「不確実性」（uncertainty）と呼んで区別し
ています．ここで保険とリスクの関係を押さえてもらいたいと思い
ます．

　保険は，大数の法則を利用した仕組みです．大数の法則とは，あ
る事象を繰り返す——たとえばコインを何度も投げる——と，その
発生確率が収束する——コインの表が出る確率は2分の1に収束す

る——という法則です．いま，ある事象が起こる確率を p とします．そしてある事故が起こったときに支払われる保険金を L，付加保険料率を α とすると，保険料 π は次で求められます．

$$\pi_i = (1+\alpha)p_i L_i.$$

ここで付加保険料とは，ライフネット生命の生命保険用語辞典の文章を拝借しますと[23]，

> 付加保険料とは，予定事業費率によって算出した，保険事業を運営するために必要とされるコストのことです．

> 保険会社が契約者から受け取る保険料は，保険金・給付金・満期返戻金の支払いなどの財源となる純保険料と，保険会社が保険事業を営む上で必要な費用に使われる付加保険料の2つによって構成されています．

> 付加保険料には，新契約の締結・成立に必要な経費（予定新契約費），保険料集金に要する経費（予定集金費），保険期間を通じて契約を維持管理するための経費（予定維持費）があります．

図表24　純保険料と付加保険料

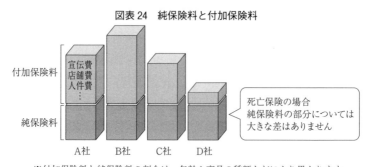

※付加保険料と純保険料の割合は，年齢や商品の種類などにより異なります．

出所：https://www.lifenet-seimei.co.jp/about_insurance/misunderstanding/premium/

23　https://www.lifenet-seimei.co.jp/glossary/detail/453.html

　ここでは，付加保険料については，保険会社を運営するための経費とでも理解しておきましょうか．純保険料と付加保険料，このふたつは理解しておいてください．

　日本での保険業界での興味深い動きは，2008 年 11 月にネット販売専業のライフネット生命が，付加保険料を公開したことでした．出口治明・ライフネット生命社長（当時）は「クルマや電化製品などと違い，保険は見たり触れたりできない．また一部の商品を除いて手数料も開示されておらず比較しづらい．そこで保険会社間で差が大きい付加保険料を開示すれば競争が進むと考えた[24]」とその理由を説明しています．ネット生保とは違う旧来型の対面販売の生保にとっては，苦々しいことをやってくれたというところでしょう．では実際に，ライフネット生命の付加保険料はどの程度なのでしょうか．

　公開された資料をみますと，20 歳男性，保険期間 10 年，保険金 1,000 万円の生命保険（定期死亡保険（無配当・無解約返戻金型））で保険料の内訳は，純保険料 64％，付加保険料 36％ です．20 歳女性では，純保険料 49％，付加保険料 51％ です．死亡保険の場合は，純保険料は全ての保険会社に共通の標準生命表に基づいて算定されますから，その額に変わりはありません．あとは，宣伝費，店舗費，人件費などが含まれる付加保険料で，各社の保険料に差が生まれてきます．店舗費，人件費などを節約できるところが，ネット生保の強みということなのでしょう．

　さて，保険料というのは純保険料と付加保険料から構成されるということを理解した上で，では実際に生命保険を作ってみることに

24　http://diamond.jp/articles/-/5320 業界初！ "保険の原価" を開示したライフネット生命に怨嗟の声

しましょう.

　死亡した時に100万円の保険金を受け取ることができる生命保険を作るとします. 保険を作るためには, 事故の発生確率がどうしても必要になります. 生命保険ではその確率を与えてくれるのが生命表で, 大学生を対象とすると, 22歳男性, 22歳女性, そして僕の年齢の男性の死亡率は次のようになっています.

　第22回生命表 (平成27年基準, 平成29年3月1日公表)

　　・22歳男性　死亡率　0.00051

　　・　　女性　死亡率　0.00020

　　・57歳男性　死亡率　0.00518

　22歳の男性では, この1年で, 1万人中5.1人, 女性では2.0人が死亡するそうです. 僕の年齢では51.8人と, 若い人たちと比べると随分と増えるわけですが, 無理もない.

　この時, 保険数理的に公平な生命保険の保険料は

　　・22歳男性　　(1+α)510円

　　・　　女性　　(1+α)200円

　　・57歳男性　　(1+α)5,180円

となります.

　ここで, 注意してもらいたいことは3つあります.

　ひとつは, 死亡確率pが既知でないと保険料を計算できないという民間保険の基本です. いまひとつは, 同じ保険金を受け取る生命保険で, 年齢が高くなると保険料が高くなることは望ましいことか, 違和感はないかという, 社会システムを設計する際には不可欠となる公平性への配慮. そして3つめは, 保険を運営するためには経費となる付加保険料が必要で, それが存在するために,

$$\pi_i = (1+\alpha)\,p_i L_i \quad \Rightarrow \quad \frac{p_i L_i}{\pi_i} = \frac{1}{(1+\alpha)} < 1,$$

すなわち払った保険料分で期待される保険金という式で表される数値——これを期待値と呼びます——は 1 よりも小さいという，保険の本質的な理解です．

　ひとつ目について言えば，過去のデータに基づいて p をある程度は知りえないことには，民間保険会社は，保険を作ることができません．すなわち，先ほどの説明で言うと，民間保険会社は発生確率が既知である「リスク」でないことには対応できないんですね．ところが，将来の出来事については，発生確率が分からない不確実なものが，困ったことに世の中には多々あるわけです．

　社会における「生産」と「分配」の任務を市場に委ねるという市場経済が勃興する以前の社会では，いろいろなものが安定していて，お爺さんやひいお爺さん達が過ごした人生と同じ人生を孫やひ孫たちは送ることができましたし，その中で起こる様々な出来事のかなりのことにも，家族や近隣での助け合いで対応することもできていました．ところが，実にダイナミックで多くの人に生活水準の向上をもたらす猛烈なパワーをもった「市場」に社会をゆだねた後は，その社会はかつてのように安定し，繰り返しを常とするものではいられなくなってしまいました．そうしたダイナミックな社会では，大きな変動が普通の状態となり，僕たちは，望ましくないことが起こる確率が予測もできないような実に不確実なことが充満する社会で生きていくことになったわけです．

　予期せぬ将来の出来事に対しては，民間保険では対応できません．先ほどのように，事故の発生確率 p を用いた保険料の計算ができないからです．次の図表 25 にみるように，いま，人間が生活自立の

　基礎をなす領域に絞ってみれば，右側にある民間保険では対応でき
ない不確実性の世界で，社会保険が対応することになります．

図表 25　リスクと不確実性への保険の対応領域

生活自立の基礎をなす領域で，将来，望ましくないことが発生する
可能性のある領域

民間保険で対応可能 結果の確率分布が 事前に分かる場合 risk	民間保険では対応不可能 結果の確率分布が 事前に分からない場合 uncertainty

出所：権丈（2015 VII巻）22 頁.

制度設計における公平性への配慮

　民間保険が対応できる領域でも，保険料の負担のあり方が公平に思
えないような領域では，社会保険が対応することもあります（図表 26）.
　たとえば医療保険を考えてみてください．これは，先進国の中で

図表 26　制度設計における公平への配慮
民間保険と社会保険

生活自立の基礎をなす領域で，将来，望ましくないことが発生する
可能性のある領域

民間保険で対応可能 結果の確率分布が 事前に分かる場合 risk	社会保険で対応 結果の確率分布が 事前に分からない場合 uncertainty
公平を考慮した方が 望ましい領域 社会保険で対応	

出所：権丈（2015 VII巻）22 頁.

もアメリカの例があるように，民間でも対応できます．しかし，民間で対応すると，医療が必要な人ほど保険料が高くなり，所得が低い人は医療保険を購入できない状態に陥ってしまいます．そうした状態を放置していると，普通は，政治が不安定になってしまって体制の維持が難しくなります．そういうことに配慮して，多くの国の為政者たちは，医療に関しては，公的医療保険を準備してきたわけです．

　ではどうして，アメリカでは，全国民を対象とした公的医療保障制度が存在しないでいられたのでしょうか．そのあたりは，長らく民主主義のひとつの謎となるところでした．この問いに関心のある人は，2007年にアメリカで公開されたドキュメンタリー映画『SiCKO』のチャプター7（保健維持機構（HMO）），8（膨大な利益）などをご覧になられると良いかと思います．民主主義における政策形成過程についていくつかの考えるヒントを観察することができます．

ジャンプ 知識補給・投票者の合理的無知と資本主義的民主主義　197頁へ

　ところで，実際に医療保険を民間保険で対応しているアメリカと，公的保険で対応している日本での医療消費の有様がどのようになっているかをみてみましょう．

　横軸に家計所得を取り，縦軸に支払った医療費を取った次の図表27をみると，日本は，所得と関係なく平等に医療を利用している，そういう皆保険下での医療サービスを実現していることが分かります．

　第1章で説明したように，いくら医療サービスが必要であっても支払能力が伴わなければ需要にはなりません．そして市場は需要にしか対応できません．医療ニーズが所得と関わりなく発生するので

図表27 医療消費に見る民間保険と社会保険の違い

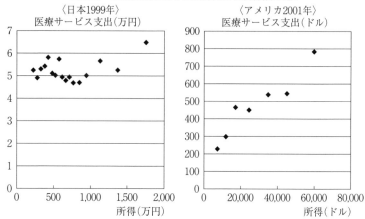

出所：鈴木玲子（2004）「医療分野の規制緩和――混合診療解禁による市場拡大効果」
八代尚弘／日本経済研究センター編『新市場創造への総合戦略（規制改革で経済
活性化を）』286頁.

あれば，必要に応じて利用できるという目標と平等に利用できると
いう目標は重なりますので，これを僕らは，「平等消費型」の医療
サービス，医療保障制度と呼んでいるわけです.

　アメリカのように，医療を自動車保険などと同じように民間保険
で対応すると，医療を必要に応じて利用できる社会ではなくなり，
市場法則に則って医療の消費は所得に応じて階層的になされる，つ
まりお金持ちほど良い医療が受けられるという「階層消費型」の医
療となります. これは市場法則に則った現象で，医療を市場にのせ
るということはそういうことになるのが自然なのです.

　いずれの社会制度を望ましいと考えるのか. これに答えを出すの
は，難しいと言えば難しいし，簡単と言えば簡単だということもで
きます.

　たとえば，上に示した図表27は，論文「医療分野の規制緩和

——混合診療解禁による市場拡大効果」からの引用でして，この図を基にして，著者の鈴木玲子さんは，「家計と所得の医療サービス支出の関係をみると，わが国では所得と支出額はほぼ無相関であり，低所得者世帯も高所得者世帯も医療サービス支出額はほぼ同じである．このことから，高所得者の医療ニーズが満たされていない可能性が大きい．一方，アメリカでは所得と医療サービスの相関は高い．所得に応じて国民は多様な医療サービスを購入していることを示唆する[25]」と述べています．対して，僕は，同じ図をみて，以前，次のように書いたことがあります．「このことから，皆保険下の日本では医療の平等消費が実現されているのに，国民全般を対象とした医療保障制度をもたないアメリカでは，医療が階層消費化している……いずれのほうが，自分の価値観に合う事実の読み取りであるのかを，読者は各自で考えてほしい．「事実」は価値判断とは独立に存在し得ない側面をもつことも，理解してもらえればと思う[26]」．ちなみに，医療ニーズは，所得階層に応じて大きな違いがないことを前提とすれば，医療の平等消費という考え方は，医療ニーズに応じて医療を利用できる権利は分配すべきであるという考え方と同じものになります．

　さて，そうなると鈴木さん，および彼女の論文が収められた『新市場への総合戦略——規制改革で経済活性化を』の編集者である八代尚宏さんは，アメリカのような医療の階層消費型社会が望ましいと考えているし，僕は日本のように，せめて医療というサービスに関しては平等消費型の制度，医療は必要に応じて利用できる社会が望ましいと思っているということが，同じ一つの図から異なる事実

25　鈴木（2004）286 頁．
26　権丈（2006 III巻）102 頁．

を読み取らせているだけのことになります．そういうふうに趣向が異なると，鈴木さん，八代さんの目から見れば，日本のように医療の平等消費を実現させている皆保険制度は市場への規制であり，それは規制緩和の対象とみなされることになるし，一方，僕のような視点から見ると，第2章で説明した「特殊平等主義」に基づく政策の一つである皆保険制度は，利潤を追求して公的領域にフロンティアを求める市場から国民の生活と医療の安全性・有効性を守るために大切に維持すべきルールのように見えてしまうことになります．このあたりは，みなさんが，政策を論じたり評価したりする際，あるべき制度を設計する際に注意すべきところかもしれません．みなさんは，どっちの考えを支持されますか？　それはなぜ？

　ところで，そうした問題は，昔から「公平とはなんぞや」という問の中で論じられてきました．つまり，なにをもって公平とするのかを考えることになるのですが，ここでの例で言えば，医療の階層消費を良しとする論者と，医療の平等消費を良しとする僕との間では，公平感が異なることになりますし，たぶん，議論をして，お互いの考え方が収斂することもないと思います．公平論というのは，そういうものです．

　ところで，先ほど，保険の期待値は1よりも小さいことを理解しておくことは重要と述べました．このあたりは，きわめて重要な話なので，次の「保険のリスク・ヘッジ機能」を設けて説明したいと思います．

第6章　保険のリスク・ヘッジ機能

安心を買うということの意味

いま，1万円を貯金すると，来年には，1万円に金利が上乗せされた(1＋r)万円を手に入れることができます．一方，1万円の自動車保険料を支払っても，将来受け取ることができる期待額は1万円を切ってしまいます．65頁で示した

$$\frac{p_i L_i}{\pi_i} = \frac{1}{(1+\alpha)} < 1,$$

という式は，そういうことを意味します．では，人はなぜ，期待値が1を切るような保険を買うのでしょうか．それは，保険というのは安心という目に見えないサービスを売ってくれているからだと説明されています．

予期せぬ望ましくない事態からの損失や不利を避けたり減じたりすることをヘッジ（hedge）と言います．自動車保険は，自動車事故で被る損害を避けたり減じたりするために，保険料を支払っているわけで，自動車保険購入の意義は，リスク・ヘッジにこそあるわけです．事故に遭って保険金を受け取らなくても，保険を購入したことからの満足はあるわけでして，事故に遭わなかった人が，事故

に遭った人をうらやましいと思わないだろうし，普通は，保険金を受け取った人が得をしているとも思わないはずです．さらに言えば，その自動車保険から便益を得ている人は，事故にあった人だけではなく，保険料を支払って相互に助け合うシステムに加入している人たち，保険用語では被保険者というのですが，そうした被保険者全員であるはずです．

　ところが，そうした保険としては当たり前の話が，社会保険，特に年金の場合には，おかしな議論がまかり通っていたという奇妙な歴史が，日本の中ではあります．年金のいわゆる経済学的な研究では，支払った保険料に対して将来受け取ることができる年金額の期待値が計算されて，その値が，保険料と同じ額で株などの金融商品を購入したり貯金をした方が損だ得だという話がずいぶんとはやっていました．これはなんだかおかしな話なのですが，多くの人がそのおかしさに気づいていませんでした．

　たとえば今，自動車保険に加入している人のところに証券会社のお兄さんがやってきて，あなたが支払っている自動車保険料を私に預けていただけましたら，もっと利回りよく運用しますよっと．そういう勧誘に乗って，普通，自動車保険の保険料を株に回すでしょうか？　「そうですか，私は自動車保険会社にダマされていたわけですね」と言って，それまで払っていた自動車保険料を株の購入に回しても構いませんけど，自動車事故に遭ってしまったら，目も当てられないくらいの不幸でしょうね．

　どうもこの国では，年金についてはそういう不思議な議論が実に賑やかに行われていました．その責任は，実は，国の方にもあったのではないかと，僕は疑ってもいます．というのも，年金が保険だということを，みなさんがすっかり忘れてしまう環境が整いすぎて

いたんじゃないかと思うんですね.

年金は保険であることを忘れさせた原因

　僕が座長をしていた「社会保障の教育推進に関する検討会」(2011年 10 月〜2014 年 6 月)というところで, 高校生向けの社会保障教材を作りまして, その教材のひとつに 20 分程度で医療保険と年金を説明するための映像教材「社会保障って, なに？〜身近な人から学ぶ健康保険や公的年金の話〜」を作成しました. この教材は, DVD として全国の高校に配布していますし, YouTube にもアップされていますので[27],「厚労省の陰謀だ！」「政府の洗脳教育だ！」と肩に力を入れずに, まずはご覧ください. その教材の中に, 社会保険労務士のお母さん(役)と娘(役)の会話があります. ちなみにお母さんはきれいで, 娘さんはかわいいと評判です.

　　YouTube 11 分 15 秒
　　母「でも, 年金は健康保険とおんなじ, 保険なのよ」
　　娘「えっ, どういうこと？」

　この台詞は, 僕が書いたようなものでして, この映像教材のひとつの山場でもあるわけです. 年金を理解してもらうためには, どうしても鍵となる場面なんですね.
　でも, よく考えてみると,「年金も保険なのよ」と説明しなければならないって, おかしな話なんですよ. なんで今更,「年金も保険なのよ」というようなことを言わなくてはならなくなったのでしょうか.

27　https://www.youtube.com/watch?v=eWLuextgW5I

　1961 年に，日本では国民全員を対象とした医療保険制度と年金
制度が実施されるまで，厚生省の中では，保険局が，医療も年金も
扱っていました．そして国民皆年金を機に保険局から年金が独立し
たわけです．年金局が管轄したのは，厚生年金保険法と国民年金法
でした．問題は，ここなんですね．

　1961 年に発足した国民年金は，福祉年金という制度を抱えて誕
生しました．福祉年金とは，当時既に高齢等であったことを理由に
国民年金を受け取ることができない人々を救済するために設けられ
た経過的な制度でした．しかし，制度発足後しばらくは国民年金の
主な受給者は福祉年金だったわけで，どうもその時期，立法者達は，
これを国民年金保険法と呼ぶのに躊躇したようです——厚生年金は
厚生年金保険法だったのに．

図表 28　年金論，混乱の源——保険であることを忘れさせたネーミング

出所：権丈（2015 Ⅶ巻）191 頁．

　ゆえに，誰かが，一方の医療保険方面を国民皆保険，そしてもう
一方の年金保険方面を国民皆年金と名付けたのでしょう．そして今
に続く，医療保険を担当する保険局と年金保険を担当する年金局と
いう名前，さらには社会保障審議会のなかでも，医療保険を議論す
る会議を医療保険部会と呼んで，年金を議論する会議は年金部会と

呼ばれており，誰も年金保険部会とは言いません．ここまで状況が
そろってしまったためでしょうか，日本人は年金が保険であること
をすっかり忘れてしまったみたいなんですよね（図表28）．1961年
に作られ今に続くガバナンスの下で，年金が保険であることを連想
することの方が難しいです．

　これまでも社会保険として，年金，医療，介護と言ってきたこと
は，決してウソではありません．そしてくどいことは承知の上で繰
り返しますけど，年金って，本当に保険なんです．では，年金はど
んなリスクをヘッジしている保険なのでしょうか？

第7章　長生きリスクとは

おめでたい長寿がリスクってなにごと？

　最近は，「長生きリスク」という言葉が一般化してきました．この言葉をはじめて聞く人は，どうして長生きというおめでたいことが，リスクという望ましくないこととくっついた日本語があるのかと不思議がるようです．年金を理解することの難しさは，このあたりにもあるわけでして，他の社会保険は，医療であれ，介護であれ，失業であれ，労災（労働者災害）であれ，見るからに望ましくない事態からの不利益をヘッジすることが保険であると，直感的に理解できるわけです．ところが，長生き，長寿というと普通はおめでたいことのはず．なのに，それをリスクと呼ぶのはなにごと？

　公的年金保険の特徴は，ある年齢で決まった年金の給付水準を終身で給付する，つまり死ぬまで給付することにあります．2014 年 6 月の『週刊文春』に，次のような記事が載っていました．

　　　　「そもそも平均寿命や平均余命は一定の参考にはなりますが，当然のことながら，自分が何歳で死ぬかなど誰にもわかりません．むしろ恐ろしいのは，経済的な困窮のなかで長生きをする

ことなのです．考えてみて下さい．生涯未婚率が著しく伸び，いまや男性の五人に一人，女性の十人に一人が“おひとりさまの老後”を迎える公算となっています．子どもからの援助を当てにすることもできず，自分ひとりの力で九十歳まで生きていく覚悟が必要な時代とも言える．リタイヤ後にはそれ相応のカネがかかることを考えなければなりません」（社会保険労務士）

本当に考えなければならないのは，年金受給額だけを取り出した“損得勘定”ではなく，老後にいくらかかるのか，つまり，「長生きリスク」のためにいくらお金を用意しなければいけないか，ということなのだ．

この記事は，ふたつの意味で僕は驚きをもって読んでしまいました．ひとつは，これまで年金破綻論を唱えて年金不信感を煽りに煽ってきた，いわゆる週刊誌の中の一冊が，実に真っ当なことを書いてくれていたことです．この『週刊文春』の記事には，次のような『週刊ポスト』批判もあり，びっくり仰天です．

「自分が何歳まで生きるかを想定する場合，平均寿命だけでは足りません．ある年齢の人が，後何年生きるかの平均を示した『平均余命』は，平均寿命よりも三〜四年長いのです．一二年の厚労省『簡易生命表』から試算すると，現在六十歳の男性は八十二・九歳，女性は八十八・三歳．現在七十五歳の男性は八十六・六歳，女性は九十・三歳まで生きる計算になる．いまや『人生九十年』と捉えて生きる時代なのです」（社会保険労務士）

先の田村大臣の発言を受けて，「週刊ポスト」（五月三十日

号）では，〈騙されてはいけない．平均寿命（男80歳，女86歳）から考えると，75歳受給では男性はわずか5年あまりしか年金を受け取ることができず損するのは明らか〉と書いているが，「これこそ表層的な分析だ」と言うのは，前出の年金担当記者だ．

　いやはや，平均寿命と平均余命に関する注意点も正確に紹介されておりまして，ただただ驚きです．

　この『週刊文春』の年金記事を読んで驚いてしまったいまひとつは，公的年金が対象とする「長生きリスク」について，過不足なく的確に説明がなされていることです．いま，30代，40代，そして50歳代の人たちが予想する老後に必要な生活費は，将来の自分の家族形態や，家族のつながり，さらにはその時々の世間一般の生活水準等々——それは，これからの経済成長のあり方や物価の変動の成り行きという，実にいろいろな要因の影響を受けてしまいます．そのような老後に必要な生活費を予測するのは僕らと言いますか，不確実な社会に生きる人間にとっては難しく，そうした予測について，実は政府がなにか特別な能力をもっているわけでもなく，いわゆる人知の限界を超えた話でもあるわけです．

ジャンプ　知識補給・保険としての年金の賢い活用法　202頁へ

ジャンプ　知識補給・分からず屋は放っておこう
　　　　　——WPPで前向きに！　265頁へ

第8章 年金が実質価値を保障しよう としていることを説明するこ との難しさ

年金って将来いくらもらえるのですか？

　老後の生活費を予測するのは難しい．そうは言っても，公的年金は実質価値を保障することに配慮した終身年金であることは確かなわけです．そして，そうしたことを説明することは至難の技でもあります．

　よく，テレビなどをみていると，「年金って，将来，いくらもらえるのですか？」という会話がなされているシーンがあります．そういう話をしている人が60歳ならわりと簡単に答えることができるのですが，アラサー，アラフォーの人からの「年金って，将来，いくらもらえるのですか？」というのは，僕らから見ると困ってしまう質問なんですよね．ワイドショーのコメンテーターになった気持ちになって無責任に言うのでしたら，「30歳で月給がいくらのあなたでしたら，65歳から，20万円を受給できますよ」と答えることができるかもしれません．そして実際，民間の保険などでは，30年後の将来，X万円を得ることができる養老保険とか，さらには，医療保険とか介護保険とかは，あるのはあります．しかしですね，30年後の将来，そのX円で，どの程度のものを買うことができる

のかということは，実はあまりわからないわけです．

　たとえば，民間で，床屋保険というものがあり，床屋さんに月1回行く支出を賄ってくれるものとしましょう．そうした床屋保険は，保険期間が長くなればなるほど設計の難易度が高くなっていきます．そして30年先までを対象とすることは不可能に近いくらいに難しいわけです．というのも，30年後の床屋さんの料金がいくらになっているのかということは，予測がつかないわけですから．

　床屋と同じようにサービス産業である介護保険も，遠い将来の話となると設計は難しいんです．さらには，床屋さんとは違い，技術進歩の話を大いに組み込まなくてはならない医療となると……．そして，医療も介護も，床屋も含めたあらゆる支出項目を対象とした年金となると，将来いくらくらい必要になるのか皆目見当もつかない．

公的年金論議のパラドックス

　そこで僕たちは，年金の給付水準なるものを，その時代時代の現役世代の給与水準の何割という指標，これを所得代替率と呼ぶわけですけど，そうした指標で政策目標を立てたり，政策効果を測っているわけです．この指標でみれば，少なくとも，現役世代が享受している生活水準の何割は確保できると，間違いなく言えるからです．それが，公的年金は実質的な価値に配慮した給付水準の保障を政策目標としているということになります．そして実質価値の保障は保険期間が長くなると民間保険では困難さが増していきます．

　そう考えると，30歳の人から，将来の自分の年金はいくらになるんですか？　と質問されても，なかなか答えることができないんですね．ついつい真面目に考え込んで，あなたはおおよそ平均賃金

ですから，年金は所得代替率では何％くらいになるでしょうかね
と答えても，「んっ？　この人大丈夫？」と思われるのがオチ．

　公的年金周りのこうしたもどかしさを僕は以前，公的年金論議の
パラドックスと呼んでいました．先に説明をした不確実性という言
葉を思い出しながら，僕が 2004 年頃に書いた次を読んでください．

　　　公的年金を論じるという行為には自己矛盾がある，とわたくしは
　　　常々考えてきた．なぜか？　公的年金は，将来予測に対して「人知
　　　の限界」があるゆえに存在する制度であると考えられるのに，公的
　　　年金を議論するためには，将来の話をしなければならないからであ
　　　る．これを公的年金論議のパラドックスと呼ぶことにしよう――
　　　……何十年も先の経済社会状況を予測することは，どんな方法をと
　　　ってもいかに費用をかけても，実のところ不可能なのである[28]．

　僕らは，生活の向上を果たすために進んでダイナミックな市場を
取り入れたわけです．おかげで，僕らが手にする財やサービスはよ
り豊富になり，人生選択の機会も以前の世代の人たちよりは増やす
ことができたわけです．しかし，その見返りとして，極めて不確実
性の高い社会で生きていくことになりました．一方で，生活水準の
向上のおかげで寿命もどんどんと伸びてきたわけですが，人生，70
年，80 年，90 年というタイムスパンの中で起こる不確実性に個々
人で対応することは極めて難しくなりました．

28　権丈（2009［初版 2004］）14 頁.

社会経済の不確実性

　このあたりのところを，少し資料をみて確かめてみましょう．

　日本では 1960 年代に国民所得倍増計画が目標を超えて実現しています．この期間を前後して，当時，20 代，30 代，40 代だった人たちは，老後の生活費としてどの程度のことを考えておけば良かったのでしょうか．自分が生きている時代に，これが老後の準備のためにはいっぱいいっぱいだと思って蓄えていた額では，老後になると成長の果実を享受している勤労世代のひとたちの生活と比べるとみすぼらしい水準になっているかもしれません．

　右頁の図表 29 は，2009 年に『週刊東洋経済』が組んだ特集「年金激震」の記事に載っていた図表です．

　団塊の世代が働き始めた 1971 年，大卒男性の初任給は 4.3 万円でした．当時の厚生年金の保険料率は 6.4% と，確かに 2006 年より 9 ポイント低い水準にあります．しかし，1971 年当時の所得水準が低いため，食費等の基礎的な生活費の占める「固定費」の割合は昔のほうが高くなっています．こうした基礎的な生活費の重さを考えれば，表面上の保険料率は低くても負担の重さという意味では実は現在とあまり変わりはなかったとも言えます．そうした，今と変わらぬ負担感で過去に負担した保険料に，1964 年生まれ，1974 年生まれの人と同じような年金の給付負担倍率を適用して計算してみると，1944 年生まれの人の年金給付水準は，図表 29 にみるように現行制度による給付予定額 22.3 万円の半分 11.2 万円の水準になってしまいます．これでは老後の所得保障の柱にはならないので，この世代の老人の貧困が社会問題となるはずです．

　市場がもつ不確実性をはらむダイナミズムの中で，人間が尊厳のある人生を全うするためには，時に市場が僕たちにもたらしてくれ

図表29　「経済学者」が捨象する時代背景や歴史

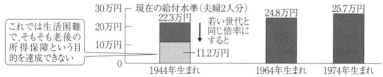

団塊の世代が働き始めた時代	1971年 → 2006年	
初任給（大卒・男）	¥43,000	¥199,800
勤労者世帯平均可処分所得	¥114,309	¥441,448
消費者物価上昇率（2006年=100とした場合）	34.6	100.3
住宅1人当たり畳数	5.56畳(注1)	12.17畳
乗用車普及率	26.8%	86.4%(注2)
大学進学率	26.8%	52.3%
海外旅行者数	96万人	1,753万人
エンゲル係数	33.3%	23.1%
厚生年金保険料率	6.4%	15.4%
下水道普及率	17.0%	69.3%
便所水洗化率	17.1%(注1)	88.4%(注2)
道路舗装率	21.7%	79.2%
65歳以上の者のいるうち3世代世帯	44.4%	21.2%(注3)
65歳以上の者のいるうち、夫婦のみまたは単身世帯	16.8%	50.2%(注3)

可処分所得水準は1971年に比べ実質1.33倍に拡大した

食費＋保険料の所得に占める割合はほぼ同じ

後世代は前の世代が負担した社会資本等の恩恵を受ける

後世代は相対的に私的な扶養の負担から解放

注1：1968年　注2：2003年　注3：2005年
資料：厚生労働省の資料を基に本誌作成.

これだけ生活水準の差があるため，もしも1944年生まれの男性が
若い世代と同じ給付／負担倍率の年金受給になったら…

現在の給付水準（夫婦2人分）

1944年生まれ	1964年生まれ	1974年生まれ
22.3万円（若い世代と同じ倍率にすると 11.2万円）	24.8万円	25.7万円

これでは生活困難で、そもそも老後の所得保障という目的を達成できない

注：金額はすべて物価上昇率にて現在価値（2009年度時点）に割り引いたもの．夫は20～60歳まで厚生年金に加入し，（平均標準報酬月額42.9万円）妻はその間専業主婦というモデル世帯で試算，人口推計，経済前提等は09年財政検証の基本ケースに準拠.
資料：厚生労働省のデータを基に本誌作成，1944年生まれの減額幅の推定は本誌による.
出所：『週刊東洋経済』2009年10月31日号，75頁.

る成長という果実を同じ時代に生きている人たち全世代で享受できるような分配制度を準備しておく必要があったとも言えます．そこで大きな役割をはたしていたのが，公的年金制度をはじめとした社会保障制度であったわけです．

　ILO（国際労働機関）は，昔からILO条約で一定の水準の社会保障制度を整備することを求めてきました（1952年社会保障（最低基準）条約［第102号］）．そして，ILOに加盟していた先進国は，戦後，大きな経済成長を迎えることになりました．そうした経済成長を経

験したダイナミックな社会において世代毎の生活水準の違いを調整していた主役が公的年金だったのですが，次の文章をみてください．これは，僕が座長を務めていた「社会保障の教育推進に関する検討会」がまとめた「社会保障の正確な理解について１つのケーススタディ」という資料にあるものです．

> 仮に，社会保険の中で観察される世代間格差をなくすため，社会保険に「再分配が一切行われない給付反対給付均等原則」を求めるのであれば，制度創設時に高齢者は十分な給付を受けることはできず，リスクは自己責任となるが，多くの国民は，
> ① "社会保険の中で世代間格差が全くない世界．しかし，社会・経済で起こりうるリスクは全て自己責任" と
> ② "社会保険の中に世代間格差は生まれるものの，社会・経済の変動があっても，世代間で生活水準の大きな変動を避けることができる世界"
> のどちらを選択するだろうか．
> 　なお，国際社会においては，古くからILO条約で一定の水準の社会保障制度を整備することが求められており，各国とも社会保険の中で世代間格差が生じることを承知の上で，戦後の世界規模の経済成長期に，世代間で生活水準に格差が生じないように社会保障給付の充実に努めてきたことをどう考えるか．そして同時期，他の先進国と比べて経済成長率が高く，高齢化のスピードが速かったのであるから，日本の社会保険の中の世代間格差は他国と比べて大きくなることはやむを得ず，その評価は慎重であるべき[29]．

公的年金は賦課方式で運営されていますから，経済成長が起これ

29　厚生労働省（2012）「社会保障の正確な理解について一つのケーススタディ」20頁．

ば，現役世代が生み出す成長の果実を，かつてひとつの家計の中で
直接に，あるいは仕送りとして自然に行っていたように退職世代と
分け合うことができますし，物価変動のリスクも分かち合えますの
で，経済変動の度合いに応じて，公的年金の中では世代間格差は当
然生まれます．さらには図表30に描いているように，老親を扶養
する費用の社会化・保険化の過程が世代をおって順に拡大していく
とすれば，社会保険の中だけを対象として給付と負担の倍率をみれ
ば，前世代の方が大きくなるのは当たり前です．制度が成熟してい
く段階では前世代は負担以上に給付を受けているように見える一方，
後世代による私的扶養の役割は次第に減っていくんですね．

図表30　私的・社会的老親扶養の転換

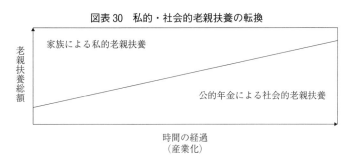

出所：権丈（2006 Ⅲ巻）124頁.

　さらに言いますと，先の図表29にありますように，後の世代は
前の世代から，より充実した教育，住宅取得費支援，相続などを受
けている傾向があります．後世代が享受する社会インフラ等も，主
に前の世代の負担で整備されたものです．年金保険の保険料の負担
と給付の給付負担倍率にみられる世代間の不公平こそが最大の問題
と言う人たちは，こうしたものを一切捨象しているわけです．頭の
痛い話です．

　人々の素朴な「昔はよかった論」を打ち消すものとして『ALWAYS

地獄の三丁目　本当は怖い昭和 30 年代』という本が一部で人気を呼びましたが，これを読むと，昔になんて戻りたくないと心底思います．2012 年に出た本ですが，2015 年 1 月に文庫版もでています．経済学に関心のある人には，アメリカ経済学会の会長も務めたプリンストン大学の経済学部教授，ディートンの『大脱出——健康，お金，格差の起源』もおすすめします．彼は本書校正中に 2015 年ノーベル経済学賞を受賞しました．書名『大脱出』の原著タイトルは，The Great Escape，僕たち日本人にもおなじみの映画『大脱走』から取られたものです——日本語版では大脱出と訳されました．この本の「はじめに」には，ディートンの祖父母の時代からディートンの子どもの時代へと 4 世代にわたり，ディートンが生涯をかけて分析を続けてきた，健康や人生選択の機会をも視野に入れた生活水準の推移——貧困からの「大脱走」の過程——が見事に描写されています．時には，こうした本とも読み比べながら，しばしば見受けられる世代間対立を煽っている寂しい論から一歩離れて，考えを深めてもらいたいと思います．

第9章 結局，民間保険，社会保険，税の違いとは

不確実性への対応と財政方式

さて，「社会保障は誰のため」からはじまり，社会保障制度の役割を概観してきたここまでの話は，民間保険，社会保険，税という3つの観点から図表31のようにまとめることができると思います．ここで，頻繁に間違って使われる，年金の保険方式と租税方式という言葉については，別途，知識補給を設けましたのでジャンプして

図表31　民間保険，社会保険，そして税

	積立方式		賦課方式	
	民間保険	社会保険	社会保険	税
救貧機能	×	×	×	○
扶助原理 （ミーンズテストと捕足性の原理）	×	×	×	□
防貧機能	○	○	○	×
リスクへの対応	○	○	○	○
不確実性への対応	×	×	○	○
賃金・物価変動への対応 （実質価値に配慮した給付を行う終身年金等）	×	×	○	○
強制適用	自衛策ゆえ ×	○	○	―

注：○ 可能，もしくは付随，× 不可能もしくは不適切，― 他の選択肢なし．
　　□ 税財源の給付であっても，社会サービスの場合には扶助原理が付随するとは限らず，所得保障でも扶助原理が付随しない方法――たとえば年齢，性，子供の数などに基づいて給付が行われる方法――が，歴史上模索され続けています．
出所：筆者作成．

もらえればと思います.

ジャンプ 知識補給・保険方式と税方式
　　──最低額が保障されない民主党最低保障年金？　207頁へ

　なお，ここでなによりも理解してもらいたいことは，不確実性への対応は，共に財政的には賦課方式である社会保険と税でしかできないということです．そしてこのうち，比較的，扶助原理から自由でいられるのは，賦課方式の社会保険ということになります．

　とにかく，なんども言いますけど，僕たちは，便利で豊かな生活を求めて市場というものを大いに活用してきました．しかし，市場というものは，所得の分配面において弱点ももっていました．それを僕たちは市場システムの欠陥として認識し，そうした欠陥を持つ賃金システムを補整するサブシステムとして，主に社会保険制度を軸に置き，それでもカバーしきれない側面に対して税による扶助原理で対応しているとも言えます．社会保障は市場に対して政治が修正を求めて生まれているのですから，市場とは異なる原理で設計され，運営されているのは当然のことです.

　こうした社会保障制度の目的は，それが社会保険であっても，そして税による公的扶助であっても，やはり，人々の自立した尊厳のある人生の実現を支援することにあるわけです．逆に言うと，社会保障の弱体化，社会保障費の抑制は，人々が自立した尊厳のある人生を全うすることを難しくしていくことにつながります.

抑制と効率化の違い

　今，社会保障費の抑制という言葉を用いました．この言葉は，効率化とは意味が異なり，その違いを理解しておくことは大切なことだと思います．社会保障の抑制と効率化の違いについては，2007

年に出した本に，すでに書いていますので紹介しておきます．

　（図表32）は，小さな政府代表のアメリカと大きな政府代表の
スウェーデンで，医療，教育，年金，保育などが，どのような形
でまかなわれているのかが調査された結果である．

図表32　公的社会支出と民間の社会支出（1990年）

	スウェーデン	アメリカ
家計支出に占める割合（％）として		
民間の保健，教育，私的年金	2.7	18.8
デイ・ケア（子どものいる家族）	1.7	10.4
計	4.4	29.2
税	36.8	10.4
計＋税	41.2	39.6

注：データ出所等の詳細については原著参照．
出所：G. Esping-Andersen (1999). *Social Foundations of Postindustrial Economics*,
　　Oxford Up, p.177, Table 9.1 より一部抜粋［邦訳，p.247］．

　一見して分かるように，医療，教育，年金，保育などのサービ
スはアメリカでは私的支出として，スウェーデンでは税でまかな
われており，これらサービスをまかなうための私的支出と税とを
足し合わせた額の家計支出に占める割合は，小さな政府と大きな
政府との間では変わりはない．このことは，医療，教育，年金，
保育などのニーズの量は，負担のあり方（生産の主体）を変えた
としても同じであることを示唆する．政府の役割を減じたからと
いって，社会的に福祉ニーズが減るわけではない．

　ここで，わたくしが福祉国家の三類型と呼んでいる図を示して
おく（図表33）．

　どの国も，福祉ニーズの量を表す円の面積は同じである．しか
し生産の主体が違う．日本は家族依存型，アメリカは市場依存型，
スウェーデンは政府依存型の特徴をもつ．そして，日本のように

図表33　福祉国家の3類型

| 家族依存型
（日本型） | 市場依存型
（アメリカ型） | 政府依存型
（スウェーデン型） |

注：一国のある時代に存在する福祉ニーズを W として，家族，市場，政府が
　　生産する福祉サービスをそれぞれ，W_F，W_M，W_G とする．この図は，W
　　$= W_F + W_M + W_G$ として描いている．
出所：権丈（2009［初版2004]），165頁．

家族依存型の福祉国家の国々——東アジア諸国，南欧——が，急
激な少子化に苦しんでいるという特徴もあり，こうした特徴に福
祉国家の型は強く影響している．

　そこでいま，急激な少子化に苦しむ家族依存型福祉国家のなか
のひとつである日本が進もうとしている方向は，アメリカ型であ
るように観察される（図表34）．

　はたしてそれでいいのか？　「ここで注意深く考えなければな
らないことは，たとえば医療のように，アメリカでは「市場原理
のせいで，国民の七人に一人が無保険者になっている」［李啓充
（2002），ジョンQ（映画パンフレット）］のに，GDPに占めるアメ
リカの医療費の割合は，他の皆保険諸国と比べてはるかに高いと
いうことである．アメリカ型の福祉国家を選択するということは，
一方にはるかにゴージャスな福祉サービスが供給され，他方では
最低レベルの福祉サービスさえ利用がおぼつかない者も現れるこ
とを意味し，トータルでみれば，社会支出の家計支出に占める割
合がほぼ等しくなるのである」［権丈（2009［初版2004］165頁）．

図表34　日本の進むべき道と進もうとしている進路

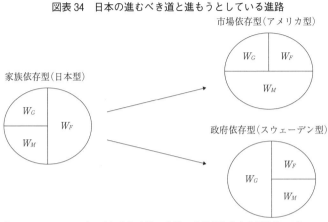

注：W_F, W_M, W_G は, それぞれ家族, 市場, 政府が生産する福祉サービス.
出所：著者作成.

　なお, 小さな政府とは奢侈品が豊富にある社会であり, 政府が大きくなるにつれて奢侈品が減り生活必需品が増えていく——日本は, 今でさえ「小さすぎる政府」であるため, 「ある程度大きな政府」にした方が, 確実に住み心地のよい社会になる. どちらかと言えばスウェーデンの方向を目指した方がよいだろうと言うと「あの国は高負担で, とてもとても」と条件反射的に口にする人がいるが, 日本とスウェーデンの間にはそれこそ数多くの国がある. そのどこかに落ち着くだけでも, 日本での住み心地は改善される. 進むべき方向は「ある程度大きな政府」である. もちろん, 政府支出のムダをなくし徹底した効率化を図り続けなければならないので, しばしば「効率的な大きな政府」とも言っている. 大切なことは, 効率化と抑制は別次元の話だということである[30].

30　権丈（2007［初版2007］IV巻）13-17頁.

第10章 社会保障がはたす3つの機能

生活安定・向上，所得再分配，経済安定化

さて，これまで社会保障について，まず「社会保障はなんのため？」という問を立て，次に「社会保障は誰のため？」という問に沿って説明をしてきました．そこで，ここでは教科書的に，社会保障がはたす3つの機能ということを説明しておきたいと思います．たとえば，「社会保障の教育推進に関する検討会」が作成したテキスト教材「社会保障を教える際に重点とすべき学習項目の具体的内容[31]」には，次の文章があります．

> 社会保障の機能・役割は主に3つある．1つ目は，これまで見てきたように生活のリスクに対応し，生活の安定を図り，安心をもたらす「生活安定・向上機能」である．あらかじめ保険料を拠出し合ってリスクに備える社会保険や，税金を主な財源とする社会福祉，公的扶助など，社会保障各制度がそれぞれの役割を果たすことにより，人々の自立した生活を支援し，社会全体の活力につながっていく．

---

31 http://www.mhlw.go.jp/stf/seisakunitsuite/bunya/0000051472.html

　2 つ目は，所得を個人や世帯の間で移転させることによって，生活の安定を図る「所得再分配機能」である．社会保障制度の財源である税や社会保険料の多くは，所得に応じて額が決められている．所得の高い人がより多くの税や保険料を拠出するようになっており，所得の格差を緩和する効果がある．また，低所得者はより少ない税・保険料負担で社会保障の給付を受けることができている．

　3 つ目は，景気変動を緩和し，経済成長を支えていく「経済安定化機能」である．公的年金制度のように好不況にかかわらず継続的に現金が支給される制度は，高齢者などの生活を安定させるだけでなく，消費活動の下支えを通じて経済社会の安定に役立っている．

　市場は，効率や競争が促進される優れたメカニズムを持っているが，それに強く依存しすぎると，格差や貧困の発生が避けられないという特徴を持っている．格差や貧困の問題を放置すれば，結果として社会の安定が損なわれることにつながる．

　ここに，「生活安定・向上機能」，「所得再分配機能」，「経済安定化機能」が上げられています．

生活安定・向上機能

　このうち「生活安定・向上機能」については，6 章～ 9 章，特に保険料支払の受けとり期待値が 1 を切る場合

$$\frac{p_i L_i}{\pi_i} = \frac{1}{(1+\alpha)} < 1$$

でも，人は安心を買うために保険を買うという説明や，4 章，5 章での税による救貧，生活保護の性格という説明をしています．ここでは，「所得再分配機能」「経済安定化機能」について追加的な話をしておきたいと思います．

所得再分配機能

　社会保障の所得再分配機能のイメージは，既に「図表7　貢献原則に基づく分配を必要原則に基づいて修正」（14頁）で描いたものとなります．では，社会保障の所得再分配は，具体的にどのように機能しているのでしょうか．それを調べている資料として『所得再分配調査』があります．この調査は，国民皆保険・皆年金施行1961年の翌1962年から概ね3年に一度実施されていまして，直近の調査報告書は平成29年調査（令和元年9月発表）となります．

　この調査結果を読むために必要となる次の用語を紹介しておきます．

- ・当初所得：所得税や社会保険料を支払う前の雇用者所得，事業所得などの合計．公的年金などの社会保障給付は含まれない．
- ・再分配所得：当初所得から税や社会保険料負担を控除し，公的年金などの現金給付と医療，介護，保育などの現物給付を加えたもの．
- ・再分配係数（%）＝［（再分配所得－当初所得）／当初所得］×100

　ここでは，当初所得と再分配所得に焦点をあてて，社会保障がどのような再分配をしているのかをみてみます．その前にひとつ，追加して理解しておいてもらいたいことがあります．『所得再分配調査』は，世帯単位で集計されています．しかしながら，例えば，1人世帯と2人世帯の家計を比べてみると，食料などは2人分必要であっても，住居やテレビなどの耐久消費財は共有が可能となります．このため，家計全体では2人世帯は1人世帯の2倍の消費を必要としません——規模の経済が働くとも考えることができます．また，同じ2人世帯であっても大人2人の世帯と大人1人子ども1人の世帯の消費構造は異なりますから，所得を世帯員という個人単位に変

換する場合には，本来なら，世帯人員数のみならず，世帯構成など
を考慮した変換が必要となります．しかし，そうした変換は非常に
煩雑かつ難しいために，OECD などでは一律に世帯人員の平方根
で除して——たとえば 3 人家族ならば $\sqrt{3}=1.732\cdots$ で世帯所得を割
って——それを世帯員単位の所得とみなすという方法がとられてい
ます．『所得再分配調査』においても同様に，世帯の所得を世帯人
員の平方根で除した数値を基に，世帯の構成員の生活水準を表すよ
うに調整した所得を「等価所得（equivalent income）」と呼んでいます．
ちなみに，世帯人員を考慮しない世帯単位の当初平均所得は 393 万
円であるのが，世帯ひとりひとりの生活水準を表すように調整され
た等価所得の当初所得平均は，279 万円に下がることにもなります．

　さて，これで『所得再分配調査』を読む準備ができました．そこ
で，社会保障による所得再分配——つまりは，「貢献原則に基づく
分配を必要原則に基づいて修正」する所得再分配が，結果としてど
のような形でなされているのかを，いくつかの側面から観察してみ
ましょう．

　まず，図表 35 をみると，社会保障による所得再分配により当初
所得 100 万円未満の人数が大幅に減り，当初所得 100 万円から 600
万円くらいまでの世帯員の数が増えていることがわかります．対し
て，600 万円以上の人数が減っていることも見て取ることができます．

　図表 36 をみれば，社会保障の拠出（税＋社会保険料）は能力に
応じて，給付は必要に応じて行われていることが分かります．そし
て高所得者も中所得者とさほどかわらない水準の給付が行われてい
ることが分かります．これは医療，介護，年金などの社会保険制度
を，あらゆる所得階層の人たちが利用しているからです．このこと
は，税による救貧制度のように，中・高所得者は負担するのみで給

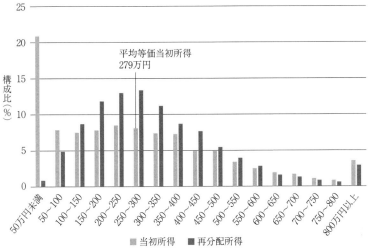

図表 35　所得再分配による所得階級別の世帯員分布の変化（等価所得）

平均等価当初所得
279 万円

■ 当初所得　　■ 再分配所得

出所：厚生労働省『平成 26 年所得再分配調査報告書』より作成.

図表 36　当初所得階級別所得再分配状況（等価所得）

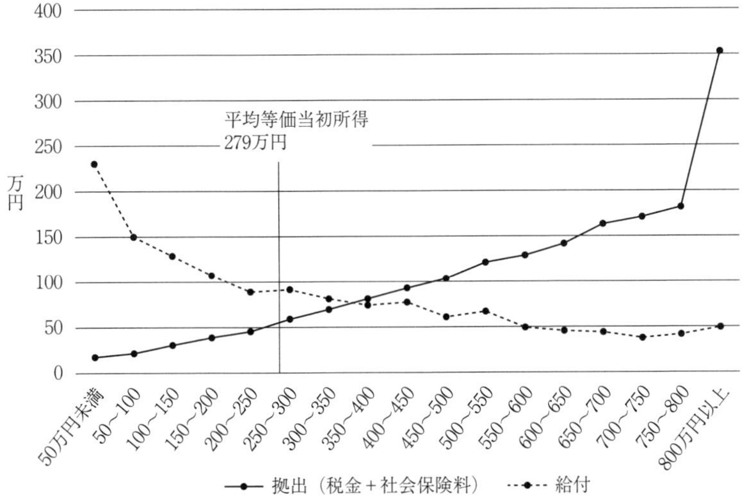

平均等価当初所得
279 万円

―●― 拠出（税金＋社会保険料）　　･･●･･ 給付

出所：図表 35 に同じ.

付には関係がないと意識させる制度と社会保険制度が根本的に異なる制度であることを示しているとも言えます．

　実は，社会保障の中の社会保険による所得再分配は，その多くは中所得層間の大規模な時間的，保険的な所得移転であって，かつ，中の上の所得層，高所得者だからといって給付がなくならないところがミソでもあるわけです．ゆえに，中・高所得層にも，自分も必要なときには利用できる制度であるという意識を持ってもらえる社会保険の特徴が生まれます．

ジャンプ 知識補給・社会全体で助け支え合うということ　209頁へ

　社会保障のそういう側面を，「はじめに」で紹介したシカゴ学派系，公共選択系の経済学者たちは嫌います．彼らは，政府の介入は低所得者の救済に限るのが理想と考え，それを効率的な再分配政策と考えているからです．しかし彼らシカゴ学派系，公共選択系の経済学者が望む社会保障にすると，中の上の所得層，高所得層は，社会保障は人のためのものであり，自分たちは負担を強いられるだけという捉え方をするようになるでしょう．そうした制度がどういう運命を辿るかは，考えてみる価値があると思います．もっとも彼らの中には，市場領域を最大化する狙いはあっても，社会を分断することには無頓着（もしかして意図的？）であったりするわけですけどね．また，そうした彼らの狙いに気付かずに，日本で彼らと同じような再分配のあり方を提案している経済学者がいたりもします．

　図表37の年齢階級別所得再分配状況は，等価所得単位では受給の項目が記されていないので，等価所得換算前の世帯単位のデータでみています．高齢層が受けとる社会保障給付には，年金などの現金給付はもちろん，医療介護という現物給付も含まれています．ここでは，世帯主年齢75歳以上と29歳以下の人たちが受給する，医

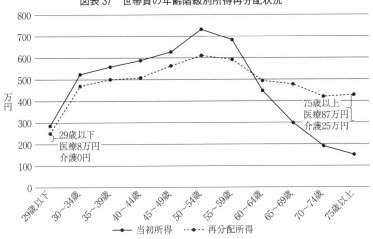

図表 37　世帯員の年齢階級別所得再分配状況

出所：図表 35 に同じ.

療, 介護の受取額を記しています. こうした年齢階級別の所得再分配の状況をみると, 2015 年の春に流行したピケティ『21 世紀の資本』の中にある, 次の言葉を思い出します.

　　以上まとめて, 保健医療・教育への国家支出（国民所得の 10 - 15 パーセント）と代替・移転支払い（これまた国民所得の 10 - 15 パーセントか, ときには 20 パーセントに達する）を足すと, 社会支出（広い意味で）は総額で国民所得の 25 - 35 パーセントとなる. これは 20 世紀の富裕国における政府歳入増加のほとんどすべてを占める. 言い換えると, 20 世紀を通じた財政増大は, 基本的には社会国家の構築を反映したものなのだ[32].

ジャンプ 知識補給・国家財政の増大と「広さの怖さ」と「広さの強み」 271 頁へ

32　ピケティ（2014）498 頁.

　ピケティは，従来の福祉国家に教育を加えて社会国家と呼んでいるのですが，日本でも，やはり教育というものは，年金や医療介護と同じような所得再分配機能をはたしていると考えているようで，以前から，社会保障給付の姿をみるときに，教育も含められていました（図表5，15頁参照）．将来的には，教育も含めた社会国家として，所得再分配機能を把握する必要があるように思えます．

　所得再分配機能の観察として，最後に，地域ブロック別の再分配係数をみてみましょう．

　図表38に見るように，当初所得の高い関東Ⅰ（埼玉県，千葉県，東京都，神奈川県），東海（岐阜県，静岡県，愛知県，三重県）から，再分配計数が高い北九州（福岡県，佐賀県，長崎県，大分県），中国（鳥取県，島根県，岡山県，広島県，山口県）へと地域ブロック間で，

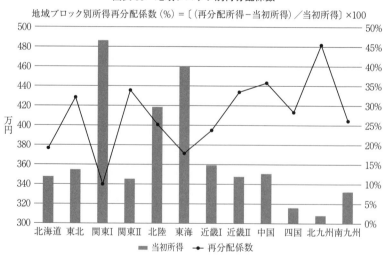

図表38　地域ブロック別再分配係数

出所：図表35に同じ．

図表 39　公的年金の地域経済を支える役割（平成 27 年）

都道府県名（高齢化率）	対県民所得比（↓降順）	対家計最終消費支出比
島根県（33.6%）	18.2%	23.5%
鳥取県（31.0%）	17.5%	20.5%
秋田県（35.6%）	16.3%	18.9%
愛媛県（32.1%）	16.2%	19.3%
長崎県（31.3%）	16.0%	18.1%
高知県（34.2%）	15.8%	18.8%
奈良県（30.3%）	15.8%	20.6%

出所：厚生労働省年金局作成.

所得再分配が行われていることが分かります．なお，図表 39 は県民所得と家計最終消費支出に対する公的年金の比率です．対家計最終消費支出比が，2 割を超える県もあるようです．

経済安定化機能

　経済安定化機能とは，景気変動を緩和し，経済成長を支えていく機能のことです．この考え方の誕生に貢献したのは，経済学の関心を，供給から需要の重要さに大きく方向転換させたケインズ経済学でした．

　ケインズの『一般理論』が 1936 年に出て 10 年ほど経つと，アメリカの若きケインジアン，当時 27 歳のクラインは，1947 年の『ケインズ革命』の中で，「高水準の消費経済こそじつに資本主義にとって長期にわたる宿望である．［中略］高水準の消費を達成する最大の可能性は，現在では社会保障計画のなかに見出される[33]」という形で社会保障をケインズ理論の中に位置づけました．さらには，当代一流のテキスト・ライターであったハンセンは 1947 年に『経済政策と完全雇用』の中で，ケインズ理論の拡大解釈とも言える

33　クライン，L.／篠原三代平・宮沢健一訳（1965）『ケインズ革命』有斐閣，177 頁.

〈補整的財政政策〉という論を展開して，社会保障に重要な役割を担わせています．すなわち，「社会保障と社会福祉の広範かつ包括的な体制が，有力な安定化要因として着実かつ永続的に作用する．それは不況に底入れをする．それはあたかも，購買力を広く全国にわたって分配する大きな灌漑組織のような役割をする[34]」．

　今では，景気変動に応じてある程度自動的に経済の安定を図るように作用する装置のことはビルトインスタビライザー（built-in-stabilizer）と呼ばれています．

　たとえば，日銀短観で，大企業製造業・非製造業の業況指数は，図表 40 のように変動します．図表 41 は，経済安定化装置として機能する社会保障のイメージ図です．失業給付は景気変動に対してカウンターシクリカル（景気変動抑制的）に動きます．景気とは独立に一定の水準の給付が継続する医療介護や年金も，経済安定化機能を果たすことになります．

　ところで，所得って平等に分配されるのと，そうでないのとでは，経済成長に対してどっちがプラスになると思いますか？　社会保障のふたつめの機能「所得再分配機能」で見たように，社会保障を充実させれば，所得の分配は平等な方向に向かいます．でも，社会保障を充実させるためには，税や社会保険料を上げなければならないですよね．この，税や社会保険料を上げると非効率を生むって経済学の教科書にも書いてあるし，それはもちろん経済の活力を削ぐか

34　ハンセン，A. H.／小原敬士訳（1949）『経済政策と完全雇傭』好畢社，26 頁→
→ケインズの言葉を直接借りれば，「消費性向を高めそうな方向で所得再分配政策が採られれば，資本成長に断然有利に作用することになろう」（ケインズ／間宮陽介訳（2008）『雇用・利子および貨幣の一般理論』岩波書店，下巻 179 頁）となります．このあたりの説明は『ちょっと気になる政策思想』第 4 章「合成の誤謬の経済学と福祉国家」を参考にしてください．

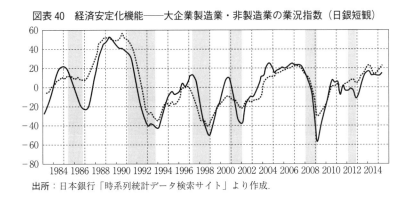

図表40　経済安定化機能——大企業製造業・非製造業の業況指数（日銀短観）

出所：日本銀行「時系列統計データ検索サイト」より作成.

図表41　ビルトインスタビライザーとしての社会保障のイメージ図

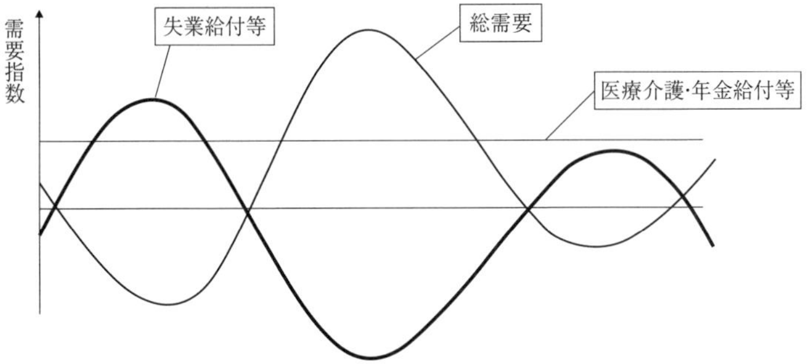

出所：筆者作成.

ら，成長には悪影響ではないの？　っとか，いろいろと考えたくも
なるところです．でもね……っという話が，『ちょっと気になる政
策思想』には，延延と言葉を尽くして書いてあるわけです．社会保
障政策を好意的にみるかどうかというスタンスの違いに，最もと言
っていいくらいに強い影響を与えるのは，経済政策の中で社会保障
をどのように位置づけるか，その際，その評価はどのような学問を
手にするかによるんだよなぁ……というのが，僕が長年考えてたど
り着いたところで，そのあたりを『政策思想』に書いているんです

よね．この本の「V3 刊行にあたって」に書いているように，右側の経済学，左側の経済学とか，社会保障と関わる経済学の系譜とかは，あなたが，社会保障に対する政策スタンスを決めるうえで決定的な役割をはたすと思います．ウソじゃないですよ……

社会保障の持続可能性と社会保障の機能強化との間の政治変動

　以上，社会保障の 3 つの機能について概観してきました．2008年の社会保障国民会議の時に，その中間報告（2008 年 6 月 19 日）に「社会保障の機能強化」という言葉が，はじめて使われました．その時の表現は次のようなものでした．

　　　これまでの社会保障改革は，経済財政政策との整合性を基本に「制度の持続可能性」に重点を置いた改革であった．今日までの一連の制度改革により，公的年金制度を始め，社会保障制度の持続可能性は向上している．しかしながら他方で，今日の社会保障制度は……様々な課題に直面している．

　　　「制度の持続可能性」を確保していくことは引き続き重要な課題であるが，同時に，今後は，社会経済構造の変化に対応し，「必要なサービスを保障し，国民の安心と安全を確保するための「社会保障の機能強化」」に重点を置いた改革を進めていくことが必要である．

　この国は，財政問題との関係もあり，社会保障の改革は，「制度の持続可能性」に力点が置かれる時期と「社会保障の機能強化」に力点が置かれる時期が繰り返されることになります．増税を考えな

図表 42　所得再分配によるジニ係数の変化

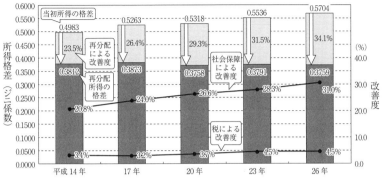

出所：図表 35 に同じ.

い政権の下では「制度の持続可能性」が強調されて社会保障の抑制が強化され，その後，社会保障の機能が弱体化して社会と経済の双方の面で弊害が目立ち始めると増税を考える政権が登場して「社会保障の機能強化」に動く——そうした変動があるようです．社会保障の弱体化によって多くの人たちの人生が狂わされ，多くの犠牲を繰り返し出さないように，社会保障をとりまく政治の変動を安定化させるなんらかの装置が必要なのかもしれません.

　ちなみに，『平成 26 年所得再分配調査』が発表された，2016 年 9 月に，「税や社会保障で格差大きく縮小，厚労省 13 年調査」『日本経済新聞（2016 年 9 月 16 日）という記事が出されていました．そこには，「所得再分配調査によると，税金や社会保障制度を使って低所得層などに所得を再分配した後の世帯所得の格差を示す「ジニ係数」は 2013 年に 0.3759 となった．再分配前の所得でみた係数より格差は 34.1% 縮小しており，改善度合いは過去最高だった．年金や医療で給付を多く受ける高齢者の増加で再分配機能が強まってい

る.」と記されていました. ここでジニ係数の説明は, 同じ日の
『読売新聞』の説明が上手でしたので, 紹介しておきます――「イ
タリアの統計学者コラッド・ジニが考案したもので, 所得格差の程
度を示した指数. 全世帯の所得が完全に平等なら「0」, 1世帯が全
体の所得を独占してほかの世帯の所得がないと「1」になる計算で,
格差が大きいほど1に近づく」.

　社会保障を抑制するということは, 図表42にみるように, 所得
格差を大きく改善している社会保障を小さくすることですから, こ
うした所得再分配機能を弱め, 所得格差を拡大することになります.

　そう言えば, 2015年の経済財政諮問会議（5月19日）「"経済・
財政一体改革" の実行に向けて（有識者議員提出資料）」の中に,
「「経済・財政一体改革」個別改革の目標(1)社会保障（保険料）負
担率（対国民所得比）の上昇に歯止めをかけ, 実質可処分所得の目
減りを抑制する」という言葉がありました. 当初所得から税金・社
会保険料を引いて現金給付を加えたものを「可処分所得」と呼び,
可処分所得プラスの現物給付を『所得再分配調査』のなかでは「再
分配所得」と呼んでいます. ですから, 可処分所得という指標は,
社会保障が行っている「医療, 介護, 保育などの現物給付」を無視
した指標なんですね. そうした可処分所得の目減りを抑制するとい
う話は, なんとなく聞こえはいいのですけど, 要は, ここでみた,
社会保障の所得再分配機能を縮小するという話につながることです.

第11章 建設的な社会保障論議を阻んできた悪気のないストーリー

世代間不公平論のおもしろさ

さてこれまで，社会保障を考えるための基本的なことがらを説明してきました．素直に考えれば社会保障を理解するのはそんなに難しい話ではないと思うのですけど，世の中は，どうも素直に考えてくれない．ここからはそういう話も加えて見たいと思います．

たとえば，この国では公的年金の世代間不公平論というものに長い間翻弄され続けたのですが，そうした論は，どういう人たちが言っていて（実は，そんなこと言っているのはほんの数人），そうした論が，どれほど社会保障の政策論とは関係がないのか，そしてそうした論は，議論のスタート地点でどのように間違えているのかを，僕の本『年金，民主主義，経済学』（2015）の第 V 部「前途多難な社会保障教育」で論じていますのでご笑覧頂ければと思います．いやはや，彼らの世代間不公平論は，本当に，おもしろいもので，彼らの話を信用してしまうと，日本の国民はとたんに 750 兆円の追加的な借金を抱えてしまうことになり（なんと，1 万円を並べると 7,500 キロ！（3 章参照）．ちなみに，天文学的な公的債務と言われている額は 1,000 兆円余り），これを 100 年ほど掛けて新たに増税した財源でも

ってせっせと返済しなければならなくなってしまいます．この国で
そんな増税ができるのならば，これまでたまりにたまった 1,000 兆
円の国債をはじめとした公的な債務を返した方がましだろうし，医
療や介護，それに保育，教育を充実させる財源に使った方がいいと
思うんですけどね．おまけに，彼らが主張する新たにできる積立方
式の年金は，今の制度よりも不確実性に弱いために，リーマン・シ
ョックのような不確実性に直面すれば，給付は大幅に減り，今の若
い人たちが高齢者になった時には，大量の貧困者が生まれる可能性
が高まります．しかも，先に Output is central という考え方で説明
したように，彼らの言う積立方式にしても少子高齢化の影響は，賦
課方式の場合と同じように受けてしまうし，保険料と税の両方を考
えれば，彼らが世代間の不公平だと批判してきた世代間の格差も解
消できないまま．もっとも，高校の教科書に「積立方式には世代間
不公平が解消されるという長所がある」と書かれていますけど，こ
れは大ウソですね．高校の教科書が，トンデモ年金論の影響を広範
囲に受けてしまっているのには，謎であると同時に本当にまいった
ものです[35]．

　同じ今の若い人のための改革というのであれば，僕らが言ってい
る厚生年金の適用拡大を図って，若い世代が可能な限り，所得再分
配付きであるために所得の低い人にとって有利となる公的年金を利
用できるようにしておいて，今の若い人たちが高齢者になった時に，
できるだけ貧困者が出てこないようにしておく．そして同時に，今
の高齢者にはマクロ経済スライドによるなるべく早めの調整に協力
していただいて，そこで浮いた年金原資を将来の高齢者に分配し直

---

[35]　もしあなたが社会保障教育に興味をお持ちでしたら，権丈（2015 Ⅶ巻）「第 35
講　前途多難な社会保障教育」を是非ともみておいて下さい．

すような政策を進める方がいいと思うのですが，どうも世間では，
彼らの言う世代間不公平論を好きな人が大勢いるようです．

　困ったもんだという感じですけど，でも，どうして，こういう不
思議なことが日本では起こるのでしょうか．

心優しい人たちを惑わせた図
——社会保障給付費の経費別割合の見方

　原因のひとつに，誰も悪気がないのに，ついつい間違えてしまっ
て，おかしな方向に議論が走ってしまった話をしておきたいと思い
ます．次の図表43をご覧下さい．ここでOECD基準の「社会支出」
というのは，日本で従来使われてきたILO基準の「社会保障給付
費」とほぼ同じものです．

図表43　政策分野別社会支出の構成割合の国際比較

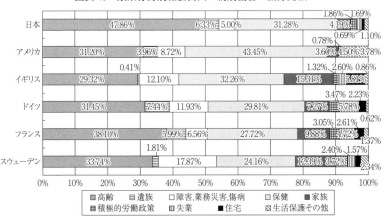

出所：国立社会保障・人口問題研究所「社会支出と国際比較」『社会保障費用統計（平成22年
　　　度）』.

　図表43は，社会保障給付費全体を100％とした場合，どれだけ
の割合が高齢者向けの給付なのかを示しています．国立社会保障・

人口問題研究所がまとめる『社会保障統計年報』には，社会保障給
付費 100% の国際比較グラフ——対象国は日本の他にアメリカ，イ
ギリス，ドイツ，フランス，スウェーデン——が平成 12・13
(2000・2001) 年版から載っています．このグラフを眺めれば，日
本の高齢者は実に恵まれているように見えます．この図の印象に支
配された人たちが，高齢者に対して憎悪の感情を抱いていくことに
なるわけです．

　しかし，本当は GDP 比で見ないと，日本の高齢者は恵まれてい
るかどうかの判断材料にはなりません．前頁の図表 43 と同じ平成
22 年のデータを，GDP 比で見ると，日本の高齢者の給付は突出し
て多いわけではありません（図表 44）．

図表 44　社会支出の対 GDP 比の国際比較（2010 年）

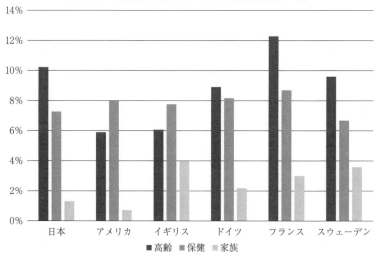

出所：OECD. Stat より作成.

　しかも，高齢給付には介護も入っており，介護給付費を高齢者の
ためだけの給付と見なす OECD の定義は問題があります．「知識補

給　社会全体で助け支え合うということ」でも論じていますように，介護保険制度は，現役世代を介護地獄から解放する狙いもあって導入された制度であるということは，まだ日本人の記憶に残っていると思います．それに，そもそも 65 歳以上の高齢者比率が日本は世界でトップであることを考慮すると，日本は決して高齢者が突出して恵まれているわけではありません（図表 45）．

図表 45　65 歳以上人口比率と高齢給付費の対 GDP 比（2010 年）

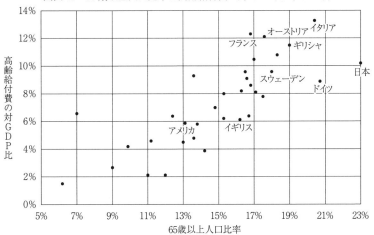

出所：OECD. Stat より作成．

ところが，図表 43 のような社会保障給付費全体を 100% とした場合のグラフを見た人たちは，どうも高齢者を憎んでしまい，家族・子育て向けの財源を高齢者から持ってこいと考えるようで，年金の世代間不公平などを言う経済学者たちに共感する傾向があるようなんですね．

なお，高齢給付費の対 GDP 比の推移を次の図表 46 で見ると，日本は，2000 年段階では，まだスウェーデン，ドイツよりもかなり低かったことが分かります．そこで，図表 47 のように 2000 年の

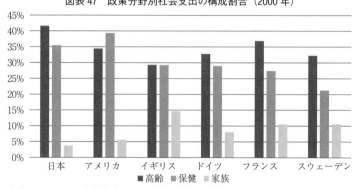

図表 46　高齢給付費の対 GDP 比

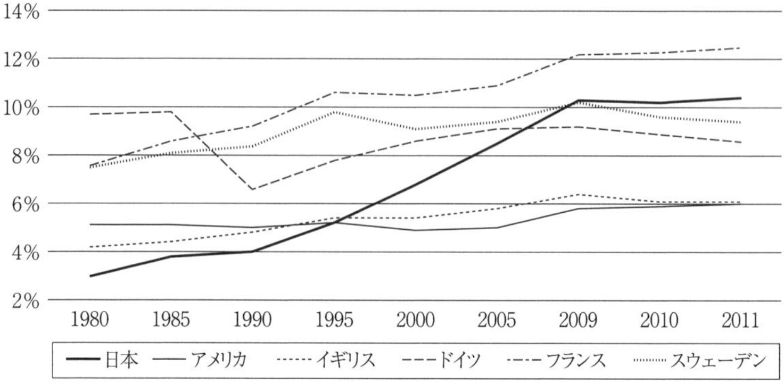

出所：OECD. Stat より作成.

図表 47　政策分野別社会支出の構成割合（2000 年）

出所：OECD. Stat より作成.

　政策分野別社会支出割合の国際比較をすると，日本の高齢給付費は
1 位となる.

　昔から，日本では，社会保障給付費 100% のグラフをみんなで眺
めては，高齢者憎しの思いを募らせてきました. でも，日本の高齢
者給付の割合が大きく見えたのは，理由は明白で，日本の GDP に
対して社会保障そのものが小さかったことが大きく関係しています.

　ちなみに，図表 48 の社会支出の対 GDP 比を 65 歳以上高齢化率

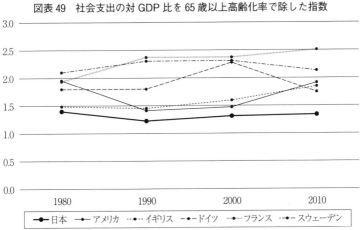

図表 48　社会支出の対 GDP 比

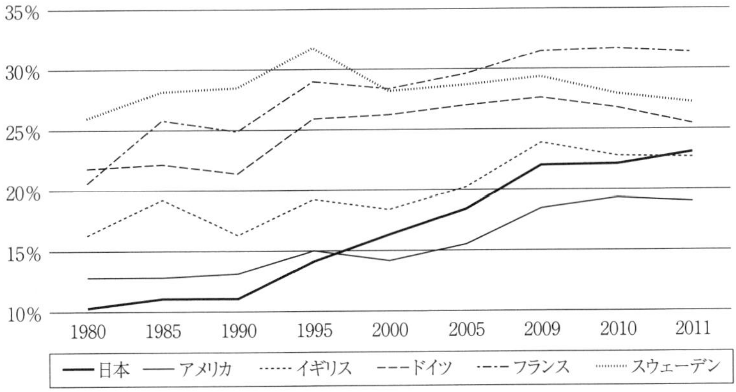

出所：OECD. Stat より作成.

図表 49　社会支出の対 GDP 比を 65 歳以上高齢化率で除した指数

出所：OECD. Stat より作成.

で割った指数を作って図表 49 を描いて，その国の社会保障ニーズと社会保障給付の水準の関係がどの程度のものかをみてみると，日本は未だに低い水準にあることが分かります．高齢者にとっても若い人にとっても，なかなか生き辛い日本であることがうかがえます.

論者に政府を憎ませる根暗な考え方

このような，社会保障給付費の経費別割合を見て，日本では世代間で大きな不公平が生じていると信じ切っていた人は，まだ話せば分かる人たちなのですが，アメリカの経済学者のコトリコフの言う「世代会計」に基づいて世代間不公平を言う人たちもいます．このあたりは，一塊（かたまり）の話を 1 セットで理解してもらう必要がありますので，『年金，民主主義，経済学』（2015）に収めた第 V 部「前途多難な社会保障教育」をご笑覧頂ければと思います．

ここでは，世代会計に基づく世代間不公平論について，ひとつ興味深い研究を紹介しておきます．

歴史を知り，制度を知るということ

京都大学名誉教授の橘木俊詔さんは，公的年金の世代間格差を不公平とみなした論文を今から 40 年ほど前の 1982 年に書いていました．しかし，20 年後の 2002 年に橘木さんは次のように考えが変わります．

> 実は本稿の筆者［橘木氏］も十数年前に，厚生年金の収益率に関して，世代間格差があるという計算結果，橘木・下野（1982）を提出しているのである[36]．ここで本稿が論じる点は，筆者自身の反省と懺悔であるといってよい．計算結果に間違いがあったのではなく，この種の計算への政策意義に関して思慮が足りなかったことへの懺悔である[37]．

36　橘木俊詔・下野恵子（1982）「内部収益率からみた厚生年金制度の所得再分配効果」『労働協会雑誌』No. 227.

37　橘木俊詔（2002）「社会保障制度における世代間公平論と民営化を含んだ制度改革」『社会保障と世代・公正』東京大学出版会，44 頁．以下の要約も同じ．

橘木さんは，反省理由として次をあげます．

　　不確実性（すなわち予期せぬ出来事）がある現実社会のなかで，
　「引退直前数年の賃金支払額にリンク」しながら「死亡時までの所
　得保障がある」制度を，後発債務が発生しないように「設計・運営
　するのは困難である．すなわち，不確実性（予期せぬ出来事）によ
　る世代間不公平の発生もありうる」．

さらに，

　　「引退世代の拠出額，すなわち負担が少ないのは避けがたいこと
　であった」．なぜならば，「この世代の人たちの所得ないし賃金は非
　常に低額だったことを忘れてはならない．低額の所得のなかで年金
　保険料拠出額が少ないのは，ある意味において不可避であった．も
　し給付に見合うだけの拠出が求められるのなら，すなわち世代間の
　所得移転をゼロにするような年金制度を設計するためには，所得の
　大半を保険料として拠出する必要があった．これは当時の所得額や
　賃金水準を念頭におけば不可能なのは当然である」．

　僕らから見れば，橘木さんがこの論文を書いた 2002 年，すなわ
ち 50 歳代の橘木さんのおっしゃることはその通りだと思えますし，
橘木さんが 30 歳代の 1982 年には，なんで後に反省，懺悔しなけれ
ばならなくなる論文を書かれたんだろうとも思えます．
　橘木さんの言う，「引退直前数年の賃金支払額にリンクしながら
死亡時までの所得保障がある制度」という言葉は極めて重要で，僕
らは公的年金が掲げるこうした政策目標を「実質価値を保障する終

身年金」と表現し，8章で説明しました．そしてどの国も，こうした政策目標を掲げた瞬間から，積立方式を諦めるしか術がなくなり，負担と給付の間に世代間の格差が生まれる制度になってしまったわけです．

ジャンプ 知識補給・高齢者の貧困救済と，いわゆる世代間格差との選択
213 頁へ

公的年金は，大方，普通の人の感覚にしたがって，積立方式で制度を発足させようとします．日本の場合には制度発足当時に，積立金にこだわりましたが，戦後のハイパーインフレの中で積立金が無価値になって積立方式は維持できなくなりました（1934-1936 年の消費者物価指数を 1 とした場合，1954 年は 301.8 と 18 年間で物価が約 300 倍！）．「実質価値を保障する終身年金」を設計しようとすれば積立方式が維持できなくなるのは，世界中の年金が経験していることです．ところが，積立方式が公的年金の本来あるべき姿と信じ込んで，その方式の下では世代間不公平論は起こらないという人たちは，公的年金の「本来の姿である積立方式」ではじまった年金が，前の世代の「政治の不始末ゆえに賦課方式に堕落」してしまったと考えているようなんですね．そうした歴史観は一方的にすぎます．歴史観というものの常ですが，過去をどのように評価するかは，現在の制度への好悪の感情に影響を与え，現行制度への評価，制度の安定性にも影響を与えますから，歴史観はかなり重要な役割をはたすことになります．

公的年金の世代間不公平論に対する雑誌や新聞記者による批判記事——『週刊東洋経済』の特集記事や朝日新聞の太田啓之記者の批判[38]——はとてもわかりやすく，なおかつ参考になりますので，是

38　年金激震特集「誰が何を間違えたのか」『週刊東洋経済』2009 年 10 月 31 日号．

非ともご覧ください．彼らの記事は，首相官邸のホームページにある社会保障制度改革国民会議のページから辿ることができるようになっています（http://www.kantei.go.jp/jp/singi/kokuminkaigi/kaisai.html）．

　このページの第20回平成25年8月5日の「配付資料」をクリックして頂ければ，「権丈委員追加提出資料」というのがあります．そこを辿っていけば読むことができます．

　また，「社会保障の教育推進に関する検討会」がまとめたA4で27ページの「社会保障の正確な理解についての1つのケーススタディ ～社会保障制度の"世代間格差"に関する論点」は，厚生労働省のホームページにありますので，是非ともご覧ください（http://www.mhlw.go.jp/stf/seisakunitsuite/bunya/0000053851.html）．

　この問題はまさに，『週刊東洋経済』（2009年10月31日号）が指摘したように，「世代間不公平論者は，公的年金を市場経済の領域である民間保険の考え方で眺め，そこに問題点を発見する．しかし，彼らから見れば問題である世代間格差などは，政治システムの領域である社会保障の考え方で見ると，まったく問題でないどころか，それなくして老後の所得保障という公的年金の目的を達しえないもの」なんですね．民間保険と社会保険の目的は違います．それは8章，9章で説明したとおりで，目的が異なるから民間保険と社会保険という手段も異なっているわけです．そうであるのに社会保険を民間保険の考え方で評価して大騒ぎして世を惑わせた論者たちは，いまテレビで流行っている「しくじり先生」の類のひとたちですね．高校の社会科や公民科の教科書をみてみると，彼らの影響が強く出

太田啓之「年金破綻論のまやかし」『AERA』2012年4月9日号．
　〃　「年金大誤報にダマされるな」『週刊文春』2012年4月26日号．

ているのがわかります．社会保障教育の問題点などにも関心のある
方は，僕が『年金，民主主義，経済学』(2015) に書いている第 35
講「前途多難な社会保障教育」などもご覧ください．そこで紹介し
た記事を，下記の知識補給の方で紹介させてもらいますので，是非
とも読んで下さい．社会保険制度の世代間不公平を言うしか能の無
い経済学者の中には，介護保険制度の創設が 2000 年だったから，
現在の高齢者は保険料を負担していなかった．なのに給付を受けて
いるのは不公平だと批判しているのもいますが，アホですね．次の
知識補給を読めば，いわゆる「経済学者」のおかしさが分かると思
います．

ジャンプ 💥 知識補給・あってよかった介護保険　241 頁へ

　なお，高校を卒業してすぐに働き始める子どもたちをはじめ，生
徒たちに強く賢く生きることを教えようとしている家庭科の教科書
には，かなり正確な記述がなされているのが分かります．そしても
し，みなさんの中で，万が一，いや億が一の可能性ででも，子ども
たちへの社会保障教育の在り方を考えてみたいと思われる方がいら
っしゃるのでしたら，スウェーデンの中学 2 年生が社会とは何かを
学ぶための教科書の翻訳『あなた自身の社会──スウェーデン中学
教科書』(新評論) をおすすめします．その出来栄えに目が点にな
りますヨ (･o･)

第12章　もちろん留意すべき世代間の問題

財政赤字の問題点としての世代間不公平

　ここまで，年金や医療，介護保険制度の中での負担と給付の倍率に関する世代間の格差は大きな問題ではないとは言っていますが，これらの給付に投入されている税の部分を，赤字国債でどんどんと賄っているというのは大変な問題です．このあたりは，社会保障の教育推進に関する検討会がまとめた「社会保障の正確な理解についての1つのケーススタディ」に，次のように書かれています．

　　我々の世代は，国・地方の公債残高の対 GDP 比で 200% に至ろうとする公的債務を残してしまった．そのため，将来世代に多額の公債費（国債・地方債等の元利払い費）を負わせることとなる．これは明白に問題視されるべきことであるが，こうした公債費を後世代に負わせたがゆえに生まれる世代間格差と，私的扶養の社会化ゆえに生まれる社会保障の中で観察される世代間格差の現象を，混同して議論していないか．なお，社会保険制度の財政は，社会保険に投入されている国庫負担，地方負担分を除いて，財政再建の基準となっている国・地方の公債等残高に悪影響を与えることはない．

図表 50　問題は社会保障給付の中に入っている税の財源調達がなされていないこと

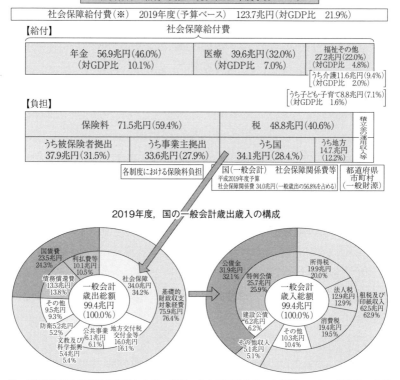

注：「基礎的財政収支対象経費」とは，歳出のうち国債費を除いた経費のこと．単年度の政策
　　的経費を表す指標．「一般歳出」とは，「基礎的財政収支対象経費」のうち地方交付税交付
　　金等を除いた経費のこと．厚労省作成の上図の社会保障への国庫負担 34.1 兆円と，財務
　　省作成下図の社会保障への歳出 34.0 兆円の差額は恩給費等による．

出所：上の「社会保障の給付と負担の現状（2019 年度予算ベース）」は厚生労働省作成資料，
　　　下の「2019 年度，国の一般会計歳出歳入の構成」は財務省作成資料．

　このように社会保障に投入されている税の部分を通して，社会保障が後世代に負担を先送りしていることは確かです（図表50）．

　しかしそれは，公的年金保険の保険料部分が賦課方式で運営されているというような公的年金の財政方式の話とは全く関係がなく，公的年金で言えば，この制度への投入が義務づけられている国庫負担分の税財源を調達することができていないことが問題なんですね．

　この問題は，財務省も同じ観点からみていまして，彼らは，財政赤字の問題点として「政策の自由度の低下」，「世代間の不公平」を捉えています．その見方は正しいものです（図表51）．

図表51　財務省資料に見る「財政赤字の問題点としての世代間の不公平」

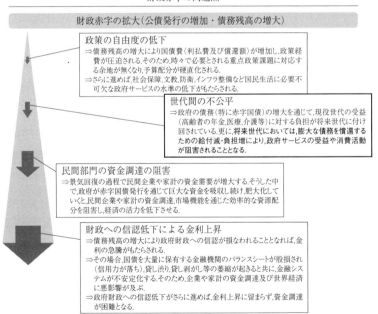

財政赤字の問題点

財政赤字の拡大（公債発行の増加・債務残高の増大）

政策の自由度の低下
⇒債務残高の増大により国債費（利払費及び償還額）が増加し，政策経費が圧迫される．そのため，時々で必要とされる重点政策課題に対応する余地が無くなり，予算配分が硬直化される．
⇒さらに進めば，社会保障，文教，防衛，インフラ整備など国民生活に必要不可欠な政府サービスの水準の低下がもたらされる．

世代間の不公平
⇒政府の債務（特に赤字国債）の増大を通じて，現役世代の受益（高齢者の年金，医療，介護等）に対する負担が将来世代に付け回されている．更に，将来世代においては，膨大な債務を償還するための給付減・負担増により，政府サービスの受益や消費活動が阻害されることとなる．

民間部門の資金調達の阻害
⇒景気回復の過程で民間企業や家計の資金需要が増大する．そうした中で，政府が赤字国債発行を通じて巨大な資金を吸収し続け，肥大化していくと，民間企業や家計の資金調達，市場機能を通じた効率的な資源配分を阻害し，経済の活力を低下させる．

財政への信認低下による金利上昇
⇒債務残高の増大により政府財政への信認が損なわれることとなれば，金利の急騰がもたらされる．
⇒その場合，国債を大量に保有する金融機関のバランスシートが毀損され（信用力が落ち），貸し渋り，貸し剥がし等の萎縮が起きると共に，金融システムが不安定化する．そのため，企業や家計の資金調達及び世界経済に悪影響が及ぶ．
⇒政府財政への信認低下がさらに進めば，金利上昇に留まらず，資金調達が困難となる．

出所：財務省広報室「財政をめぐる論点（平成27年）」21頁で，著者が世代間の不平等を囲む四角を強調．

　毎年度，国会での予算審議を通過した構造的な歳出増加要因としての社会保障給付費に投入している税財源が不足しているわけですから，まさに，社会保障を守り，国民の生活を守るために，財務省の中で税を取り扱う主税局ガンバレ！　という話なわけです．

　さて，こういう説明を経ますと，たとえば，高校の教科書にある「賦課方式は……保険料を支払う現在の世代の人口が減り，年金を受けとる高齢者の数が増えると，保険料負担と給付額にかかわる世代間格差と言う問題が生じる．……負担と受益にかかわる公平感が失われれば，年金制度を維持するのは難しい．巨額の財政赤字も，世代間格差の原因となる．……」は，正確さを欠く表現であるということも少しは分かってもらえるかと思います．後半の「財政赤字が世代間格差の原因」となり，それを問題視するのはその通りなのですが，この問題と前半の公的年金において給付負担倍率に観察される世代間格差を公平感が失われたものとみる論を同じように並べるのは間違っています．こうした誤解の背後には，積立方式にすれば「保険料を支払う現在の世代の人口が減り，年金を受けとる高齢者の数が増え」ても年金の財政は影響を受けないという，いわば神話を信じてしまっていると考えられるのですが，第 2 章の「Output is central」で説明したように，そんなことはありません．

第13章 社会保障規模の国際比較と 財政

日本の社会保障って，国際的にはどんな感じ？

　さて，11章で「日本の高齢者給付の割合が大きく見えたのは，理由は明白で，日本のGDPに対して社会保障そのものが小さかったことが大きく関係しています」と述べました．また，世の中では，日本はたくさんの借金を抱えているという話もあります．このふたつの話をつなげるためには，どのように考えればいいのでしょうか．

　日本の財政と社会保障の関係を理解するためには，まず，次の図表52をみてください．これは，図表7（17頁）を簡略化したものです．

図表52　再分配政策としての社会保障（図表7の簡略版）

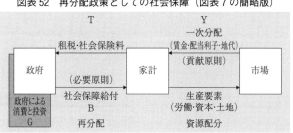

出所：Encarta Encyclopedia ©Microsoft Corporation All Rights Reserved. に一部加筆．
　　　なお，Encarta 中の上図は，著者作成．

　ここでは，市場が家計に所得を分配するところに Y（＝国内総生産（GDP）），家計が政府に税・社会保険料を収めるところに T，政府が家計に再分配としての社会保障を給付するところに B，そして政府支出から B を引いた「政府による消費と投資」のところに G を付しています．

　まず図表 53 で，OECD 諸国を対象として T ／ Y で表される GDP 比国民負担率[39]の比較をしてみましょう．

図表 53　GDP 比国民負担率の OECD 加盟 34 ヵ国の比較（2016 年）

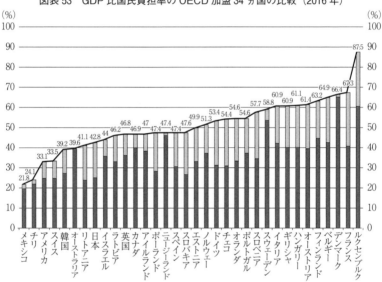

注：OECD 加盟国 36 カ国中，アイスランド，トルコを除く 34 カ国．
　　ニュージーランド，チリの国民負担率は 2015 年．
出所：Revenue Statistics（OECD）より作成．

39　国民負担率は伝統的に，租税社会保険料負担の国民所得（NI）比でとられ，今でも，過去のデータとの比較可能性が優先されて NI 比で表示される場合があります．ここでは，分母に国内総生産（GDP）をとっていますので，図表などでは GDP 比国民負担率と明示しています．

　日本は明らかに国民負担率が低いです．そうは言ってもアメリカ
も韓国も低い．しかしながら次の図表 54 を見れば，日本はかなり
無理をしていることが分かると思います．

図表 54　65 歳以上人口比率と国民負担率（2016 年）

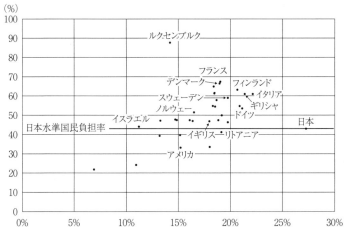

注：図表 53 に同じ.
出所：OECD. Stat, Revenue Statistics（OECD）より作成.

　国民負担率が低い国は，高齢化水準が極めて低いわけです．
　日本が特徴的なことは，バブル崩壊以降，高齢化が進んでも国民
負担率を増やすことができていなかったことです．
　そして，実はここが重要なところで，1989 年の人口動態統計で
は合計特殊出生率が 1.57 となり，「丙午（ひのえうま）」という特殊
要因により過去最低であった 1966 年の合計特殊出生率 1.58 を下回
ったことが判明し，90 年に「1.57 ショック」キャンペーンが始ま
りました．しかし，そこから先，次頁の図表 55 にみられるように
この国は国民負担率を全然上げられていないんですね．
　少子化問題にとって非常に残念だったことは，1.57 ショックと同

図表 55　高齢化と国民負担率の推移 (1965-2008)

出所：OECD. Stat より作成.

時にバブルが崩壊したことです．さてこれから少子化対策に国を挙
げて取り組むぞっと「1.57 ショック」キャンペーンが張られたまさ
にその瞬間から，まったく財源を得られなくなりました．これがこ
の国の人口問題に現在に至る深刻な影響を与えることになります.

　また，政府規模の国際比較で押さえておいてもらいたいことは，
図表 56 のように，基礎的なインフラが整備された後は，政府の規
模を大きくしていくのは社会保障になるということです.

　これは動かしがたい事実でして，結局，小さな政府なのか，大き
な政府なのかは，「貢献度」に基づいて市場が分配した所得を「必
要度」に応じて分配し直している度合いが小さいか，大きいか，家
計における人々への必要の充足を個々の家計の責任に強く求めるか
どうかで決まっているわけです．そして日本は，社会保障が小さい
だけではなく，少し信じられないかもしれませんが，社会保障以外

図表56　政府の規模と国の形のイメージ

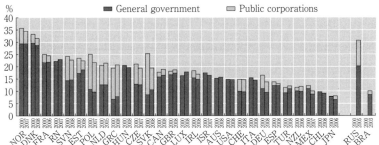

出所：権丈（2015 VI 巻）13 頁．

図表57　労働力人口に占める一般政府職員，公的企業職員の割合

注：一般政府（General government）は，中央，地方含む．公的企業（Public corporations）
　　は，主に政府により保有または統制されている法的主体であって，市場で料金と引き替え
　　に財・サービスを提供するもの．
出所：OECD, *Government at glance*, 2011, p. 103.

の政府支出も小さな国なわけです．

　こう言うと，「だって公務員が多くて，ムダ遣いしているという
話が多いじゃないか」という話になります．そこで，国際比較がで
きる形に OECD がまとめたデータを見れば，日本の「労働力人口
に占める公務員の割合」は，図表57 の一番右，すなわち最も少な
いことが分かります．このあたりのことを詳しく分析した本として，
前田健太郎東大准教授（当時）が 2014 年に上梓された『市民を雇

わない国家——日本が公務員の少ない国へと至った道』などがあります[40].

　初めから，日本の政府の規模は小さい，日本の公務員は少ない，そして日本の国民負担率は低い，ところが，どこをどう間違えたのか，日本人の常識はすべてが逆方向で刷り込まれているわけです．

　さて，ここまでで，次の図表 58 について考えてもらえるかと思います．

　北欧やフランスのような高福祉の国を実現するためには，高負担しなければなりません．そして，中福祉なら中負担，低福祉ならば低負担……図表 58 における「実行可能領域」の意味を理解してもらえるかと思います．では，日本の今は，どの位置にいるでしょうか？　つけ加えれば，図表 59 のように日本には GDP の 2 倍を超える政府債務残高，第 2 次世界大戦中よりも大きな債務残高があります．そのことをどのように考えればいいでしょうか？

　このあたり，Output is central だから何の問題もないじゃないかとか，国内で国債を消化しているんだから何の問題もないじゃないかというような気持ちでいたい……ですよね．そんところどういうふうに考えれば良いのかは，『ちょっと気になる医療と介護 増補版』の「第 15 章　無い袖を振り続けたらどんな未来がやってくるのか……」を，「是非とも」ご笑覧いただければと思います．

　このあたりを考える際には，代表的エージェント・モデルという虚構の前提から導かれる間違いへの理解が不可欠になります……なにを言っているかわからないですよね……でしたら『ちょっと気になる医療と介護　増補版』第 15 章へ GO ！

40　日本の公務員制度が抱える問題については，『ちょっと気になる医療と介護 増補版』「知識補給　不磨の大典「総定員法」の弊」などをご参照下さい．

図表 58　日本の財政ポジションはどこ？

出所：筆者作成.

図表 59　政府債務残高の名目 GDP 等に対する比率の推移

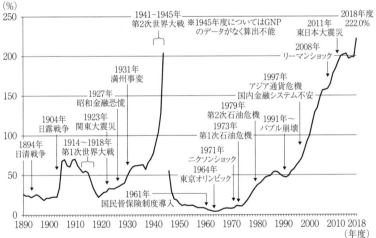

注 1：政府債務残高は，「国債及び借入金現在高」の年度末の値（「国債統計年報」等による）.
　　　2017 年度は年度末の見込み，2018 年度は予算ベースの計数．なお，1945 年は第 2 次世
　　　界大戦終結時により GNP のデータがなく算出不能.
注 2：GDP は，1929 年度までは「大川・高松・山本推計」における粗国民支出，1930 年度か
　　　ら 1954 年度までは名目 GNP，1955 年度以降は名目 GDP の値（1954 年度までは「日本
　　　長期統計総覧」，1955 年度以降は国民経済計算による）．ただし 2018 年度は内閣府「中
　　　長期試算」（平成 30 年 7 月 9 日）による.
出所：財務省.

将来の話は名目値では論じてはいけないという話

ここでひとつ，社会保障財政，国家財政を語る際のコツを紹介しておきたいと思います．

いま，次の文章があるとします．

> 近年のわが国の医療費は年 3 〜 4% の伸びを続けており，2013 年度（予算ベース）で 41.8 兆円に達している．……2025 年度には医療給付費が 54.0 兆円に達すると見込まれている．
>
> こうした医療を巡る変化は，介護保険にも影響を与えており，介護保険の費用は，制度創設 10 年あまりで 2.6 倍に膨らみ，2013 年度（予算ベース）に 9.4 兆円に達する……2025 年度には，介護給付費は 19.8 兆円に達すると見込まれており，制度横断的な改革が焦眉の急となっている．

なんだか日本の未来はものすごく大変そうですよね．でも，この文章の 2025 年の数値は，次の文章と同じ「社会保障に係る費用の将来推計について[41]」の中の数字を用いているものなんです．

> ここで年金財政と比較をすれば，年金給付費の対 GDP 比は 2012（平成 24）年度で 11.2%，2025（平成 37）年度で 9.9% とその比率が低下することが期待されているのに，医療給付費は 2012（平成 24）年度から 2025（平成 37）年度までの間に 7.3%（自己負担を含む総医療費では 8.5%）から 8.8%（同 10.1%）へと 1.5% ポイントの

41　2011（平成 23）年 6 月の「社会保障に係る費用の将来推計」をベースとし，新しい人口推計及び経済の見通しが示されたことを踏まえて，2012（平成 24）年 3 月に推計の改定が行われております．本論の数値は改定版のものです．
http://www.kantei.go.jp/jp/singi/kokuminkaigi/dai6/siryou4.pdf

増加が試算されており，同時期，介護給付費は 1.8%（自己負担を
含む総介護費では 1.9%）から 3.2%（同 3.5%）へと 1.5% ポイント
の増加が見込まれ，……
　　　　　　——『社会保障制度改革国民会議』報告書，23-24 頁.

　これらふたつの文章の印象が大きく異なっているのは，前者は数
値を名目値で語り，後者はその名目値を GDP で割った実質値で示
しているからです．これは将来のことを語る上で極めて重要なポイ
ントなので，しっかりと押さえておいて下さい.
　この問題を考えるためには，過去にあったウソのようなホントウ
の話を紹介するのがいいかと思います.
　はるか昔の話ですが，1994 年に出された医療費の 2025 年見通し
は 141 兆円でした．2000 年に 2025 年の医療費が何兆円になるかと
試算された時は 81 兆円で，2006 年になされた 2025 年医療費試算
では 65 兆円でした．こうした状況を受けて，医療費抑制機運を高
めようとする厚労省の陰謀だ！　と，みんなで盛り上がっていたわ
けです．みんなで厚労省を責め立てて，国会でも取り上げられてい
ました.
　そこでおそらく僕だけが，「そうじゃない」と話していました.
だって 1994 年に 2025 年の国民所得が試算されていて，その国民所
得で 2025 年の推計医療費 141 兆円を割ったら 12.5%．同じことを
2000 年の試算値でやると，2025 年の医療費の国民所得に占める割
合も 12.5% 程度，同様に 2006 年試算でも約 12.5% であるわけです
から.
　問うべきことは，なぜ医療費の国民所得比は，こうも安定してい
るのだろうか？　であったはずなんですね．そうした中，2006 年に

図表60　これまでの将来見通しにおける医療費の伸びと経済成長率

過去に行われた将来見通しにおける経済成長率の仮定と国民医療費の伸び率の関係をみると，いずれの将来見通しにおいても，概ね，経済成長率+2%程度となっている．

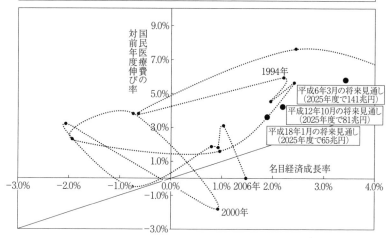

注：国民医療費は，2004年度までは実績．2005年度は医療機関メディアス，2006年度は医療
　　機関メディアスによる4〜9月伸び率．
　　経済成長率は，2004年度までは実績．2006年度は政府経済見通しによる実績見込み．
資料：「国民医療費」（厚生労働省大臣官房統計情報部），「国民経済計算」（内閣府）．
出所：第3回医療費の将来見通しに関する検討会における厚生労働省による配布資料
　　　http://www.mhlw.go.jp/shingi/2007/03/dl/s0322-11d.pdf

　「医療費の将来見通しに関する検討会」が立ち上げられました．誰かが僕の書いたものを読んだらしく，この検討会に，僕も呼ばれることになり，2006年12月に第1回目が開催されることになります．
　僕は，その検討会で，医療費は基本的には所得という支払能力が決めているのであって，高齢化のような医療ニーズが決めているわけではないと話していたのですが，誰も信用してくれませんでした．会議の1，2回目で僕が孤立していましたら，3回目に，僕が言っていることはこういう意味だろうと事務局が作ってくれたのが，名目経済成長率を横軸にとって縦軸に医療費の伸びをとった図表60

でした.

　つまり, 成長率が高かった時期には医療費の伸び率も高く, 成長
率が落ちてくると医療費の伸び率も落ちる. その時点その時点の成
長率と医療費の伸び率に基づいて将来見通しを立てるわけですから,
成長率が高い時点での医療費名目値での将来見通しは高く試算され
ます. しかし, 同時に試算された将来の名目国民所得で将来の名目
医療費を割ると, その値はどの時点でも安定しているんですね. し
たがって, 経済が比較的順調だった 1994 年の試算では 2025 年の医
療費が 141 兆円になり, 経済が停滞していた 2000 年の試算では
2025 年の医療費が 81 兆円, さらに数年前の試算では 54 兆円にな
るのは当たり前の話なんです.

　こうした背景もあり, 僕は, 医療費を始めとした将来の社会保障
給付費を名目値で示しては絶対にダメだと言い続けてきました. そ
の値のみを見せられた人は, 将来のことを不当に心配して足元の社
会保障抑制論を支持するようになりますから.

　年金もそうです. 日本の年金は, 2004 年の改革時に, 将来の保
険料水準を固定[42]することが決まりました. したがって今後, 年金
財政における財源の枠組みが固定されました. そして, この収入の
範囲内で年金の給付を行うことができるように, 給付が調整される
ことになっています (知識補給図表 3　日本の公的年金の財政天秤参照,
183 頁).

　この給付の調整手段が「マクロ経済スライド」です. この仕組み
が 2002 年に提案された頃は, 次のようなアイデアでした (法律の

42　2017 年 9 月以降は厚生年金の保険料率 18.3%, 国民年金の保険料 16,900 円 (2004
　年度価格) で固定. ただし, 被保険者期間の延長を図ったりすれば, 年金財政への
　収入は増加しますから, 拠出建てと言い切れないところがあります.

図表61　マクロ経済スライドの基本的考え方

・04年以前
　・(新規裁定の) 年金水準は賃金スライド (ẇ)
　・すでに年金を受給し始めている人たちの既裁定年金は物価スライド
・04年以降
　・(新規裁定の) 年金水準は総賃金スライド. これにより被保険者数減少を反映
　・余命の延びも反映
　・既裁定年金にもマクロ経済スライドを適用.

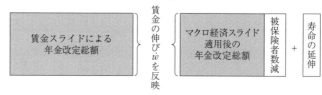

成立は 2004 年). 図表 61 をみてください.

　それまで, 年金受給年齢に達して新規に受け取りが開始される公的年金 (これを新規裁定年金と呼びます) の給付水準は, 現役世代の 1 人当たり賃金(ẇ)の伸びに比例的にスライドさせて引き上げられていました (これを賃金スライドと呼びます). しかしこの国では, 生産年齢人口の大幅な減少が目の前に迫っていましたから, 被保険者数の減少に対応できる制度の構築が急務となっていました. その時イタリアでは GDP の伸び率でスライドをするように改定していたことが分かり, それなら生産年齢人口の減少が反映される形になっているというヒントを得たようです. このことから, 1 人当たり賃金ではなく, 総賃金 (＝賃金×被保険者数) の伸びに比例的にスライドさせて新規裁定年金を上げることにしようとしたんですね. これだと, その後日本が長期的に経験することになる生産年齢人口の減少下にあっても財政均衡を保てる年金制度ができると考えられたんでしょう. ちなみに, 「マクロ経済スライド」というネーミングは, この段階の, 漠然と「GDP の伸び率のようなマクロ経済指

標に準じたスライド」を指して名付けられていました.

　こうした改革の方向性をいろいろと議論しているうちに，総賃金の延びに準拠したスライドでは，年金財政に大きな影響を与える余命の伸びを反映できないではないかと言う話が起こり，その余命の延び分も，マクロ経済スライドのなかに組み込んでいこうということになったわけです．現役被保険者の減少や余命の伸びという年金財政を支える力を弱めるものに対し，その分給付を調整して財政均衡をもたらそうという発想です.

　この時，余命の伸びによる年金財政への影響については，長期的な人口推計に基づいて，固定計数 0.3 を設定したのに対し，被保険者数の伸びについては，政策努力のおかげで，高齢者の就業率があがったりすれば，スライド調整率に反映していく仕組みを考えることにしました．そうした制度設計になっていたために，2004 年年金改革の時に想定されていた，スライド調整率 0.6 が，その後の高齢者の就業率が上がり被保険者数が増えていったために，いまは 0.3 とか 0.2 とかになっているわけです．高齢者の就業率をスライド調整率に反映させる判断については，少し高度な話になりますけど，次の居酒屋ねんきん談義をご参照ください.

オンラインへ GO !

居酒屋ねんきん談義　第 5 夜　令和元年財政検証の結果について

　このマクロ経済スライドの導入により，人口が減少して現役世代が縮小したり，寿命が延びたりすることに，公的年金制度の財政が自動的に対応できるようになったわけです.

　マクロ経済スライドと保険料水準固定方式の導入の結果，公的年

図表 62　年金，医療，介護給付費将来見通しの対 GDP 比

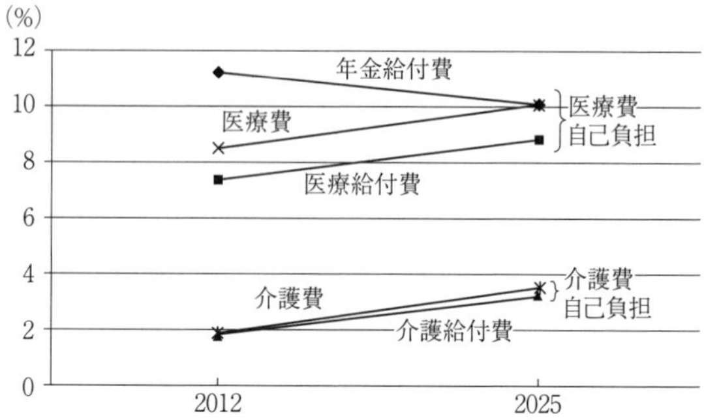

出所：厚労省「社会保障に係る費用の将来推計の改定について（平成 24 年 3 月）」より著者作成.

金の 2025 年の給付費は，GDP 比でみれば 9.9% で，その値は 2012 年度の 11.2% よりも下がることになりました．しかし，名目給付費は 2012 年度 53.8 兆円が 2025 年度 60.4 兆円と 12% 以上も伸びる試算結果になっているわけです．GDP 比でみるのと名目値で見るのでは，印象は随分と違うと思います.

　医療介護も同様で，2012 年度の医療給付費が 35.1 兆円から 2025 年度には 54.0 兆円，介護給付費は 8.4 兆円から 19.8 兆円と言えば大変なことに聞こえるのですが，その GDP 比は，図表 62 に示された姿となります.

　僕も，社会保障費の抑制を国民に大いに支持してもらおうと思うときには，名目値での議論をするだろうと思います．そうすると，普通の人は，わぁ，大変だぁ，なんとしても社会保障を抑制しなくてはっと思ってくれるからです．でも，この国では，世界一の高齢国家を突き進んでいるのに，GDP に占める社会保障給付費がなお低く，年金などは将来の方が給付の GDP 比が下がってしまい，このままでは多くの人にとって自立した尊厳のある人生を全うしても

らうのが，相当に難しくなるというのが，取り組まなければならない課題となっているわけです．将来の社会保障給付費の名目値で議論をしていると，道を誤ることになりかねません．

　と言っても，こういう話をいくらしても報道は改善されないんですよね．次のオンライン記事は，2018 年 5 月に，政府が「2040 年を見据えた社会保障の将来見通し（議論の素材）」を発表した後の誤報の続出を批判した文章です……疲れます(T_T)トホホッ

オンラインへGO！

社会保障への不勉強が生み出す「誤報」の正体──名目値でみても社会保障の将来はわからない『東洋経済オンライン』2018 年 7 月 25 日

医療費膨張の「誤報」はこうして生まれる──医療費を決めるのは高齢化ではなく政治的判断『東洋経済オンライン』2018 年 8 月 2 日

第14章 今進められている社会保障の改革とは？

大切なことは，愚説に惑わされて改革を先送りしないこと

　日本の社会保障にとって今必要なことは，愚説に惑わされて不必要に動揺し，本当にやらなければならない改革を先送りしないことです．この当たり前のことが日本では長い間おかしなことになっていました．それもそのはずで，今世紀に入ってから，日本の社会保障はこれ以上にないほどに政争の具にされてきたからです．はじめにでも言いましたが，政争の具にすると言うことは，今の制度が国民に憎悪の対象として受け止められるように政治的に仕立て上げられていくということで，その時代に生きていた国民の意識の中には，社会保障へのいくつもの誤解，そうした誤解に基づく制度への憎しみが深く刻まれていきました．そうした中でも，そのような政策論議の混乱に惑わされなかった人たちが長年準備して，そしていま進められようとしている改革があります．その改革とは，喫緊の課題である子育て支援では速やかに子育て費用の社会化を進めることであり，社会保障改革の本丸である医療と介護では提供体制の改革であり，準備された改革を待つ公的年金では何よりも防貧機能の強化，つまりは比較的厚い給付を行うことができる被用者年金（厚生年金）

をできる限り多くの人が利用できるようにする厚生年金の適用拡大と，将来の給付水準の底上げのためのマクロ経済スライドの仕組みの見直し，加えて被保険者期間の延長です．

子育て支援策

　子育て支援については，図表10（22頁）では，勤労期にある子供が老親を扶養する働きが，第3世代が勤労期となる第3期に家族から国民全体へと社会化されたものとして描かれています．そして今は自然の流れとして，子育て費用の社会化が進められるべき第4期に位置しています．そうした費用の社会化によって目指されていることは，保育施設の量の拡充と保育サービスの質の向上です．先に，少子化問題にとって残念だったことは，1.57ショックと同時にバブルが崩壊したことを述べました．さてこれから少子化対策に国を挙げて取り組むぞっと「1.57ショック」キャンペーンが張られたまさにその瞬間から，まったく財源を得られなくなったわけです．

　子育て支援政策の財源面での転機は，2008年12月24日に麻生内閣の下でなされた閣議決定，「中期プログラム」でした．「中期プログラム」では，「消費税を含む税制抜本改革を2011年度より実施できるよう，必要な法制上の措置をあらかじめ講じ，2010年代半ばまでに段階的に行って持続可能な財政構造を確立する」ことが明示されていました．そして消費税の使途については，「消費税収が充てられる社会保障の費用は，その他の予算とは厳密に区分経理し，予算・決算において消費税収と社会保障費用の対応関係を明示する．具体的には，消費税の全税収を確立・制度化した年金，医療及び介護の社会保障給付及び少子化対策の費用に充てることにより，消費税収はすべて国民に還元し，官の肥大化には使わない」とされてい

ました．この段階で，消費税の使途は，それまで高齢者向けの3経費（基礎年金，高齢者医療，介護——通称「高齢者3経費」）に限定されていたものを，子育て支援の分野にまで拡大され，少子化対策が社会保障の重要な柱として位置づけられていくことになったわけです．この閣議決定以降，消費税の使途としての「社会保障4経費」——年金，医療，介護，子育て——という言葉が定着していきます．

　その後，社会保障・税一体改革の一環として，2012年8月に成立した子ども・子育て関連3法（「子ども・子育て支援法」「認定こども園法一部改正法」児童福祉法等「関係法律整備法」）が，消費税の引き上げ財源をもとに2015年4月から新制度として実施されています．そうは言っても，新制度では，消費税財源を用いて実施する「0.7兆円の範囲で実施する事項」とこれ以外の財源も確保して実施する「0.3兆円の追加の恒久財源が確保された場合に1兆円超の範囲で実施する事項」を次頁の図表63のように整理していまして，後者の0.3兆円分の施策は留保されている状態にあります．

　つまり今のところ，足りないのは0.3兆円……1万円を積んで3キロメートルほどのお金ですね．2019年度の社会保障給付費は予算ベースで123.7兆円，つまりは1万円を積んで1,237キロメートルほどに達しているんだろう，何をみみっちいことを言っているんだ，少子化対策はドーンとやればいいんだよっと思われるかもしれないのですけど，財源確保というのは，これがなかなか大変なんですよ．現在，少子化対策が得ている消費税増税分からの0.7兆円を獲得するためにも，ものすごく多くの人たちが10数年前から汗水を流してこられたんです．押してもダメなら引いてみなっとか，発想を変えようとか，いわゆる「せいじしゅど〜」などといろん呪文

図表 63　子ども・子育て支援の「量的拡充」と「質の向上」項目（案）

○　消費税の引き上げにより確保する 0.7 兆円の範囲で実施する事項と 0.3 兆円超の追加の恒久財源が確保された場合に 1 兆円超の範囲で実施する事項の案.

	量的拡充	質の向上　※
所要額	0.4 兆円程度	0.3 兆円程度〜0.6 兆円超程度
主な内容	●認定こども園，幼稚園，保育所，地域型保育の量的拡充（待機児童解消加速化プランの推進等）	◎3 歳児の職員配置を改善（20：1→15：1） △1 歳児職員配置を改善（6：1→5：1） △4・5 歳児の職員配置を改善（30：1→25：1） ○私立幼稚園・保育所等・認定こども園の職員給与の改善（3%〜5%） ◎小規模保育の体制強化 ◎減価償却費，賃借料等への対応　など
	●地域子ども・子育て支援事業の量的拡充 （地域子育て支援拠点，一時預かり，放課後児童クラブ等）	○放課後児童クラブの充実 ○一時預かり事業の充実 ○利用者支援事業の推進　など
	●社会的養護の量的拡充	◎児童養護施設等の職員配置基準の改善 ○児童養護施設等での家庭的な養育環境の推進 ○民間児童養護施設の職員給与等の改善　など

量的拡充・質の向上　合計 0.7 兆円程度〜1 兆円超程度

※「質の向上」の事項のうち，◎は 0.7 兆円の範囲ですべて実施する事項．○は一部を実施する事項，△はその他の事項．

（参考イメージ図）

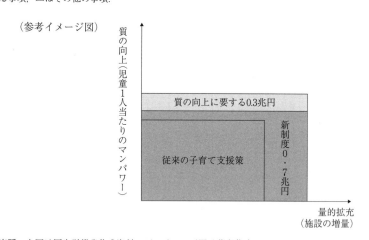

出所：上図は厚生労働省作成資料，下のイメージ図は著者作成.

を唱えてみても，財源というのは出てくるものではありません．財源調達というのは，ギリシア神話に出てくるシーシュポスの岩にも近い世界，まあうまくいっても「さぁんぽ進んでにほ下がるぅ♪」ようなしんどい世界なんです．と言いましても，僕は見ていてそう思うだけなんですけどね（笑）．でも，あと 0.3 兆円があれば，図表63 にみるように，1 歳児の職員配置を 6 対 1 という児童 6 人に対して職員 1 人から 5 対 1 に改善できたり，4・5 歳児の職員配置を 30 対 1 から 25 対 1 に改善できたりするわけです．どのようにして安定財源の確保をはかり，子育て支援策を充実させることができるのか，みなさんも一緒に考えてもらえれば，ほんとうに有り難いです．

医療介護の一体改革

医療介護は，何よりも 2025 年問題に向けた医療介護の一体改革が重要です．これまでは，医療と介護は，別々の世界のものとして取り扱われてきました．しかしこれからは，両者の境界もなく，一緒に取り扱っていかなければなりません．それが，医療介護の一体改革の意味です．なぜ，そういう展開になったのかについては後に説明するとして，今進められている改革の目標年が 2025 年になっているのは，1947 年から 1949 年に生まれた第 1 次ベビーブーム世代，いわゆる団塊の世代が 75 歳という後期高齢期に達し終える年だからです．後期高齢期，すなわち 75 歳以上になると医療介護のニーズが急増し，しかも，第 1 次ベビーブーム世代が後期高齢者になるあたり以降は，この国の医療介護ニーズの絶対量は安定的に推移するため，まずは 2025 年を目途として，医療介護の提供体制の整備を図っていこうということです．次の図表 64 には，65-74 歳層の前期高齢者と，75 歳以上の後期高齢者の推移を描いています．

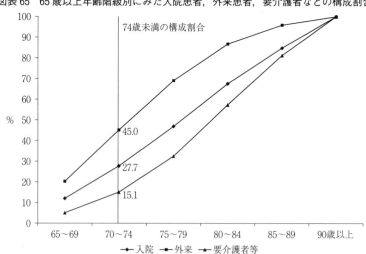

図表 64　後期高齢者と前期高齢者の推移

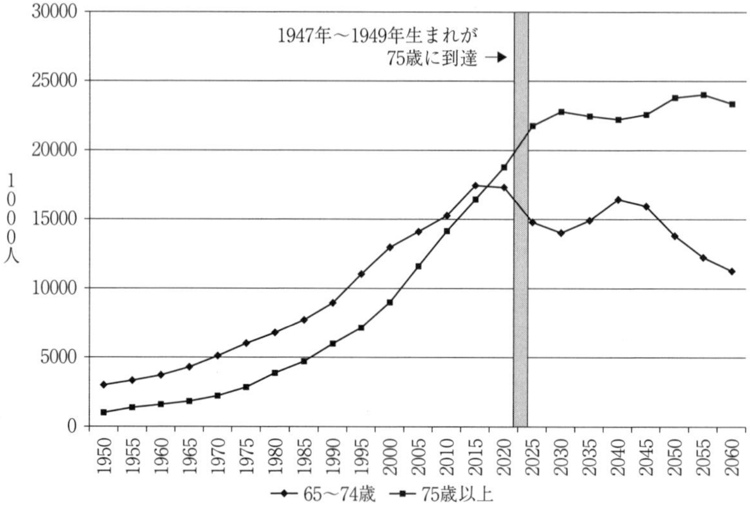

30000
25000
20000
15000
10000
5000
0
1000人
1947年～1949年生まれが
75歳に到達 →
1950
1955
1960
1965
1970
1975
1980
1985
1990
1995
2000
2005
2010
2015
2020
2025
2030
2035
2040
2045
2050
2055
2060
65～74歳
75歳以上

出所：『国勢調査』各年版，将来推計人口より作成.

図表 65　65 歳以上年齢階級別にみた入院患者，外来患者，要介護者などの構成割合

100
90
80
70
60
50
40
30
20
10
0
%
74歳未満の構成割合
45.0
27.7
15.1
65～69
70～74
75～79
80～84
85～89
90歳以上
入院
外来
要介護者等

出所：『平成 22 年国民生活基礎調査』，『平成 23 年患者調査』より作成.

75 歳以上の人口が 2025 年あたりから高原常態に入ることがうかがえます．また，なぜ医療介護政策の焦点を 75 歳以上に当てるのかを示しているのが図表 65 です．75 歳を超えると要介護者，外来，入院のすべてで利用者が急に増えている様子を見ることができます．

　先に，社会保障改革の本丸としての医療介護改革と書きました．それは，次のように，目下進められている社会保障改革の青写真が描かれた社会保障制度改革国民会議の報告書からもわかります．政策について細かい具体的指針が記載されている各論の総頁数の 56% を，「医療・介護分野の改革」が占めています（図表 66）．

ジャンプ 知識補給・社会保障に関するふたつの国民会議とは？　214 頁へ

図表 66　社会保障制度改革国民会議最終報告書目次

・2013年8月6日総理に手交
・総53頁
　・国民へのメッセージ　　　　　2頁
　・社会保障制度改革の全体像　14頁
　・各論　　　　　　　　　　　32頁
　　・少子化対策分野の改革　　6頁（19%）
　　・医療・介護分野の改革　18頁（56%）
　　・年金分野の改革　　　　8頁（25%）
『社会保障制度改革国民会議報告書 ～確かな社会保障を将来世代に
　伝えるための道筋』
出所：著者作成.

　今進められている医療介護の改革の意味を理解してもらう上で，是非とも覚えておいてもらいたい言葉があります．それは，「地域で治し，支える地域完結型医療」という，目下進行中の改革の青写真を示す言葉です．国民会議の報告書では，「医療・介護分野の改革」の冒頭は，次のような書き出しで始まっています――ここで，んっ？　どうして政府の報告書の文章が，この本でながながと紹介されているの？　政府の報告書って，よく言われる「大本営発表」

というやつで，信用できないんじゃないの？　っと思われる人もい
るかもしれませんね．でも，ここは我慢して読み進めていただけれ
ばありがたいです．次の文章，実は僕が書いているんです．そして
僕は結構わがままな性格でして，もし，政府が情報をごまかそうと
しても（いや，そんなことは一度もないんですけど），言うこときかない
ことはみんな知ってます．つまり，次の文章は僕の納得済みの文章
になっています[43]．

　　社会システムには慣性の力が働く．日本の医療システムも例外で
　はなく，四半世紀以上も改革が求められているにもかかわらず，20
　世紀半ば過ぎに完成した医療システムが，日本ではなお支配的なま
　まである．

　　日本が直面している急速な高齢化の進展は，疾病構造の変化を通
　じて，必要とされる医療の内容に変化をもたらしてきた．平均寿命

---

[43] たとえば，次の文章なんかは，お役人が書くわけがないですよね（『国民会議報
　　告書』24頁より）．

　　まず，日本のように民間が主体となって医療・介護サービスを担っている国で
　は，提供体制の改革は，提供者と政策当局との信頼関係こそが基礎になるべきで
　ある．日本の提供体制への診療報酬・介護報酬による誘導は，確かにこれまで効
　き過ぎるとも言えるほどに効いてきた面があり，政策当局は，過去，そうした手
　段に頼って政策の方向を大きく転換することもあった．だが，そのような転換は，
　医療・介護サービスを経営する側からは梯子を外されるにも似た経験にも見え，
　経営上の不確実性として記憶に刻まれることになる．それは，政策変更リスクに
　備えて，いわゆる看護配置基準7対1を満たす急性期病院の位置を確保しておい
　た方が安全，内部留保を十二分に抱えておかなければ不安，など過度に危険回避
　的な行動につながり，現在の提供体制の形を歪めている一因ともなっている．政
　策当局は，提供者たちとの信頼関係を再構築させるためにも，病床区分を始めと
　する医療機関の体系を法的に定め直し，それぞれの区分の中で相応の努力をすれ
　ば円滑な運営ができるという見通しを明らかにすることが必要であろう．さらに，
　これまで長く求められてきた要望に応え，「地域完結型」の医療に見合った診療
　報酬・介護報酬に向け体系的に見直すことなどに，速やかに，そして真摯に取り
　組むべき時機が既にきていることを認識するべきである．

60 歳代の社会で，主に青壮年期の患者を対象とした医療は，救命・
延命，治癒，社会復帰を前提とした「病院完結型」の医療であった．
しかしながら，平均寿命が男性でも 80 歳近くとなり，女性では 86
歳を超えている社会では，慢性疾患による受療が多い，複数の疾病
を抱えるなどの特徴を持つ老齢期の患者が中心となる．そうした時
代の医療は，病気と共存しながら QOL（Quality of Life）の維持・
向上を目指す医療となる．すなわち，医療はかつての「病院完結
型」から，患者の住み慣れた地域や自宅での生活のための医療，地
域全体で治し，支える「地域完結型」の医療，実のところ医療と介
護，さらには住まいや自立した生活の支援までもが切れ目なくつな
がる医療に変わらざるを得ない．ところが，日本は，今や世界一の
高齢国家であるにもかかわらず，医療システムはそうした姿に変わ
っていない．

　1970 年代，1980 年代を迎えた欧州のいくつかの国では，主たる
患者が高齢者になってもなお医療が「病院完結型」であったことか
ら，医療ニーズと提供体制の間に大きなミスマッチのあることが認
識されていた．そしてその後，病院病床数を削減する方向に向かい，
医療と介護が QOL の維持改善という同じ目標を掲げた医療福祉シ
ステムの構築に進んでいった（『国民会議報告書』21 頁）．

　ちょっと難しかったかもしれませんね．この文章の意味を理解し
てもらうために，少し遠回りをしてみましょうか．

　近代看護教育の母ナイチンゲールが，教科書として広く使用され
た『看護覚書』改訂版を書いたのは 1860 年でした．そしてその本
には，病気とは回復の過程であると記されていました．つまり当時
は，病気というのは基本的に治るものだと考えられていて，看護も
医療も，病気を治すためのもの，特に医療というのは急性期の患者

を治すためのものだと位置づけられていたわけです．そして医療を
患者に提供する医療システムとしては，人が病を患い，病院に入院
して，医療を受けて，完治して社会復帰することを当たり前とみな
した「病院完結型」のシステムが追求され，その完成を目指して，
次第に整備されていきました．

　そして医学における人類の努力は，20世紀に入ると，そうとう
報われることになります．医療の技術がどんどんと進んで，治癒で
きる病はかなり克服されるようになりました．そうなると，急性期
の患者のために整備され完成されていった「病院完結型」の病院に，
複数の病気を抱え，そのうち完治するのが難しい慢性疾患も抱えた
高齢者が大勢入院するようになっていきます．そうした慢性疾患の
患者にとって，急性期の患者に適した医療システムであった「病院
完結型医療」が，はたして本当に望ましいことなのだろうかという
疑問がでてくることになりました．慢性疾患の患者には，「病院完
結型医療」よりもふさわしい医療システムがあるのではないだろう
かと．

　こうした問題意識を，多くの国が抱きました．次の図表67は，
僕が2001年に出した本からのもので，代表的な先進国における人
口1000人当たりの病院病床数の推移を示しています．

　この図に関して，当時，僕は次のように説明していました．

　　スウェーデン，イギリスは，図表の病院病床数の推移から知るこ
　とができるように，1980年代に入ると医療の範囲を全面的に見直
　して，病院病床数を急激に減少させている．そして〈医療部門〉を
　〈介護部門〉に転換することに成功しながら，医療費の抑制をはか
　っていった．これとは対照的に，1980年代の日本では病床数の増

図表67　人口千人当たりの病院病床数（G7とデンマーク，スウェーデン）

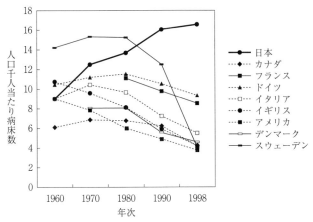

資料：OECD（2001），*Health Data* より著者作成．
注：病院病床数：*Health Data* 2001 における．Tot in-patient care beds-/1000 population.
出所：権丈（2005［初版 2001］Ⅰ巻）219 頁．

加を許してしまい，〈医療部門〉の拡張，つまり病院での入院患者
数の増加が一層進んだ．

　つまりですね，図表67の中の日本を除く国々では，高齢化の進
展と共に増えてきた慢性疾患の患者には，急性期の患者を前提とし
て構築された「病院完結型医療」よりもふさわしい医療システムが
あることを求めて医療の範囲の見直しが進み，地域における医療・
介護資源を総動員して慢性疾患の患者を治し，支える「地域完結
型」の医療に姿を変えていったわけです．ところが，日本ではそう
した変化がなかなか進まず，「20 世紀半ば過ぎに完成した医療シス
テムが，日本ではなお支配的なまま」（『国民会議報告書』報告書 21
頁）になっていました．それはなぜ？
　そのあたりは，社会保障制度改革国民会議報告書の中の「医療問

題の日本的特徴」というところに書いてあります.

> 日本の医療政策の難しさは，これが西欧や北欧のように国立や自治体立の病院等（公的所有）が中心であるのとは異なり，医師が医療法人を設立し，病院等を民間資本で経営するという形（私的所有）で整備されてきた歴史的経緯から生まれている．公的セクターが相手であれば，政府が強制力をもって改革ができ，現に欧州のいくつかの国では医療ニーズの変化に伴う改革をそうして実現してきた．医療提供体制について，実のところ日本ほど規制緩和された市場依存型の先進国はなく，日本の場合，国や自治体などの公立の医療施設は全体のわずか 14%，病床で 22% しかない．ゆえに他国のように病院などが公的所有であれば体系的にできることが，日本ではなかなかできなかったのである（『国民会議報告書』22 頁）.

　西欧や北欧では，病院は国や自治体や宗教団体のような公的なところが主導して整備が進められました．日本でも戦後の占領期初期には，病院は公的な形で整備すべきということが GHQ の方から言われていました．しかしながら，日本は戦後の窮乏期にあって国民はみんな貧しかったために，税収も極めて少ない状態にありました．それでも医療制度を整備しなければならなかったのですけど，国も自治体もそんな余裕はありませんでした．そこで民間にお願いして，民間に協力してもらいながら提供体制の整備を進めていくことになりました．民間が診療所から始めて，近隣の病院と競争しながら規模を拡大して病院になっていく．そういう制度でしたから，民間の活力が活かされ，民間であるがゆえにほかの国よりも低い医療費ですむようになり，世界的にも高く評価される医療システムを築くこ

とができました．でも，提供体制の主体が民間であったために，医療提供体制の整備に「計画化」というものを導入することは実に難しい状況が生まれてしまったわけです．

　いま，医療提供体制の改革が進められているのは，「高齢化の進展により更に変化する医療ニーズと医療提供体制のミスマッチを解消する」（『国民会議報告書』23 頁）ためです．そうした改革が進められるのと同時進行で，「医療」という言葉そのものの意味も，かつてのような「救命・延命，治癒，社会復帰を前提」（『国民会議報告書』21 頁）としたものから，「病気と共存しながら QOL（Quality of Life）の維持・向上を目指す医療」『国民会議報告書』（21 頁）へと変えざるを得ない状況になってきました．そして，医療を QOL の維持・向上とみなすとなると，医療と介護の境目はなくなり，

図表 68　今進められている医療改革

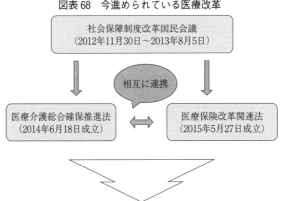

患者の視点に立って，どの地域の患者も，その状態像に即した
適切な医療を適切な場所で受けられることを目指す改革

注：「患者の視点に立って……」は，「医療・介護情報の活用による
　　改革の推進に関する専門調査会 第 1 次報告」（2015 年 6 月 15
　　日）より引用．
出所：著者作成．

「医療と介護が QOL の維持改善という同じ目標を掲げた医療福祉
システムの構築」（『国民会議報告書』21 頁）が今の時代に要請され
ることになっていくんですね．これが目下この国で進められている，
医療介護の一体改革の意味になるわけです．この医療介護の一体改
革を実行するために，いま，前頁の図表 68 に描いているように，
医療法の改正（2014 年 6 月）や医療保険法の改正（2015 年 5 月）が
行われています．これらの法律により，提供体制改革の要である
「地域医療構想」が動き出すことになります．

オンラインへ GO！
日本の医療は高齢者向きでないという事実――「提供体制の改革」
を知っていますか？『東洋経済オンライン』2018 年 4 月 21 日

ジャンプ 地域医療構想，医師偏在対策，医師の働き方改革
を含めた三位一体の改革　276 頁へ

　それでは，具体的にどのような方法で改革が進められているので
しょうか．その特徴は，次の言葉に示されていると思います．

　　医療政策に対して国の力がさほど強くない日本の状況に鑑み，デー
　　タの可視化を通じた客観的データに基づく政策，つまりは，医療消
　　費の格差を招来する市場の力でもなく，提供体制側の創意工夫を阻
　　害するおそれがある政府の力でもないものとして，データによる制
　　御機構をもって医療ニーズと提供体制のマッチングを図るシステム
　　の確立を要請する声が上がっていることにも留意せねばならない
　　（『国民会議報告書』23 頁）．

　「データによる制御機構」は，自治医科大学学長の永井良三先生

が社会保障制度改革国民会議で2度ほど発言された言葉に基づいています．次は2013年6月10日の発言です．

　　○永井委員　アメリカは医療を市場原理で制御しています．ヨーロッパの場合には日本よりも社会主義的な体制をとっていると思います．日本はその中間にありますから，非常に制御が難しい．自助，公助，共助，その組み合わせでという点はよいのですけれども，誰がどう制御するかというシステムがないところが問題です．この会議での議論も短期的にどうするかという話は出ていますけれども，長期的に自律的な制御システムをどう作るかということはどなたからも御意見を伺っていないように思います．私のプレゼンのときにもお話ししましたが，日本は市場原理でもなく，国の力がそれほど強いわけではないですから，データに基づく制御ということが必要になると思います．

　目下，2025年をめざして，データによる制御機構をもって医療ニーズと提供体制のマッチングを図りながら，病院完結型医療から地域で治し，支える地域完結型医療への医療提供体制の再編が進められているわけです．こうした改革を成功させるためにも，いま，医療介護の一体改革について，どのようなことがどのような理由に基づいて行われているのかに関するみなさんの正確な理解と，そうした正確な理解に基づく協力が必要になっているとも言えます．

　もし余力のある人たちがいましたら，次のような文章が書いてある，社会保障制度改革国民会議の報告書を，是非とも実際に目をとおしてもらえればと思います．「地域包括ケア」──この言葉は，今の医療介護の一体改革の最重要キーワードであります．

医療と介護の連携と地域包括ケアシステムという
ネットワークの構築

　「医療から介護へ」，「病院・施設から地域・在宅へ」という流れ
を本気で進めようとすれば，医療の見直しと介護の見直しは，文字
どおり一体となって行わなければならない．高度急性期から在宅介
護までの一連の流れにおいて，川上に位置する病床の機能分化とい
う政策の展開は，退院患者の受入れ体制の整備という川下の政策と
同時に行われるべきものであり，また，川下に位置する在宅ケアの
普及という政策の展開は，急性増悪時に必須となる短期的な入院病
床の確保という川上の政策と同時に行われるべきものである．

　今後，認知症高齢者の数が増大するとともに，高齢の単身世帯や
夫婦のみ世帯が増加していくことをも踏まえれば，地域で暮らして
いくために必要な様々な生活支援サービスや住まいが，家族介護者
を支援しつつ，本人の意向と生活実態に合わせて切れ目なく継続的
に提供されることも必要であり，地域ごとの医療・介護・予防・生
活支援・住まいの継続的で包括的なネットワーク，すなわち地域包
括ケアシステムづくりを推進していくことも求められている（『国
民会議報告書』28 頁）．

　さらに付け加えておきますと，2013 年の社会保障制度改革国民
会議の報告書において，フリーアクセスという言葉の意味も次のよ
うに定義されることになりました．

　　これまで，ともすれば「いつでも，好きなところで」と極めて広
　く解釈されることもあったフリーアクセスを，今や疲弊おびただし
　い医療現場を守るためにも「必要な時に必要な医療にアクセスでき

る」という意味に理解していく必要がある．そして，この意味での
フリーアクセスを守るためには，緩やかなゲートキーパー機能を備
えた「かかりつけ医」の普及は必須であり，そのためには，まず医
療を利用するすべての国民の協力と，「望ましい医療」に対する国
民の意識の変化が必要となる（『国民会議報告書』24 頁）.

　地域包括ケアの構築は，今ではこの国で最重要な国策であるとも
言われています．みなさんも，安心して暮らせる日本作り，安心し
て老いることのできる地域作りに，どんな形であれ積極的にかかわ
ってくれましたら有り難く思います．また，医療介護の一体改革に
ついて少し詳しく勉強したい人がいましたら，『ちょっと気になる
医療と介護 増補版』や『医療介護の一体改革と財政——再分配政
策の政治経済学Ⅵ』をご笑覧いただければと思います．

ジャンプ/// 知識補給・守るべき国民医療とは何か　243 頁へ

年金改革

　公的年金については，まずは，その役割と政策展開の現状を正確
に理解してもらうことが大切です．「年金がこのままではボロボロ
になって，年を取ってももらえなくなるという語りかけは，非常に
政権交代に貢献してくれた」．これは，2013 年 4 月 7 日，新聞にあ
った鳩山由紀夫元首相の言葉です．年金を政争の具とした政治家た
ちによるこの種の発言はいくつもあります．「（現行制度は）間違い
なく破綻して，5 年以内にまた替えなければならない」（枝野幸男元
官房長官，2004 年 4 月），「国民年金制度は壊れている」（岡田克也元
副総理，05 年 4 月）.

　岡田さんは，この発言から7年ほど経った2012年5月には，当時の社会保障・税一体改革担当相として国会で「年金制度破綻というのは私もそれに近いことをかつて申し上げたことがあり，それは大変申し訳ない」と詫びていますが，そんなこと，彼が「国民年金は壊れている」と堂々と言っていた頃に普通の人が分かるはずがありませんよね．同じ頃，民主党の野田総理は，「現行制度が破綻している，あるいは将来破綻するということはない」（2012年4月）と国会で答弁しています．この10年，年金まわりの政治は無茶苦茶でした．そして当時，つまり政争の具としての年金への不信が広まっていた時，そのムードにのって政治家達と一緒になって年金不信を煽っては抜本改革を売り歩いていた研究者たちの話しも疑ってかかってもらう必要もあるかと思います．

　その上で，いま，公的年金に必要な改革の話をしますと，それは，公的年金の「防貧機能」の強化——それはなによりも，将来の給付水準の底上げです，つまり今の若い人たち，僕が授業をしている大学生の世代の人たちが年をとったときに受けとる年金の給付水準の引上げです．なんとしても，彼らが貧困に陥ることなく自立した生活を全うできる人生を準備しておかなければなりません．そのための将来の給付水準の底上げには，2014年6月に行われた財政検証で示された，次の3つのオプション試算がその方向性を示しています．

　・オプションⅠ　　　マクロ経済スライドの仕組みの見直し
　・オプションⅡ　　　被用者保険の更なる適用拡大
　・オプションⅢ　　　保険料拠出期間と受給開始年齢の選択制

ジャンプ*14* 知識補給・受給開始年齢から受給開始時期へ　286頁へ

　端的に言えば，オプションⅠの「マクロ経済スライドの仕組みの見直し」とは，先に説明したマクロ経済スライドをデフレ下でもフル適用すること．オプションⅡの「被用者保険の更なる適用拡大」は，第1号被保険者にいる4割弱の被用者を厚生年金にも適用することです．この適用拡大は，2004年，2007年に試みられましたが，厚生年金の保険料負担が増える事業主たちに阻まれました．そして2012年に適用拡大がなされたことになってはいますが，事業主たちにより適用拡大の規模はきわめて僅かに狭められました．今の若い人たちが，厚生年金が適用されない非正規雇用の労働者として生きていき，退職後，将来の大勢の高齢者が貧困に陥ることを防ぐために，なんとしても今のうちに解決しなければなりません．ここは是非ともみなさんの理解——特に，どのような人たちがどのような理由で反対しているのかの理解——と民主主義という政治過程におけるみなさんの協力がほしいところです．そして厚生年金の適用拡大は，基礎年金全体の給付水準の引上げにも寄与することが，2014年（平成26年）の財政検証で明らかにされました．その理由は，厚生年金の適用拡大が進むと，数が減った第1号被保険者1人当たりの国民年金積立金が増え，その給付額に応じた国庫負担が同額投入されるからです．それに伴い，基礎年金全体の給付水準が高まることになります．オプションⅢの「保険料拠出期間と受給開始年齢の選択制」は，なによりも被保険者期間を40年から45年に伸ばさなければなりません．これにより将来の年金給付の水準を45年／40年，約1割高めることができます．第2，第3の年金改革の進捗状況と改革の壁についての詳細は僕の『年金，民主主義，経済学』

（2015）を参考にして下さい．また公的年金の財政検証そのものと，平成 26 年，令和元年に行われた財政検証の意味については次の知識補給をみておいてください．

ジャンプ🏃 知識補給・公的年金の財政検証，そして
平成 26 年，令和元年財政検証の意味　216 頁へ

ジャンプ🏃 知識補給・バカ発見器？のひとつ──スプレッドへの理解
への V3 での加筆　227 頁へ

　ここでは，平成 28 年年金改革で焦点となったオプション I の年金改革，マクロ経済スライドをフル適用することについて説明しておきます．

　マクロ経済スライドは，2004 年の改革時に，年金額の名目額の引下げが起こらないように，デフレ下では効かさないという適用除外規定を設けていました．当時は，デフレがここまで長期化するとは予想していなかったのだと思いますし，なによりも政治家にとっては，「マクロ経済スライドが適用されても，あなたが受けとる年金の受け取り額は減りませんよ」っと言える制度が魅力的だったのかもしれません．しかしながら，実際にはデフレが長期化してしまい，公的年金財政のバランスをとるために予定していたマクロ経済スライドの適用ができなかったわけです．このとばっちりを受けるのは，残念ながら将来の年金受給者になります．というのも，日本の公的年金は保険料水準固定方式をとっているために，今の年金受給者の給付水準が予定よりも高くなれば将来の受給者の給付水準が予定よりも低くなるという世代間のトレード・オフの関係にあるからです．その関係を描いたのが，図表 69 です．

　マクロ経済スライドによる調整を早く開始すれば，今の若者たちの将来の年金給付水準は確実に高まります．今の若い人たちのため

図表 69　早めのマクロ経済スライド適用は孫，ひ孫のため

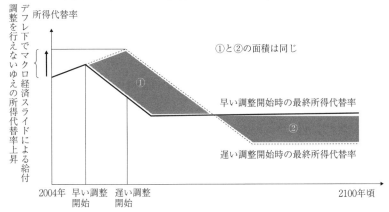

出所：権丈（2015 VII 巻）145 頁.

に，ここは今の年金受給者たちにご理解とご協力をお願いしたいところです．これはもう「今の年金受給者のみなさん，みなさんの孫，ひ孫さんのためにご協力ください」という話なんですね．マクロ経済スライドによる調整で浮いたお金が，政治家や官僚の懐に入るとか，政治家や官僚のムダ使いが年金財政を苦しくしているというような話ではないんですね．

ジャンプ💡 知識補給・現在の高齢者から将来の高齢者への
仕送りを進めよう　246 頁へ

　まさに今，行うべきと考えられている改革は，今の若い人たちが，将来，高齢者になった時に貧困に陥ることを防ぐために行われるものでありまして，年金改革というのは，何年も先を見越した植樹のような意識をもって取り組んでおく必要があるということはみんなで共有しておいてもらわなければなりません．そこに，5 年に 1 度，100 年先を見越した「財政検証」の存在意義が生まれるとも言えます．しかしながら，問題が実際に顕在化しない段階から将来のため

に改革を着実に進めていくというのは，民主主義の中ではきわめて難しいことは言うまでもありません．だけど，その難しさの中で，将来のために打つべき手を打っておかなければならないのが，防貧機能をはたす公的年金という長期保険の改革なのです．現在，年金運営にかかわる人たちは，今の若者，すなわち将来の年金受給者たちの給付水準を底上げするために，懸命に努力をしているわけです．年金問題の本質を理解できない人たちには，将来世代のために今なすべきことに懸命に取り組んでいる人たちの足をひっぱってもらいたくないところです．

　そして今の年金受給者たちが，図表69を理解した上で，それでもマクロ経済スライドのフル適用に反対するというのでしたら，僕としても，世の中，所詮そんなもんかっと諦めはつきます．だけど，マクロ経済スライドの適用で浮いたお金が政治家や官僚の懐に入ると誤解して，退職者の団体などがマクロ経済スライドのフル適用に反対されているのであれば，年金改革が進まないことへの諦めがどうしてもつかないんですよね．だからこういう本を書いたりしているわけですけど……．安い労働力を雇い続けたいために適用拡大に断固反対する経済界とは，みなさんは違うと思うんですよ．経済界には力でいくしかないのでしょうけど，年金受給者のみなさんは，年金制度について正確な理解をして頂ければ，みなさんの孫，ひ孫さん達のために協力してくれると思うんです．甘いですかねぇ．

ジャンプ 知識補給・適用拡大という成長戦略　291頁へ

ジャンプ 知識補給・適用拡大をめぐる社会保険の政治経済学　296頁へ

ジャンプ 知識補給・世の中まんざら捨てたもんじゃないことを教えてくれる退職者団体　303頁へ

おわりに

　2012 年 11 月に民主党政権下で立ち上げられた『社会保障制度改革国民会議』が，自公政権下の 2013 年 8 月に報告書をまとめました．その報告書には，次のような文章があります．

　「世代間の損得論」と高齢者向け給付の持つ「現役世代のメリット」
　　年金制度や高齢者医療制度，介護保険制度を念頭に，「世代間の不公平」を指摘する意見がある．すなわち，「親の世代は，少ない負担で多額の給付がもらえたが，若い世代は負担に比べてもらえる給付が少ない」という世代間の損得論の主張である．
　　しかし，年金制度や高齢者医療制度，介護保険制度は，子どもが老親を扶養するという私的扶養を社会化したものであることに十分留意が必要である．例えば，年金制度が十分に成熟する以前の世代は，親の私的扶養もしながら，自らの保険料を納めてきたのであり，公的年金の給付と負担だけをみて損得論を議論するのは不適切である．また，介護保険制度の創設により，家計における税・保険料の負担は増加したが，一方で介護サービスが大幅に増加し，その結果，主に女性が担っていた家族内での介護負担は軽減している．
　　このように年金制度を始めとする社会保障は，単に高齢世代のメリットとなっているだけではなく，高齢世代の生活保障を社会的な仕組みとして行うことによって，その子や孫の負うべき負担を軽減し，現役世代のメリットにもなっていることを考慮する必要がある．

　なお，公的年金制度が遺族年金や障害年金など若い世代にも起こり得る所得喪失のリスクに対応していること，事後的な社会経済変動にも対応できる仕組みであること，寿命の不確実性をカバーする終身保障であることなど，様々なリスク・ヘッジ機能を有していることも忘れてはならない．

　このようなことに留意しつつ，他方，世代間の不公平論が広まる土壌があることにも目配りが必要である．負担の先送りの解消はもとより，教育現場等を含め，社会保障の意義や若い人々にとってのメリットを正しく理解してもらえるよう努力することや，若い人々の納得感が得られる全世代型の社会保障への転換を目に見える形で推進することが重要である．なお，個々の制度の問題ではなく，こうした世代間の不公平論が広まる土壌として，若年層の雇用環境が極めて厳しい現状にあることにも留意が必要である．

　また，高齢世代にも，社会保障が世代間の連帯・助け合いの制度であることを理解してもらい，社会保障を持続可能なものとしていく努力を求める必要がある．

　ここに書かれていることは，僕にとっては普通の，そして当然のことが書かれているように見えます．だけど，えっ，なにっ？　テレビや週刊誌で言われている話とぜんぜん違うんじゃないのかな．これぞ，よく売れている年金の本なんかに書かれている「大本営発表」というものじゃないのかぁという感想を持たれるかもしれませんね．「大本営発表」というような言葉を使う学者って，あんまり，いや全くかな，信用しない方がいいと思いますよ．でもまぁ，そういうこともあろうかと思いまして，僕は，先ほどの『社会保障制度改革国民会議報告書』が議論された日に，会議の場で次のような発言をしています．

第19回社会保障制度改革国民会議 2013年8月2日の発言

世代間の公平論に関して，各論の「年金分野の改革」の7ページの
ところで，「残念ながら，世間に流布している情報だけではなく」
と書いてあって，給付と負担の倍率が何倍だから払い損だとか，払
った以上にもらえるとかいう論はおかしいとか，私的扶養と公的扶
養の代替性ということが書かれておりますけれども，こういう話は
世間に流布している情報を信じている人が見たら意味が分からない
と思います．……この国民会議の場は，決着がついていることを広
く国民に知らしめる場でもあると思いますので，次回に，年金につ
いてすでに決着のついていることに関する参考資料の文献リストだ
けでもここで提出させていただければと思います．

　この発言に基づいて，会議に僕が提出した資料が，第11章にお
ける「歴史を知り制度を知るということ」の中で紹介したものです
（115頁）．そこに書いているように首相官邸のホームページにある
社会保障制度改革国民会議のページから辿ることができるようにな
っています（http://www.kantei.go.jp/jp/singi/kokuminkaigi/kaisai.html）
このページの第20回平成25年8月5日の「配付資料」をクリック
して頂ければ，「権丈委員追加提出資料」というのがあります．そ
こを辿っていって是非読んでみて下さい．

　とにかく，社会保障は，みなさんが自立した尊厳のある人生を全
うしてもらうためにあります．しかし，そうした人生を歩んでもら
うためには，みなさんが働く場である労働市場がしっかりとしてお
いてもらわなければなりません．今，この国には，若い人たちの雇
用環境の改善をはじめ，労働保護立法，最低賃金制などで，労働市

場という所得分配の自律的なメインシステムがしっかりとした展開を示すことが求められています．そうした動きと補完し合い，依存し合いながら，所得分配のサブシステムとしての社会保障は，これが目指す目的である自立した尊厳のある人生を送ってもらう制度的な下支えとして働くことができるわけです．サブシステムがしゃしゃり出て，社会保障があるから労働市場では低所得者，不安定雇用が増大しても大丈夫っというわけにはいかないんですね．かつて18世紀末から19世紀のはじめに，イギリスには，広く低所得者の賃金補助を行ったスピーナムランド制度というものがありました．それは企業にとって，今の時代の言葉を使えば，「賃金をいくら低くしても社会保障があるから大丈夫」という社会になったと受け止められてしまいました．そうすると，労働市場そのものが壊れてしまったわけです[44]．社会保障という所得分配のサブシステムは，労働市場というメインシステムの構造的欠陥を補整するシステムであり続けることは重要なポイントでして，社会保障に過剰期待を抱くことは禁物となります．

　さてこの10年，後期高齢者医療制度を廃止しますとか，まったく新しい年金を作りますというような話を原因として政権交代がなされたりと，社会保障論議はいったん大混乱に陥っていました．

ジャンプ 知識補給・年金どじょうは何匹いるのかな？　252頁へ

　しかしながらその混乱も，今ではおおよそ収束し医療介護も年金も，変えるべきところは変え，守るべきところは守るべく，前向きに動き始めています．のみならず，社会保障に関して世間の誤解を

44　スピーナムランド制度については，権丈（2015 Ⅶ巻）「第14講 「市場」に挑む「社会」の勝算は？」266-267頁を参照してください．

いかに解き，正しい理解をいかに広めるかという社会保障教育の動きも，ようやくスタートしました．しかしながら，社会保障という，現代の政府が行っている最大プロジェクトの役割と意義を理解してもらうためには，なかなか前途は多難な状況ではあります．でも，それでもやらなければならないんですね．日本という国が，生きづらい国になるのを避けるため，いや，できれば今よりももっと住みやすいところにしていくためには，社会保障を正確に理解してもらい，変えるべきところは着実に変えていくことに，みなさんの協力がどうしても必要となるからです．社会保障の正確な知識を得るための参考書の一冊として本書を手にしてもらえるのでしたら，本書の著者としてこれ以上の幸せはありません．

最後に

　この本では，僕が長年授業をやって来た中で落ち着いてきたシラバス——「社会保障は何のため？」にはじまり，その中で，この一年に生産された財・サービスを消費する権利をいかに分配するかを市場の働きを相対化した視点で考えてもらい，続いて将来の生産物への請求権についてはどうするかを考える中で公的年金の役割を話し，「社会保障は誰のため？」では，税による貧困救済である救貧制度の性質を理解してもらって後に，社会保険の話に入って防貧の意味を理解してもらうという，社会保障の歴史が実際に経験してきたのと同じ順番のシラバス——に沿ってまとめてみました．

　途中，分からないところがいくつもあったと思いますけど，そんなところはすっ飛ばしてでもいいから，最後まで辿りつけた方はどのくらいいらっしゃいますかね．まさに，サバイバルゲームのよう

なものだったかもしれんが，まぁ，冒険アトラクションのようなも
んだと思っておいてください（笑）．でっ，もし，あなたが最後ま
でたどり着いた生存者でしたら，「はじめに」に書いたように，今
はかなりの社会保障ツウになっていることは間違いありません！

　まだ，何となく分かった程度かな，と思っている人も，それでい
いんです．知識なんてものは，半分かりの話を詰め込んだ引き出し
をたくさん作っているうちに，ある日，よく分かっていなかった話
がピピッと結びついて，ああ，あの話はこういうことだったのかぁ
と突然身についたりするものですから．

　そして今すぐにとは言いませんが，できましたらいつの日か，社
会保障をもっとよくし，この国をもっと住みやすい社会にするため
に，社会保障についての正確な理解を，まわりの人たちに伝える役
回りになってくださいませんか？　僕はそういう人たちを，ポピュ
リズムと闘う静かなる革命戦士と呼んでいるのですが，そうした話
はいずれまた追い追い……．

＊＊＊

　この度は，2006 年の講座　医療経済・政策学『第 1 巻　医療経
済学の基礎理論と論点』でお世話になった勁草書房編集部の橋本晶
子さんには，大変お世話になりました．出版事情が厳しく会社の説
得も難しい中，本当にありがとうございました．

2015 年 12 月 23 日

V3 のおわりに

　へのへの本第 1 弾の初版を出したのは，2016 年 1 月 20 日だった
ようで，あれからちょうど 4 年経ちました．2019 年の財政検証，
そして 2020 年の年金改革を意識した本だったことはたしかです．
それまでに少しでも，正確な情報に基づく健全な世論の形成の一助
になり得れば……と．でも，やっぱりムリだった（笑）——あたり
まえか．

　2019 年財政検証のための経済前提の議論がはじまったのは，
2017 年 7 月 31 日で，年金改革の準備がはじまったのは，翌 2018
年 4 月 4 日の第 1 回社会保障審議会年金部会でした．前者の「年金
財政における経済前提に関する専門委員会」と後者の「年金部会」
の委員として，僕は復活しています（2009 年財政検証の時も両会議
の委員だったのですが，民主党政権になって，あまりにものバカバカし
さゆえ辞めていました）．

　2020 年年金改革で，進めておきたい年金改革は，次のようなも
のでした．

　短時間労働者を被用者年金から外していることも，在職老齢年金
も，公的年金制度本来の姿からみれば適用除外規定，例外規定です．
これを，非正規労働者の増加，更なる人口減少，人生 100 年時代に
即した制度に整理する，それが今回目指した改革でした．

　退職要件を満たした人に年金を「退職年金」ではなく，ある年齢
になったら拠出に見合う年金を給付するという意味での「老齢年
金」の姿をとる国々では，第 14 回社会保障審議会年金部会（2,019
年 11 月 13 日）の資料が示すように，「諸外国（アメリカ，イギリス，
ドイツ，フランス）には，特に支給開始年齢以降は，収入額によっ

図表70　進めておきたい年金改革

・適用除外規定，例外規定を，制度本来の理念に則りながら時代
　に即した制度に整理

　　　・適用除外規定　↔　適用拡大
　　　・例外規定　在職老齢年金　→本来の
　　　　「老齢年金」に戻す（1985 年時の姿）

・議論の前提

　　　・厚生年金は，
　　　　それ本来が所得再分配的な制度設計
　　　・改革のトータルで
　　　　将来の所得代替率を上げておく

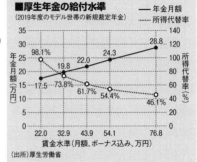

図表出所：「今すぐ読んでもらう必要のない年金改革の話」
『東洋経済オンライン』2019 年 11 月 16 日

て年金給付額を減額する仕組みが存在しない」．

　そもそも年金局が把握する所得は，収入全体の中の部分に過ぎな
いもので，給与所得だけを対象としてお金持ちを特定し減額規程を
設けた今の制度では，様々な不公平が生じます——このあたりが多
くの人には分かっていない．そして，公的年金は，格差解消に貢献
する所得再分配的な仕組みが相当程度込まれていることも分かって
いない．これを超える再分配は，年金ではなく税でやるのが無難と
いうことも分かってない．

　もちろん，65 歳以上の在職老齢年金（いわゆる高在労）を見直す
となれば，財源が必要になります．令和元年財政検証で試算されて
いたように，所得代替率には 1,000 億円で 0.1 ポイントの増減の影響
がでるため，65 歳以上の在職老齢年金，いわゆる高在労の撤廃に要
する 4,000 億円では，所得代替率が約 0.4 ポイント下がることになり
ます．しかしながら，第 1 号被保険者にいる被用者たちに厚生年金
への適用拡大を進めれば，それを大幅に上回る所得代替率の向上が

約束され，その改革による極めて大きな給付水準の上昇という恩恵
は，適用拡大の対象者たちだけではなく，すべての被保険者に及ぶ
ことは，知識補給図表 16「オプション試算 A とオプション B の組
み合わせ試算」（221 頁）が示していることでした．オプション B の
3 つの改革の中には，いうまでもなく高在労の撤廃が含まれています．

いつものことながら，今回も，年金は改革の本質とは関係のない，
高在労は「今」の高齢者就労に影響がないとか，一点張りの「見直
しは高所得者優遇」とかの話に逸れ，民主主義の良き教材となる側
面が全面に出ていました．今回は官邸官僚が跋扈した上に，議事録
不記載問題を起こして在労改革の芽をつんだり，政治にもみくちゃ
にされたり，低賃金労働者の労務費が高くなることを嫌う企業のレン
トシーキングが展開されたりして，現実の議論は混迷を極めること
になりました[45]．挙げ句の果てに，65 歳以上の在職老齢年金とい
う例外規定には手つかず，議論のはじめに言われていた「就職氷河
期世代のための適用拡大はタイムリミット」という話もしぼみ，
様々な改革が先送りされそうであります．

次は，第 10 回年金部会（9 月 27 日）で，適用拡大が議論された
日の僕の発言です．

> きょうの会議でどうなるという話ではないのですけれども，私は反対
> される方々に 2 〜 3 カ月後にもう一回聞きたい質問があります．
> 　被用者でありながら厚生年金に入ることができない人たちは，どうし
> ても防貧機能である年金の防貧機能が弱くなるので，将来的には生活保
> 護の受給者になる可能性が高まってくる．その将来的な生活保護の受給
> 者の財源は誰が賄うのかというと，将来の人たちの税金で賄われること

45　ファイナンシャルプランナーの髙橋義憲さんの note「山井センセイ，勘違いし
　　ていませんか？」は，おすすめです．

になる．将来の人たちの税金で，生産性が低いから今は適用拡大することはできませんという経営者たちの企業を守る正当性は一体どこにあるのかがよくわからない．数カ月後にはぜひ組織の中で，適用拡大に反対する正当性を議論し尽くして，そこで真っ正面から議論することができればと思っておりますので，よろしくお願いいたします．

　本書，V3 の「はじめに」に書いた，松蔭の辞世の句
　　"身はたとひ武蔵の野辺に朽ちぬとも
　　　　　　　　留め置かまし大和魂"
という感じでしょうか．

＊＊＊

　V3 の作成にあたって，またまた勁草書房の橋本晶子さんにはお世話になりました．遊び半分のおかしな書名？　の社内への説得をはじめ，知識補給に加えて，オンライン記事とのコラボ企画，オンラインへ GO！　の導入等，自由奔放な本の構成へのご理解などなど，心より感謝いたします．初版を出した 2016 年には，へのへの本が，なんと 4 冊目までシリーズ化したり（4 冊目は僕が書いたんじゃないけど……），それぞれの本が繰り返し重版出来・改訂版をだすことになるとは思いもしなかったのですけど，おかげさまであります．
　この度も，本当にありがとうございました．

2019 年 11 月 30 日

知識補給

100年安心バカ

この国の年金について，「100年安心」という言葉を聞いたこと
がない人はいないと思います．でもですね，「日本の年金は100年
安心です！」と，政府が年金を肯定したり擁護したりしている言葉
を聞いたことがある人もいないと思います．この違いは分かります
か？

100年安心という言葉は，年金を批判する常套句としてしか使わ
れていないんですね．それもそのはず，政府は100年安心という言
葉を使っていないからです．2004年の年金制度改革で導入された
のは，5年に一回の財政検証の際に，毎回その時点から100年先を
見通して年金財政の均衡を図るというものです．そうした作業を5
年に一回行うわけで，2004年から100年後までという意味ではな
いことは，制度の大枠を学ぶだけで理解できるはずです．

100年安心という言葉は，2003年11月の総選挙のときに，当時
厚生労働大臣を出していた公明党が，選挙戦の最中で我慢できずに
100年安心という言葉を使ってしまって，そしてその後，「これは
まずい，しまった」と思ったのか，彼らはその言葉をすぐに使わな
くなりましたし，もとより，政府としては一言も使っていない言葉
です．普通の感覚を持っていれば，この言葉はツッコミどころ満載
の「失言」だという判断はつきますよね．

この点については，当時の舛添厚労大臣が，国会で野党の長妻昭
さんや山井和則さんの「100年安心」という言葉に関する執拗な質
問を受けた時に，いったい誰が使ったのかと，公文書を徹底的に調
査させているようです．ところが誰も，100年安心という言葉を世
間で言われるような意味では，使っていなかった．こうした調査に

基づいて 2009 年当時の舛添厚労大臣は，次の答弁をしています
——「長妻議員から，まず，年金制度は百年安心なのかとお尋ねが
ございました．政府といたしましては，百年安心とうたったことは
ありません」（平成 21 年 3 月 31 日衆議院本会議）．

　もっとも，「政府がかつて 100 年安心と豪語した年金が既に……」
とか「100 年安心は本当なのか？」という，彼ら年金批判者たちの
合い言葉と言いますか，年金批判論の枕として，日経新聞や一部の
年金論者をはじめ，いろいろ使われてきたというのはあります．そ
うした，言葉の出所を調べようともしない人たち，つまりは記者，
研究者としては難のある人たちの年金破綻論は，かつては素人には
とても受けがよかったわけです．けれども，さすがに最近は，100
年安心という言葉を使う論者は，まったく信頼に値しないというこ
とを多くの人が分かってくれるようになってきたようです．よりよ
い年金制度を設計していく上で，100 年安心という言葉はまったく
必要ないですから．

　100 年安心という言葉が，これからも希に登場するかもしれませ
んが，その文章が学者や研究者のものでしたら，彼らは 2 流どころ
か，3 流，4 流と考えていいです．その言葉で彼らは何を言いたい
のやら．専門家が使う言葉では，絶対にありません．ですから僕は，
学生に，100 年安心という言葉を使う者をみたら，「でたぁ，100 年
安心バカ！」と笑っておくように言っています．最近では，たとえ
ば次のような文章をみたら，「でたぁ……」と．

　　「04 年改正で 100 年安心をうたってから，たかだか 10 年での法
　　改正は，それがウソであったと自ら認めることになる[46]」

xv 頁に戻る

---

[46]　西沢和彦『週刊ダイヤモンド』2014 年 12 月 27 日 - 2015 年 1 月 3 日新年合併号，77 頁.

世銀と年金とワシントン・コンセンサス

　スティグリッツ関連で言いますと，次あたりの経緯も，歴史とし
ておもしろいところです．

　　「年金実務 2000 号記念座談会　年金制度の過去，現在と未来」『年
　　金実務』第 2000 号より［権丈（2015 Ⅶ巻）288 頁］
　　　1994 年に世界銀行が，年金の民営積立方式を推奨する報告書を
　　出して，その誘いに乗って日本も大いに盛り上がりました．当時の
　　世銀による民営積立方式の推奨は，フリードマン，シカゴ大学と強
　　い繋がりがあった世銀，IMF，それにウォール街の意向を受けたア
　　メリカ政府の間でのワシントン・コンセンサスの一環だったんです
　　よね．世銀はその後，上級副総裁にスティグリッツを迎え，年金地
　　動説の視点から 94 年報告書が徹底的に批判されて，2005 年に新し
　　い報告書を出します．内容は，94 年からの大転換です．でも，思
　　考が歴史から遮断された人たちは，そうした経緯も知らないままで
　　いる．

　余り間違えないで生きていくためには，歴史を知るのが一番の方
法なのですが，歴史も制度も知らないままに生きていくことのでき
るとても勇気のある研究者が，この国には多くってですね．頭の痛
い話です．

xix 頁に戻る

日本の年金を世界がうらやましがっている理由

　公的年金の制度設計で最も重要なポイントは，年金給付水準の調整を政策手段として，長期的な賃金，物価，人口の変化に対応させながら，年金財政をバランスさせる仕組みを考えることです．これを公的年金のインデクゼーション（indexation）と言い，年金研究のプロとは，そういうことを考える人をいいます．

　公的年金のインデクゼーションという観点から見れば，2004年に行われた年金改正時に導入された日本の「マクロ経済スライド」という方式は，他国がうらやむ制度となっています．なぜ，うらやましがるのか？　それは，他国がマネしたくても，未だマネができていない幾つかの特徴がマクロ経済スライドの中に組み込まれているからです．

　まず何よりも，マクロ経済スライドには，将来の年金の保険料水準を固定するという保険料水準固定方式のもとで年金財政に入って

知識補給図表1　2004年改正以降の公的年金

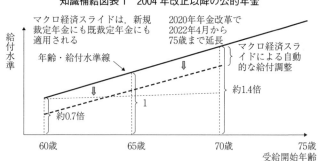

注：65歳基準の繰上げ減額率は0.5％／月，繰下げ増額率は0.7％／月であるため，65歳を1とすると60歳で約0.7倍，70歳で約1.4倍，75歳で約1.8倍となります．2020年改革で繰上げ減額率は0.4％／月に変更された．

出所：著者作成．

くる財源と，給付のバランスが取れるように，「政治プロセスを経ることなく自動的に」給付を引き下げていくメカニズムが組み込まれています．そのメカニズムは，知識補給図表1では，「マクロ経済スライドによる自動的な給付調整」の⇩で描いています．

しかも給付の調整は，知識補給図表1に記しているように，年金受給を新しく開始する人たちの「新規裁定年金」だけではなく，すでに年金を受給しはじめている人たちの「既裁定年金」にまでおよんでいます．これは大変なことで，他国がマネしようにもなかなかできないと思います．

他方，外国の年金制度には給付水準を自動的に切り下げていく仕組みはスウェーデンやドイツに類似したものがありますが，普通はありません．したがって，他国では年金財政の収支をバランスさせるために，年金の給付月額を固定した形で支給開始年齢を引上げるという手段，つまり，65歳での年金額のままで，その年金額を受給することができる年齢を66歳，67歳と引上げるという方法を使ったりするわけです．しかしこうしたいわゆる「支給開始年齢の引き上げ」は自動的に行えるわけではなく政治過程を経なければなりませんし，「支給開始年齢」という漢字6文字は，大変な政治的ハレーションを引き起こしますし，何よりも，新規裁定年金の給付をカットすることしかできず，既裁定年金を抑制することはできません．

いまでも，支給開始年齢の引き上げを繰り返し主張する人もいますが，それは今の制度を理解していないからです．このあたりはかなり長い説明を必要としますので，僕の『年金，民主主義，経済学』（2015）における第4講「解説　平成26年財政検証」や次をご参照下さい．

オンラインへ GO！

年金を75歳までもらえなくなるって本当？——日本は受給開始を自由に選択できる制度『東洋経済オンライン』(2018年3月16日)

　ちなみに，保険料水準固定方式というのは，2004年改正時に日本の年金制度に導入された方式で，日本の公的年金は，次の知識補給図表2のタイムスケジュールで保険料が引き上げられてきて，2017年度に上限に到達しました．

知識補給図表2　保険料水準固定方式と保険料引上げのスケジュール

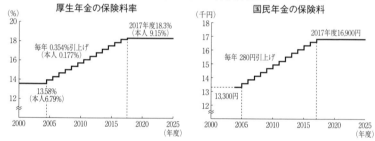

注：保険料率は，年収（総報酬）に対する率である．
　　保険料は，2004年度価格（2003年度までは名目額）である．2005年度以降の実際の保険料は，上記で定まった額に2004年度以降の物価・賃金の伸びを乗じた額．
出所：厚生労働省年金局数理課「厚生年金・国民年金　平成16年財政再計算結果」95頁．

　保険料水準が固定されたもとで，日本の公的年金は被保険者期間の延長を図ったりして，保険料収入を増やすことはできます．その上で，知識補給図表3のような財政天秤のもとで運営されることになります．

　保険料水準固定方式のもと，知識補給図表3の左側の収入とバランスが取れるように，右側の年金給付総額が調整されるわけで，その仕組みがマクロ経済スライドと呼ばれているものです．このマク

知識補給図表3 日本の公的年金の財政天秤

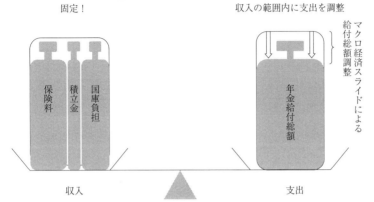

出所：権丈（2015 Ⅶ巻）144 頁.

ロ経済スライドという給付の調整機構は，既に年金を受給し始めている高齢者にも適用されます．そのことが，知識補給図表1（180頁）において，「マクロ経済スライドは新規裁定年金にも，既裁定年金にも適用される」と記していることです．

　日本の公的年金制度について今ひとつ知っておいてもらいたいことがあります．知識補給図表3の日本の公的年金の財政天秤のように，保険料水準が固定され，年金財政の収入も固定されている日本の公的年金制度の下では，次のようなふたつの方法のいずれであっても，長期的には財政バランスをとることができます．

　　・今の高齢者に多くの年金を給付して，将来の人たちが我慢する．
　　・今の高齢者に我慢をしてもらって，将来の人たちに多くの年金
　　　を給付する．

　いま，公的年金が僕たち日本人に提示している大きな課題のひとつが，今の年金受給者である高齢者と，その人たちの孫，ひ孫さんたちとの間で，どのように年金資金を分配するのが望ましいのかと

いうことです．このあたりの話は，専門用語で表現すれば，「デフ
レ下でのマクロ経済スライドのフル適用の是非」というような話に
なるのですが，このあたりは，本書第14章中の「年金改革」，権丈
(2015 Ⅶ巻) 第4講「解説　平成26年財政検証」をご参照下さい．

11頁に戻る

生活保護とブースターとしての年金

ここで，生活保護法と国民年金法の条文を比べておきましょう．

生活保護法
この法律の目的
第一条　この法律は，**日本国憲法第 25 条**に規定する理念に基づき，
　　　　国が生活に困窮するすべての国民に対し，その困窮の程度
　　　　に応じ，必要な保護を行い，その最低限度の生活を保障す
　　　　るとともに，その自立を助長することを目的とする．

国民年金法
国民年金制度の目的
第一条　国民年金制度は，**日本国憲法第 25 条第 2 項**に規定する理
　　　　念に基づき，老齢，障害又は死亡によつて国民生活の安定
　　　　がそこなわれることを国民の共同連帯によつて防止し，も
　　　　つて健全な国民生活の維持及び向上に寄与することを目的
　　　　とする．

このように，生活保護法は憲法 25 条に基づき，国民年金法は憲法
25 条第 2 項に基づいています．
そして，日本国憲法は，

第 25 条
　　　　すべて国民は，健康で文化的な最低限度の生活を営む権利を
　　　　有する．
　　　　②国は，すべての生活部面について，社会福祉，社会保障およ
　　　　び公衆衛生上の向上及び増進に努めなければならない．

　ちなみに，国民年金法第一条に「国民生活の安定がそこなわれることを……防止し」とあるように，今の国民年金制度は防貧のためにあると記されています．

　こうした事情があるために，僕は，基礎年金の性格を言うのにブースター年金という言葉を使ってきました．そのあたりは，2008年の社会保障国民会議で次のように発言していますのでご参照ください．

社会保障国民会議第 7 回雇用年金分科会（2008 年 9 月 8 日）

　　社会保障素人の経済学者と社会保障研究者の相違は，ミーンズテストとスティグマという言葉，および生活保護と社会保険の歴史的経緯を知っているかどうかにあるんですね．このあたりが分からないと生活保護と基礎年金をダイレクトに比較してしまうことになる．生活保護には地域差はあるけれど，基礎年金にはない．生活保護は生活扶助に加えて医療，教育など，ケースごとに対応し，福祉事務所に一定の裁量があって，現実には締め付けが激しいのですが，年金は拠出条件さえ満たしておけば一定の現金支給を行う．しかも現金給付のみ．これらは根本的に違う．

　　年金だけで暮らしていけないのだから，基礎年金が悪いんだと考える以前に，基礎年金というのは一種のブースターといいますか，これだけあればあとはみんな自分で頑張れるよねという，その部分を保障するという役割を持っているんです．ゴールフィージビリティイフェクト，目的達成効果といいますけれど，ゼロからだったら頑張れないけど，目標が実現可能な水準にあるのならば人は頑張る．そうした基礎的な水準を基礎年金は保障している．基礎年金だけで暮らしていけないと言うことがはたして，どの程度年金の問題なの

か.

　基礎年金と生活保護の距離については僕の『医療年金問題の考え方』(2006) 484-487 頁で少し詳しく論じているので，参考にして下さい．

56 頁に戻る

日本の年金の負担と給付の構造と令和元年財政検証

　社会保険は，「負担は能力に応じて給付はニーズに応じて」とい
う考え方に基づいて設計されています．公的年金保険もそうした仕
組みになっていて，知識補給図表4にみるように，厚生年金保険料
は，賃金に比例して徴収し，給付は定額の基礎年金と賃金比例の厚
生年金という2階建ての仕組みにすることにより，年金額全体につ
いては，多くの保険料を支払った人の年金給付水準が高くなるとい
う関係を保ちながらも，単純に保険料に比例するのではなく，現役
時代の賃金が低かった人には手厚くなるように設計されています．

　年金の負担と給付の構造を理解するためには，次頁の知識補給図
表5にある「世帯の賃金水準（1人当たり）」という言葉の意味を誤

知識補給図表4　公的年金の負担と給付の構造（所得再分配の仕組み）

賃金が1/2になれば，保険料は1/2になるが，基礎年金は賃金の多寡で変わら
ないため，年金額は1/2以上となる（厚生年金制度の持つ所得再分配機能）

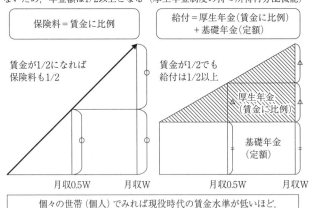

出所：平成21年財政検証関連資料．

知識補給図表 5　2019 年の賃金水準別の年金月額及び現役時の賃金比率

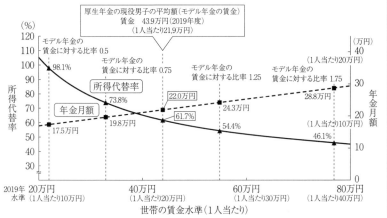

出所：令和元年財政検証資料.

解なく把握する必要があります——あまりにも誤解が多いんですよ
ね.

　夫婦世帯の給与収入が同じ, つまり, 世帯の賃金水準（1 人あた
り）が同じであれば, 世帯の保険料負担も給付も同額になるんです
ね. 要するに, 夫が月給 60 万円を稼ぐ専業主婦世帯と, 夫 40 万円,
妻 20 万円の共働き世帯の保険料と年金額はまったく同じになると
いうことです.

　このあたり, 令和元年財政検証でおもしろい資料が作成されてい
ました. 世の中では, 「いまや共働きが普通なのに, モデル年金の
世帯類型が, 専業主婦がいる片働であるのはおかしい」という声は
昔から絶えないのですけど, モデル年金というのは標準的な世帯を
代表すると言う意味ではないことは, 理解しておきたいところです.

　日本の公的年金保険では, 平均的な所得を持つ専業主婦がいる片
働き世帯の所得代替率が 50% を切る場合には次の財政検証までに

「調整期間の終了について検討を行い，その結果に基づいて調整期間の終了その他の措置を講ずる」という法律があります（2004年改正厚生年金保険法附則第2条）．この政策のメルクマールとする基準世帯の年金額をモデル年金と呼んでいるわけですから，モデル年金として，その世帯類型の所得代替率を計算しなければならないんですね，政策当局である年金局としては．

　そのあたりが分からない人たちが世の中にはわんさといるので，年金局は令和元年財政検証の中で次のような資料を作ったのだと思います．

知識補給図表6　公的年金の負担と給付の関係（世帯類型との関係）

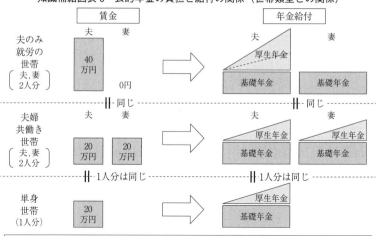

賃金水準（1人あたり）が同じであれば，どの世帯類型でも年金月額，所得代替率は同じ。

出所：令和元年財政検証資料．

　この図に書いてあるように，とにかく，日本の公的年金保険というのは，「賃金水準（1人あたり）が同じであれば，どの世帯類型でも年金月額，所得代替率は同じ」になるように設計されているわけです．この図は，「保険料を払っていないのに専業主婦には基礎年

金があるのはおかしいじゃないか」という，第3号被保険者への定番の批判も，視野に入れているのが分かります．

　3つの世帯類型のうち，1番目にある「夫のみ就労の世帯（夫，妻2人分）」をご覧ください．夫の厚生年金を2分割する破線が引かれています．これは，平成16年改正において，第2号被保険者の負担した保険料は夫婦で共同負担したものと認識する規定が置かれたことを描いているのでしょう（この規定は，3号分割制度という離婚時の厚生年金の給付分割に影響を与えます）．

　そのように「夫のみ就労の世帯」の厚生年金が夫婦で2分割されると考えると，先の図では「夫婦共働き世帯」と同じになってしまいます．これが，第3号被保険者問題は解決しているという話につながっていくわけですね．社会保険は能力に応じて負担して必要に応じて給付を受けるというスタートから始めると，それもそうだな，という気もします．だって，このロジックを辿ると第3号被保険者の保険料は，配偶者が負担しているということになるわけですから．

　ところで，次は，僕が自民党の厚生労働部会「全世代型社会保障改革ビジョン検討PT」（2019年2月）に出かけたときに作っていった資料です．第3号被保険者は，平成7年度には1,220万にいたのですけど，平成27年度には915万に減少しています．翌年平成28年度には26万人も減って889万人，さらに平成29年度は19万減の870万人にまで減少しているようです．しかもそうした第3号被保険者の減少は，知識補給図表7を見ると，第3号になる若い世代が，どんどんと減っていくということから起こっているんですね．

　これからの若い世代も，第3号被保険者になることを，さまざまな理由ゆえに選択しないということは十分に起こりえます．このあたりに関心のある人は，『ちょっと気になる「働き方」の話』の中

知識補給図表 7　第 3 号被保険者の被保険者数及び年齢構成の推移（単位：千人）

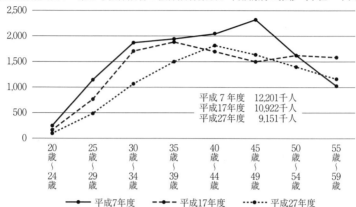

注：平成 7 年度，17 年度の被保険者数については，合計人数に構成割合をそれぞれ
　　乗じることにより算出している.
出所：社会保険庁「事業年報」，厚生労働省「厚生年金保険・国民年金事業年報」

の「女性就業にかかわる法と女性の出生コーホート」（49 頁）あた
りをご参照下さい.

　その上，短時間労働者の厚生年金適用拡大を進めていけば，第 3
号被保険者の減少は加速されます. そうこう考えていくと，第 3 号
被保険者制度の存在は，すでにこの国では，ことさら問題視するよ
うな話ではないように思えるわけですね. まぁ，だいたいそういう
ところで，年金論の世界では落ち着いている，という感じでしょう
か[47]. ちなみに，令和元年財政検証では，知識補給図表 8 に描いて
いるように，第 3 号被保険者は今後も減り続けていくことが想定さ
れています. 試算方法は，コーホート効果を織り込むかたちなので，
減少は先に述べた理由によります.

47　ただし，民主主義の中での第 3 号被保険者問題はある……という話は，「知識補
　　給　適用拡大という社会保険の政治経済学」に書いています.

知識補給図表 8　令和元年財政検証における第 3 号被保険者数の前提

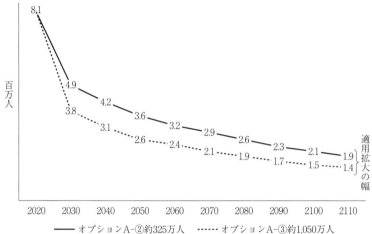

出所：令和元年財政検証資料より筆者作成.

知識補給図表 9　公的年金加入者の状況（2018 年度末）

	公的年金加入者 （6731万人＝100％）		
未加入者9万人	第1号被保険者 22％	第2号被保険者 65％	第3号被保険者 13％
	未納者2％　免除者5％ 学特・猶予者3％　保険料納付者11％		

注：未納者とは 2 年以上の保険料未納付者.
出所：厚生労働省年金局・日本年金機構（2018）「公的年金制度全体の状況・国民年金保険料収納対策について」より作成.

　ところで，公的年金の加入者には，次の知識補給図表 9 の右側から，会社員の配偶者の第 3 号被保険者，会社員本人などの第 2 号被保険者，それに第 1 号被保険者があります．第 1 号被保険者に未納者がいるのですが，公的年金加入者全体の 2 ％程度の規模に過ぎません．いや実は，この V3 の前，2017 年に出した増補版では

2013年度末データを用いていて，未納者は4％でした．この間，日本年金機構のガンバリもあったことは，どうも確かなようです．なお，1985年の年金改革の時に会社員の配偶者の年金をどうするかが問題になり，順番からいけば，第2号になるはずだったのですけど，いや，2号はいかんだろうという話になって，第3号被保険者と呼ぶことにしたようです（これ，ほんとっ！）．

　第1号被保険者は，定額拠出，定額給付の制度になっています．どうして，「負担は能力に応じて給付はニーズに応じて」という社会保険の考え方に基づいていないのでしょうか？　それは，第1号被保険者の加入者である自営業者，農業者などの所得の捕捉率——税務署が所得を把握している割合——が，実はあまり正確ではなく[48]，その上，保険料を賦課するベースを賃金で給料を支払う会社員などと統一するのが難しかったからです．そうした事情はどの国にもあり，したがって，国民全員を対象とした「国民皆年金」という政策を掲げてきた日本という国はめずらしい国であったとも言えます．自営業者を対象とした報酬比例の年金までは世界にはいくつもありますが，無職者までも対象とした国民皆年金に日本は50年以上も前の1961年に踏み切ったわけです．国民皆年金政策を採用するかどうかが模索されていた頃，米，英，仏，西独各国に公的年金の視察が行われています．視察団は帰国後，国会議員に報告し，これらの国は本気で自営業者の年金には取り組んでいないことや，英や西独の年金局長からは費用ばかりかかるのでよした方がいいというアドバイスをもらったと伝えると，それを聞いた政治家が，「欧米ができぬと思い込んでいることでも，日本に成就できること

48　権丈（2015 VII巻）「第30講　保険方式と税——実現可能性を問う次のステップ」参照．

がある」と答えられたという話もあります。国民皆年金というロマンですね。国民年金ができた当時の年金局長，小山進次郎さんは，「国民の強い要望が政治の断固たる決意を促し，我々役人の小ざかしい思慮や分別を乗り越えて生まれた制度」であるという言葉を残しています。国民皆年金という政策が，運営上，極めて難しいものであることがにじみ出た言葉だと思います。ここに，野党や研究者から見れば攻めるにやさしい年金行政のアキレス腱が生まれることになるわけです。そこで苦肉の策として，農業者，自営業者，そして無職者等が入る第1号被保険者は定額拠出（保険料納付ができない人には免除制度を準備），定額給付としました。そして制度の運用面では，第1号被保険者の人と被用者年金の人との間で所得捕捉率や保険料の賦課ベースが異なることを原因として生じる不公平さが生まれないように極力注意を払い，言わば年金を多元的に取り扱ってきたわけです。さらに言えば，国民皆年金という特異な政策を採った日本は，自営業者をはじめとした第1号被保険者に，任意加入の国民年金基金[49]を2階部分に載せることにより，報酬比例年金を準備してきたと理解できるかと思います。ちなみに，国民皆年金を掲げる限り，仮に自営業者，農業者などを対象として報酬比例年金を導入したとしても，今の定額保険料の対象は残ることになるでしょう。スウェーデンのように，所得のない人にゼロ円保険料を課すという技術は考えられますが，「所得のない人」の認定とその客観的信頼性の確保は，この国では，なかなか至難の技なんですよね。このあたりは「知識補給 保険方式と税方式——最低額が保障されない

49　国民年金基金は，自営業者など国民年金（基礎的年金）だけに加入する者に対し，その上乗せ部分を支給する目的で1991年（平成3年）に設けられた制度。公的年金制度と同様に社会保険料控除，公的年金等控除などの対象となります。

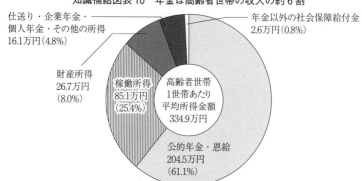

知識補給図表 10　年金は高齢者世帯の収入の約 6 割

出所：厚生労働省「平成 30 年 国民生活基礎調査」.

民主党最低保障年金？」に，こっそり書いています．――ちなみに，専業主婦や学生をどう扱うかという問題も，さらには免除制度の創設も，「国民皆年金」ゆえに生まれたものです．

　なお，ここまでの話は老齢年金のことであり，公的年金には障害年金と遺族年金があります．2017 年度末の給付総額では，老齢年金 43.5 兆円強，障害年金 2.0 兆円弱，そして遺族年金は 6.9 兆円の規模になります．ちなみに，民間保険の基本的な給付金である死亡保険金は 2018 年度で総額 3.1 兆円です．公的年金が，老齢年金だけではなく，障害年金としても遺族年金としても，国民の生活を大きな規模で支えていることが理解できるかと思います．

　それから上の知識補給図表 10 にみるように，年金は高齢者世帯の収入の 6 割程です．そしてこの値は，最近は徐々に低下しているんですね．と言っても，公的年金の給付額は増えています……高齢者の収入が増えているんです．彼らの就業率の高まりの影響がこういうところにも表われているようです．

57 頁に戻る

投票者の合理的無知と資本主義的民主主義

　1998 年のアカデミー賞主演女優賞が発表された時，タイタニックに出演していたケイト・ウィンスレットがぷいっと怒って席を立っていったシーンをリアルタイムでみていました．名前が呼ばれたのはヘレン・ハントで，彼女は「恋愛小説家」に出演していて，この映画にはジャック・ニコルソンも出演し，主演女優と主演男優のW 受賞でした．

　どうしてあれほどの超人気大作タイタニックをおさえて恋愛小説家が評価されたかというと，映画の中でヘレン・ハントが「くたばれ HMO ！」というシーンがあり，そこではアメリカの映画館では，みんな拍手をしていたからだというもっともらしい話があります．

　この悪評高き HMO（Health Maintenance Organization：保健維持機構）を，いったい誰が，どうして作ったのかというシーンが，映画 SiCKO のチャプター 7（HMO）からはじまります．僕は，毎年，講義で学生に，映画 SiCKO のチャプター 8（膨大な利益）までみてもらっています．また，映画『SiCKO』の DVD を買うと付いてくる特典 DVD に入っている，『ビッグ・ファーマ』の著者マーシャ・エンジェルのインタビューも講義でみています．

　これらの映画シーンで何が描かれているかというネタバレは控えますが，そこで見ることができるシーンを理解するための考え方は，紹介しておきます．

　ここでの問題の根本は，民主主義というのは，みなさんが小学校の教室の中で多数決で何かを決めたりするような状況とは大きく異なり，投票者が完全な情報をもって判断して投票しているのではないということにあります．

　1日は24時間——この制約が万人に等しく課せられています．この下で有権者は公共政策を理解するのにどれほどの時間を投じるでしょうか．どんなに多くの時間を費やしても，彼が持つのはただの1票，投票者1人分のウェイトしかありません．24時間を自由に使ってよい時，投下時間に見合うリターンのある有効な使い方をしたくなるのは人情です．普通の人は毎日がとても忙しいです．ですから，彼／彼女は合理的に判断して，政策を詳しく知ることよりも他のことに自分の時間を費やしてしまい，政策については何も知らないでいる状態を選択する傾向も出てくるはずです．こうした状況を政治経済学の世界では「投票者の合理的無知」と呼びます．

　民主主義社会においては，そうした合理的に無知であることを選択した有権者の耳目にまで情報を運ぶコストを負担できる者，すなわちキャンペーンコストを負担することができる者が多数決という決定のあり方を支配できる権力を持つことができます．下の図にみるように，キャンペーンを通じて有権者の耳目まで情報を伝達するコストの負担は財力に強く依存します．資本主義社会の下で財力を

知識補給図表11　資本主義的民主主義

if 有権者＝合理的無知→キャンペーン効果∞
if 有権者＝完全情報→キャンペーン効果ゼロ

出所：権丈（2006［初版2001］I巻）86頁をもとに作成．

持つ集団は経済界ですから，民主主義というのは，経済界が権力を持ちやすく，そこでなされる政策形成は経済界に有利な方向にバイアスを持つことになるという民主主義の特徴を，僕は「資本主義的民主主義」と呼んできました．

知識補給図表 12　業界別に見た政界ロビー活動経費上位 20 業界
（1998 ～ 2008 年の累計）

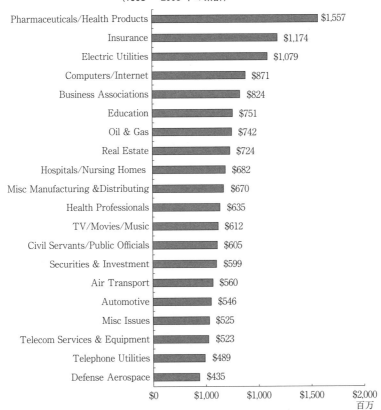

資料：Center for Responsive Politics.
出所：坂口一樹「米国医療関連産業の政治力，米国政府の対日圧力，およびそれらがわが国の医療政策に与えてきた影響」『日医総研ワーキングペーパー』No. 198, 18 頁.

199

　そうした資本主義的民主主義という民主主義の側面を知る手がかりの一つに，アメリカにおけるロビイング活動に，製薬業界や保険業界がどれほど費用を使っているかがあります．前頁の知識補給図表12をみれば，アメリカにおける業界別に見た政界へのロビイング活動経費上位20位（1998～2008年累計）では，医薬品／医療材料・機器業界のロビイング活動経費は他の業界と比べて抜きん出ており，これに次ぐのは，医療保険をはじめとする保険業界です．

　日本企業の米国子会社のロビイング経費は，2005年から得ることができるので，それも下の図でみてみますと，次のような感じですね．アメリカや日本の製薬企業は，どうして，ロビイング費用をせっせと払っているのでしょうかねぇ……

知識補給図表13　日本企業の米国子会社のロビイング経費の状況

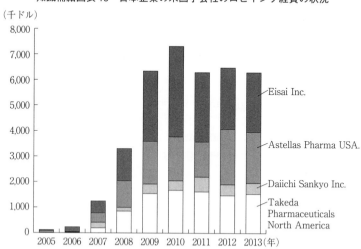

注：6か月間で10,000ドル以下のロビイング費はゼロとみなされる．
　　Center for Responsive Politics "Open Secrets.org" より筆者作成．
出所：権丈（2015 VI巻）244頁．

　投票者の合理的無知，資本主義的民主主義，そしてロビイング活動経費という言葉を押さえておけばSiCKOのチャプター7，8の展開，およびマーシャ・エンジェルのインタビューと彼女の本『ビッグ・ファーマ』を，一層理解できるかと思います．

　付け加えますと，僕の講義では，映画『インサイド・ジョブ』も見ています．これは，リーマン・ブラザーズ経営破綻を皮切りに起きた2008年の経済崩壊をとりあつかったドキュメンタリー映画です．金融市場に関心があるなしに関わらず，この映画では，資本主義的民主主義というもの，またそこにおけるアカデミズム，経済学者の役割などをみることができます．ナレーションは，マット・デイモンがやってます．

　あなたがこの本を手にしたのも何かのご縁，『SiCKO』と『インサイド・ジョブ』，是非ともご覧下さい．

69頁に戻る

保険としての年金の賢い活用法

2014年の夏，7月のある日，次のような原稿依頼が届く．

　　閲覧している層（F2層）が，非常に関心をもっているテーマですので……
注：F2とはマーケティング用語で，35～49歳の女性の意味．

ということで，次を書く．

　　　　　　　　　　　　　　　　『保険市場コラム』2014年11月6日より

　社会保障って難しいですよね．社会保障の中には，医療保険とか年金，これも保険なので年金保険と呼んでおきますが，こうした制度がいくつもあります．このうち，みなさんご存じの医療保険は，保険証を持って病院に行けば，かかった医療費の3割の自己負担とか，子どもならば，70歳以上ならば云々というあの制度です．付け加えておきますと，医療保険には高額療養費制度というのもあります．高額の医療費の場合には特別に医療保険から支払ってくれるという制度で，ややこしい話を端折ってしまうと，たとえば100万円の医療費がかかった場合の自己負担は約9万円，500万円では13万円くらいですみます——詳しくはWebで……．

　医療保険については，賢い使い方についてそんなに難しい話はありません．でも年金保険となると……

　最近（2014年執筆時），新聞や雑誌でよく目にする言葉があります．それは，繰上げ受給と繰下げ受給．繰上げとは65歳よりも年金受給を早めること，繰下げとは遅らせることです．

　でも，そういう面倒な言葉は，ここではすっかり忘れてしまいましょう．次の頁の図のように，この国の年金は，60歳から70歳（2022年4月より75歳）までの間で，受給開始年齢を自由に選ぶこ

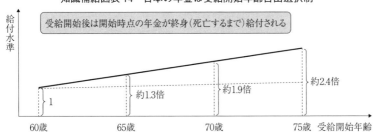

知識補給図表 14 日本の年金は受給開始年齢自由選択制

注：マクロ経済スライドというようなややこしい話があるのですが，それは無視しています．
　・2022 年 4 月以降の制度を描いている．
出所：著者作成．

とができる受給開始年齢自由選択制だと覚えておけば十分です．

　なんだか信じられないような話ですけれど，これは読売新聞で社説を書かれている記者で，社会保険労務士の資格も持つ林真奈美さんが言い始めたことですから，間違いなしの話です！

　今では基礎年金も，それに上乗せされている厚生年金も，実質的には 60 歳から 70 歳（2022 年 4 月より 75 歳）までの受給開始年齢自由選択制になっています．そこで問われるのは，何歳から年金を受給するのが賢い選択か？

　少しこのあたりの事情を話しておきますと，この国では 2009 年から 2010 年にかけて，年金の危機を煽る本が立て続けに出版されました．その内容は，問題の多いトンデモ本の類だったのですが，これらの本の煽りに週刊誌やテレビのワイドショーがのって，どうせ破綻する年金，早くもらっておいた方が断然お得！　というキャンペーンが張られました[50]．

───────────────
50　2011 年 2 月にリリースされました桑田佳祐さんのオリジナルアルバム『MUSIC MAN』（ビクター TAISHITA レーベル）の中の「現代人諸君 !!（イマジン　オー

　年金事務所には，年金を 65 歳よりも早く受給する繰上げの問い合わせが殺到する始末．その時，まじめに勉強をしてきた記者たちは新聞や雑誌で，そんなキャンペーンにのってはいけませんよという記事を書いてくれていたのですけど，こうした事情を知らない人たちは，何が何だか分からないですよね．

　だって，考えてもみてください．年金というのは，将来いくらかかるかよく分からない老後の生活費を賄うための保険なんです．一人ひとりはどれくらい長生きするか分からないし，何十年も先の遠い将来に人並みの生活をするのにいくら必要なのかも，本当のところは誰にも分かりません．こうしたリスクは，長生きリスクと呼ばれることもありまして，長寿社会日本で生きる私たちみんなが抱えている，とても深刻なリスクだと思います．

　そうした長生きリスクに対して，日本という一つの長屋？　に住んでいる人みんなで，困ったときはお互い様よぉ！　助け合ってやっていこう，というのが国民皆年金という政策なわけです．

　そうであるのに，給付として受け取ることができるのは払った保険料の何倍だという話や，年金は破綻するだとかのバカバカしい話

ル　ザ　ピープル）」の歌詞などは，年金にとってとてもイタイです．他の歌詞はその通りなんですが……．
　・言うことがブレまくりの党首
　・政府与党は所得（カネ）を搾取
　・頼みの年金制度（ねんきん）も崩壊（クラッシュ）
　・They're really lying ♪
2011 年のはじめにこうした歌が出たことは（録音 2010 年 10 月-12 月），2009 年から 2010 年にかけて年金の危機を煽るトンデモ本が，この国で立て続けに出版されたことと関係があるかもしれませんね．

を一部の論者たちが流行らせてしまったわけでして，売らんかなの週刊誌や見てもらわんかなのワイドショーが，そうした話に大いにのってしまいました．人って，怖い不幸な話は見たがるんですよね．

　でも，そうしたキャンペーンにのせられて，たとえば60歳から受給しはじめた人が長生きしてしまうと，目も当てられないくらいにかわいそうなことになります．もし，余命幾ばくと宣告されていない人が，当面の生活費を工面する方法があるのならば，可能な限り遅く受け取りはじめることをお勧めします．70歳で受給しはじめる年金は，60歳で受給できる年金額の約2倍になり，それを亡くなるまで受け取ることができるわけです．

　そしてもしですよ，もし，70歳での受給開始を決めている時に69歳で亡くなってしまったとしても，別に良いではないですか，保険なんだから．少なくともそれまでは，自分は70歳以降も生活に困ることがないという安心感は得られていると思いますし，保険というのはそういう安心を与えるのが大きな役割なわけです．今53歳の私は，未だ年金を一円も受け取っていませんけれど，将来，年金があるという事実に基づいたライフプランを立てています．それは当然ですよね．付け加えれば，親が年金を得ていたために，親の生活費をさほど心配しなくてもすんでいました（笑）．親が無年金だったら子どもはちょっと辛いかもしれません．ということは，別の角度からみれば，私の親の扶養を私以外の多くの人たちが協力してくれていたことにもなります．それが公的年金というものなのだろうと思います．おっとそれから，私の両親は数年前に他界しましたけど，今もせっせと，年金制度に保険料を払って今の高齢者の扶養に協力しています．まっ，そんなもんでしょう，公的年金は助

け合いだし，保険ですし，それに万が一長生きしたら（笑）協力した分に応じた見返りもあるようですし．

　年金は保険であるということを理解すれば，おのずと賢い活用とはどういうことかが分かるようになります．年金を貯蓄や株のような利回りを競い合う金融商品と同じに考えて，おかしなキャンペーンにのせられてしまった人は，もし長生きしたときに大変な後悔をしてしまうでしょう．だからこそ，ちゃんとした記者たちは，年金破綻論に端を発した繰り上げ受給キャンペーンを諌める記事を書いてくれていたわけです．

81 頁に戻る

保険方式と税方式
——最低額が保障されない民主党最低保障年金？

くらしの明日：私の社会保障論『毎日新聞』（2014年1月22日）より

年金の基礎概念の整理として，保険方式について説明しよう．

日本の社会保険制度の多くには税が投入されている．その様子をみて，防貧機能としての社会保険の性格を疑う論がしばしば出てくる．しかしながら，その制度が社会保険かどうかは，財源における保険料と租税の構成比率で決まるわけではない．

民主党が掲げてきた最低保障年金は，所得がゼロの人にも税財源100%で7万円が受給できるとしていた．これは税方式の年金だろうか？

同党の小宮山洋子衆議院議員（後に厚生労働相）は，年金を議論する両院合同会議の場で，「（保険料を）払っていない人に最低保障年金を（支給する）という考え方はとっていない．所得がなければ「0円」という形で保険料を納付する」と発言．政権交代後の12年6月には，当時の副総理岡田克也氏は，「所得比例年金に入ってもらうことが前提だ．制度に加入していなければ最低保障年金は受け取れない」と述べた．

つまり，民主党の最低保障年金は，財源が税であっても，所得ゼロの人にもゼロ円保険料の納付履歴を求める点で，現行制度の国民年金の免除制度と同じだ．実際，11年1月には国家戦略相・党政調会長だった玄葉光一郎氏が「民主党の考え方は…『社会保険料方式』と呼んだ方が正しい」とも言っている．ならば当然，未納問題も，最低額であるはずの最低保障年金を満額受給できない低年金者や無年金者も生じる．

現行の国民年金と民主党案の違いは，現行制度は，自営業者等の

所得は正確に捕捉できないことを前提に設計されているが，民主党案はそれができると想定していることにある．前出の両院合同会議で小宮山氏は「自営業者の多くは納税をしていない．これは所得がないと考えられるので，0円を納付する」との考えも示した．これに対し，自民党の伊吹文明衆院議員は，こう疑問を呈した．

「ゼロという保険料を払ったというバーチャルな世界を作ると，確かに理屈の上では非常にきれいに説明できる．問題は，形式上はゼロなんだけれども，果たして実際にゼロであるかどうかということが大きな社会公正上の問題なんですね」．

伊吹氏は「納税番号をつければ金融所得，不動産所得は把握できるんですよ．ただ問題は，事業所得は納税番号があるところでも，みんな申告制と調査が前提になっている．（所得把握のため）徴税費用をどの程度かけるのか，毎日毎日どの程度中小企業に調査を入れるのか，その前提がフィージブルなのか，実現可能性があるのか」と述べ，議論を求めた．

民主党の最低保障年金は保険方式と正しく理解することによってはじめて，彼らの案のフィージビリティを問う次のステップに進むことができるのである．

92頁に戻る

社会全体で助け支え合うということ

2015年8月に，原稿依頼が飛び込んできました．

くらしに役立つ消費生活情報誌「東京くらしねっと」を月刊で発行しています．

今回のテーマ「くらしと税」では，私たちが生活していく上で，様々な形で出会う税について，その税が私たちの暮らしにつながる形で，社会保障の視点からどのように役立つのか，分かりやすくご解説いただきたいと考えております．

東京都消費者生活総合センター

了解，ということで次を書く．

東京くらしねっと　2015年11月号より

私たちの生活と社会保障

今年の7月でしたか，朝のワイドショーで，家族の介護のために仕事を辞めてしまう介護離職の問題が取り扱われていました．介護離職は悲劇だ，後悔するから絶対に離職はいけないという話がスタジオでなされた後，コメンテーターの一人が，それは個人の選択ではなく，追い込まれてのことだろうと説明していました．介護保険制度の問題，特に保険財政に余裕がないために公的な介護サービスの量や質が十分でないので，身内が離職して介護せざるを得ない人たちが出てくるという話です．一緒にテレビに出ていた人たちは，やはりそういう，制度を支えるための財源の問題になるのですねぇと，納得されている感じでした．

社会保障財源不足　目に見えない理由

社会保障全般が専門の僕は，介護，医療，障害者福祉，年金，そ

の他諸々のシンポジウムに呼ばれることがあります．そこで大方は，会の冒頭での講演を頼まれることになるわけですが，その理由は，こうした分野が共通して抱える問題についての話を，僕に期待されているからだと思います．社会保障のどの政策領域も，理想と現実の間には大きなギャップがあります．だから，こうしたシンポジウムには，いつも高い問題意識を持つ大勢の人が集まるのでしょうけど，理想と現実の間の大きなギャップのほとんどの理由は，財源不足だったりするんですね．そして僕の仕事は，社会保障制度を利用しようにも不自由であるほどに多くの問題を抱えている大きな理由としての財源不足が，いったいなぜ生じているのかを説明することになるわけです．

　目に見える形での理由は，みんなが必要とする水準の社会サービスを賄うだけの税や社会保険料の負担が行われていないからなのですけど，目に見えない理由として，どうも世の中の人達は，社会保障というものが誰のものなのかを，あまりよく理解していないからのようにも思えます．

　ここでひとつクイズを——2015年度予算で社会保障の給付費は117兆円．このうちテレビなどでよく取り上げられる生活保護の給付費に充てられる割合は，30%，40%，50%，それに「該当なし」という4つの選択肢のうち，どれだと思いますか？

　この問題には，大方みんな引っかかってくれます．答えは，「該当なし」です．生活保護，すなわち社会保障給付費総額に占める「公的扶助」の比率は3%強にすぎません．しかも，そのうちの半分弱が医療扶助に使われていて，多くの人が「生活保護」という言葉で連想する現金給付の生活扶助は，社会保障給付費総額の1%強でしかありません．一方，貧困に陥っていない人たちが負担と給付

の双方に関わる，医療，介護，年金などからなる社会保険がおよそ9割を占めており，まさに社会保険を知らずして社会保障を語るなかれなんですね（「図表15　社会保障給付費の内訳」35頁参照）.

社会保障は中間層の人たちの助け合いの制度

2015年の春に大流行していたピケティの『21世紀の資本』には，「現代の所得再分配は，金持ちから貧乏人への所得移転を行うのではない．……それはむしろ，おおむね万人にとって平等な公共サービスや代替所得，特に保健医療や教育，年金などの分野の支出をまかなうということなのだ[51]」という言葉があります．ピケティも指摘していますように，「保健医療・教育への国家支出［現物給付］と代替・移転支払［現金給付］を足すと，社会支出は総額で国民所得の25-35%となる．これは20世紀の富裕国における政府歳入増加のほとんどすべてを占める[52]」ことになります．ピケティの住むフランスも，日本を含む他の多くの国々でも，20世紀に入って拡大した政府活動のほとんどは，社会保障が大きくなったことによります．そして社会保障というのは，その総支出の9割近くが社会保険であることから分かるように，基本的に中間層の人たちのもの，つまり中間層の人たちによる中間層の人たちの間の助け合いの制度なんですね.

社会保障の充実と税と社会保険料

ここで，「必要な時に必要なサービス」を受けることができるように，政府にいったん預けるお金（税金や社会保険料など）が少なけ

51　ピケティ（2015）498頁.
52　ピケティ（2015）498頁.

れば，「必要な時に必要なサービス」を自分で賄わなければならない社会になってしまいます．その一つの行き着く先が，冒頭に話した介護離職という悲劇の形をとることもあるわけです．

それでは，そうした費用を誰がどう負担すべきでしょうか．

再々度ピケティを引用すれば，「万人にかなりの拠出を求めなければ，野心的な社会給付プログラムを実施するための国民所得の半分を税金として集めるのは不可能だ[53]」——つまりは，充実した社会保障を準備するためには，少数のある特定の人達に財源を求めるだけではとても足りず，どうしても万人の協力を必要とするということでしょうか．20世紀の半ばころから，福祉先進国で広く国民全般に協力を求める税が普及していったのは，そうした理由によるのでしょう．

望ましくないことが発生する可能性のことをリスクといいます．生活上のリスクは，かつては家族の助け合いで対応していました．しかし経済が大きく発展していった国々では世の中の姿も大きく変わり，家族だけでは備えることに限界がある生活上のリスクが大変増えると共に，家族の形も随分と変わってしまいました．そこで，人びとが生活する上でどうしても必要なサービスを賄うための負担を個々の家族のみに負わせるのではなく，今は必要としていない人々も含めた社会全体で支え助け合う「保険」のような仕組みとしての社会保障が，各国で広く導入されていきました．

今の日本をながめていると，自分たちが困った時に助けてくれる社会保障をうまく充実できず，結果，ひとりひとりの生活が実に不自由になってしまっているようにも見えます．

102 頁に戻る

---

53 ピケティ（2015）516頁．

高齢者の貧困救済と，いわゆる世代間格差との選択

　韓国は 1998 年に国民年金制度を導入しました．しかし，早期に年金を支給する策をとらなかったために，現在でも公的年金制度を創設した効果の実感が乏しいと言われており，高齢者の貧困率[54] が OECD 諸国の中で突出して高いことが問題となっています．2007 年に無拠出性の基礎年金制度が導入されましたが，予算の制約もあり，高齢者の貧困率を大きく改善させるまでには至っていません．

　他方，韓国の公的年金の積立金は 2013 年現在，26 年分の給付を賄うことができる水準にあり，先進国の中で際だって多い日本の約 4 年分（2012 年）（フランスはほとんど持っておらず，ドイツは 2 ヶ月分くらい，イギリスは 4 ヶ月程度，アメリカで約 3 年という状況）よりもはるかに高水準の積立金を持っています——ちなみに，日本の厚生年金の保険料率は 17.474%（2014 年 9 月 〜 2015 年 8 月），これに相当する保険料率は韓国 9%（2011 年）．

　こうした韓国の例は良い教材となるわけでして，目下韓国で問題視されている高齢者の貧困率を下げるためには，どのような政策があると思いますか？

　考えられ得る政策のひとつに，現存する公的年金制度の給付の早期化があります．そしてそれは，高齢者の貧困を抑えるための手段として，積立金を取り崩して賦課方式への傾斜を強めていくことを意味し，その過程で，いわゆる公的年金の中で「世代間格差」が生まれることを意味します．この格差，あなたは不公平だと思いますか？

120 頁に戻る

54　65 歳以上の可処分所得が中央値の 5 割以下の割合．

社会保障に関するふたつの国民会議とは？

　社会保障に関して立ち上げられた国民会議というのは2つありま
す．ひとつは，2008年1月29日から11月4日まで開催された社
会保障国民会議で，いまひとつは，2012年11月30日から2013年
8月5日まで開催されていた社会保障制度改革国民会議です．

　2008年の社会保障国民会議は福田内閣から麻生内閣にわたって
開かれ，2012-2013年の社会保障制度改革国民会議は野田内閣から
自公政権下の安倍内閣にわたって開かれていました．ふたつの国民
会議の関係を，最も簡潔に表現するとすれば，2008年の国民会議
報告書で社会保障改革の方向性が示され，2013年の社会保障制度
改革国民会議の報告書で，示された方向性に沿った改革の具体策が
描かれたということになります．

　どうして，2013年の社会保障制度改革国民会議では，社会保障
改革の具体策を論じることができたのかなっ？　と思われるかもし
れませんね．それは，社会保障制度改革国民会議が開かれていた
2013年というタイミングでは，2014年4月からの消費税の引上げ
が決まっていたからです．とは言っても，消費税の引き上げで得ら
れる税収の内，いくらを使って少子化対策をどのように具体的に充
実させるか，そして年金をどのように改革するのかということは，
実は，民主党政権の下ですでに決められていました．社会保障制度
改革国民会議がはじまった2012年11月30日の段階——民主党の
野田総理が衆議院を解散したのは2週間前の11月16日——では，
消費税増税による増収の内，医療介護分野が使うことが決められて
いた額の使途が具体的にはまだ決まっていませんでした．したがっ
て，社会保障制度改革国民会議は，医療介護の議論が中心になった

わけです.

　先に，この国の医療介護の改革の方向性は 2008 年の国民会議の
中で決まっていたと言いました．そうした事情を理解すれば，社会
保障制度改革国民会議の報告書の中の次の文章の意味も少しは理解
できるかと思います．

　　　　総括して言えば，この社会保障制度改革国民会議の最大の使命は，
　　　前回の社会保障国民会議で示された医療・介護提供体制改革に魂を
　　　入れ，改革の実現に向けて実効性と加速度を加えることにあると言
　　　っても過言ではない（『国民会議報告書』26 頁）．

　ちなみに，僕は，ふたつの国民会議に参加していました．そして，
社会保障制度改革国民会議の医療介護分野の改革を報告書の起草委
員としてまとめました．この報告書の意味するところを詳しく書い
た『医療介護の一体改革と財政──再分配政策の政治経済学VI』
(2015) などもありますので，もし万が一，いや億が一興味のある
方いらっしゃればご笑覧頂ければと思います．僕のことを年金の研
究者だと思っている人がけっこういるようなのですけど，僕として
は医療介護の話をしているときの方が，心が健全でいられます．そ
のあたりは，先の『医療介護の一体改革と財政』と同日に出版した
──奥付の日付が 2015 年 12 月 31 日の大晦日⁉──『年金，民主
主義，経済学──再分配政策の政治経済学VII』(2015) などを読ん
で頂ければ理解してもらえるかと思います，はい．

149 頁に戻る

公的年金保険の財政検証，そして平成 26 年，令和元年財政検証の意味

　公的年金では，5 年に一度，向こうおよそ 100 年先までを視野に
入れた財政の検証が行われます．5 年に一度行われる理由は，5 年
に一度国勢調査が行われて，その結果に基づいて人口の長期推計が
なされ，それを用いて公的年金の財政検証が行われるからです．

　財政検証は，年金の健康診断のようなもので，病気の兆候がでて
いれば健康改善を図っていくために行うものです．その意味で，平
成 21 年（2009 年）に行われた財政検証では，僕が 2012 年の座談会
で言っているように「平成 21 年に最初の財政検証が行われました．
そのとき，デフレ下で給付をカットできないのは制度の致命傷にな
り得るということと，このままでは，基礎年金にマクロ経済スライ
ドが効きすぎることになるという 2 つの診断結果が明示されまし
た」（「年金実務 2000 号記念座談会　年金制度の過去，現在と未来」『年
金実務』第 2000 号 2012 年 7 月 9 日号［権丈（2015 VII 巻）第 23 講「年
金制度の過去，現在と未来」に所収］）と，日本の公的年金が抱える
病気は，かなりはっきりと可視化されていました．

　しかしながら平成 21 年財政検証から何もできずに，月日はただ
いたずらに過ぎてしまいました．そこでこの平成 21 年（2009 年）
財政検証の轍を踏まないように，2013 年の社会保障制度改革国民
会議が動くことになります．そこからの動きは，知識補給図表 15
にまとめることができます．順次説明していきましょう．

　2013 年 8 月にまとめられた社会保障制度改革国民会議の報告書
では，年金部分の最後を次の文で締めています．

　　少なくとも 5 年に 1 度実施することとされている年金制度の財政

知識補給図表 15　平成 26 年財政検証の意味

出所：著者作成.

検証については，来年実施されることとなっているが，一体改革関連で行われた制度改正の影響を適切に反映することはもちろん，単に財政の現況と見通しを示すだけでなく，*上記に示した課題の検討に資するような検証作業を行い，その結果を踏まえて遅滞なくその後の制度改正につなげていくべきである*[55].

　ここで，国民会議報告書が「上記に示した課題」とは，『社会保障制度改革国民会議報告書』41-44 頁に記されています.

　長期的な持続可能性を強固にして，セーフティネット機能（防貧機能）を強化する改革に向けて
（1）マクロ経済スライドの見直し
……
　将来の保険料負担水準を固定した以上，早期に年金水準の調整を進めた方が，将来の受給者の給付水準を相対的に高く維持することができる. このため，マクロ経済スライドについては，仮に将来再

55　『社会保障制度改革国民会議報告書』46 頁.

びデフレの状況が生じたとしても，年金水準の調整を計画的に進める観点から，検討を行うことが必要である．

……

(2) 短時間労働者に対する被用者保険の適用拡大

……国民年金被保険者の中に被用者性を有する被保険者が増加していることが，本来被用者として必要な給付が保障されない，保険料が納められないというゆがみを生じさせている．このような認識に立って，被用者保険の適用拡大を進めていくことは，制度体系の選択の如何にかかわらず必要なことである．

……

(3) 高齢期の就労と年金受給の在り方

世界に目を向けると，高齢化の進行や平均寿命の伸長に伴って，就労期間を伸ばし，より長く保険料を拠出してもらうことを通じて年金水準の確保を図る改革が多くの先進諸国で取り組まれている．

……

(4) 高所得者の年金給付の見直し

マクロ経済スライドの発動による年金水準の調整は，中長期にわたって世代間の給付と負担のバランスを図ることを通じて，年金制度の持続可能性を高めるものといえる．このことを考慮すると，今後は，年金制度における世代内の再分配機能を強化していくことが求められる．

……

これら『社会保障制度改革国民会議報告書』の文言をプログラム法（2013 年 12 月 5 日成立）という法律が引き継いでいくことになります．

**持続可能な社会保障制度の確立を図るための改革の推進に関する
法律（通称，プログラム法）**

五　公的年金制度

2　政府は，公的年金制度を長期的に持続可能な制度とする取組を
更に進め，社会経済情勢の変化に対応した保障機能を強化し，並び
に世代間及び世代内の公平性を確保する観点から，公的年金制度及
びこれに関連する制度について，次に掲げる事項その他必要な事項
について検討を加え，その結果に基づいて必要な措置を講ずるもの
とすること．（第六条第二項関係）

(一)国民年金法及び厚生年金保険法の調整率に基づく年金の額の
　　改定の仕組みの在り方

(二)短時間労働者に対する厚生年金保険及び健康保険の適用範囲
　　の拡大

(三)高齢期における職業生活の多様性に応じ，一人一人の状況を
　　踏まえた年金受給の在り方

(四)高所得者の年金給付の在り方及び公的年金等控除を含めた年
　　金課税の在り方の見直し

　このプログラム法の(一)から(三)を受けて，平成26年財政検証
でオプション試算Ⅰ〜Ⅲが行われました．こうした一連の流れを要
約すると，平成21年財政検証で，このままでは将来の給付水準が
下がりすぎて給付の十分性に支障を来すという問題が可視化され，
その対策として打つべき手段を可視化したのが平成26年財政検証
の3つのオプション試算だったわけです．

　平成26年財政検証の本体試算は，なにもしなければこうなると
いう絵柄を示しており，本体試算を補完するものとしてなされた3
つのオプション試算では，この方向で年金改革を進めるといずれも

が給付水準の底上げにプラスに働くことが確認されました.

　たとえば, 被保険者期間を 40 年から 45 年に延ばすと, 給付は 45/40 倍, 約 1 割増えます. そして 65 歳から 70 歳まで繰り下げを行うと今の繰り下げ割増率を適用すれば 65 歳給付水準の 1.4 倍になる. その結果, 被保険者期間 45 年, 70 歳での繰り下げ受給であれば, 被保険者期間 40 年繰り下げなしの年金額よりも 45/40×1.4 ＝1.54 倍の給付水準になります.

　令和元年財政検証におけるオプション試算は, Ａ（被用者保険の更なる適用拡大), Ｂ（保険料拠出期間の延長と受給開始時期の選択）と呼ばれていました. 今回は, ＡとＢの複合効果——つまり, 被用者保険の更なる適用拡大を行い, かつ, 保険料拠出期間の延長なども同時に行った場合の年金財政への影響を試算していたのは特筆すべきだと思います.

　財政検証が発表された日, 2019 年 8 月 27 日の第 9 回年金部会では, 出口治明委員が「今回の財政検証の一番大事なページはどこかといえば, 資料 3-1 の 24 ページだと思うのです」と発言されていて, 僕も出口さんの発言に触発されて,「今回の資料で一番大事なのは, 資料 3-1 の 22 ページから 24 ページ, 組み合わせ試算, オプション試算の組み合わせをするとどんなことが起こるか」と発言しています. 続けて,「これは今までやってくれなかったから, 我々が自分たちで計算していました. 組み合わせ試算を行うと, 物すごく大きな効果が出るわけです. このオプション試算をどう実現していくかということが実は年金局の仕事で, 財政検証するのが彼らの仕事ではない. これをどう実現させていくか, 国民の生活を守るために, 日々彼らがやっていることはそれなのです」などと余計なことも話しています……

知識補給図表 16　オプション A とオプション B の組み合わせ試算

	現行制度	オプション B ①〜③全て実施		組み合わせ効果			
	給付水準調整後	適用拡大 325 万	適用拡大 1,050 万人	ポイント		%	
所得代替率	(40 年拠出 65 歳受給)	(45 年拠出 65 歳受給)					
ケース I	51.9%	59.6%	63.0%	8	11	15%	21%
ケース II	50.8%	58.6%	62.4%	8	12	15%	23%
ケース III	44.5%	51.6%	54.9%	7	10	16%	23%

注：オプション A　適用拡大 325 万人　　賃金要件，企業規模要件を廃止
　　　　　　　　　適用拡大 1,050 万人　一定以上の収入のある全雇用者を適用
　　オプション B　①　基礎年金の拠出期間延長
　　　　　　　　　②　65 歳以上の在職老齢年金の廃止
　　　　　　　　　③　厚生年金の加入年齢の上限を現行の 70 歳から 75 歳に延長
　　詳細は，令和元年財政検証資料 3-1, 22 〜 24 頁参照.
出所：令和元年財政検証資料を基に筆者作成.

　では，財政検証資料 3-1 の「オプション A とオプション B の組み合わせ試算」には何が書かれていたのか？　要約すれば知識補給図表 16 になります.

　すなわち，適用拡大 325 万人と被保険者期間の延長 40 年から 45 年などを実現できれば，所得代替率は 7 ポイント（ケース III，以下同じ）程度，パーセンテージで見れば 16%上昇，適用拡大 1,050 万人では所得代替率が 10 ポイント，23%上昇するわけですね. この給付改善効果は，65 歳以上の在職老齢年金の廃止による所得代替率へのマイナス 0.4 ポイントの影響を折り込み済みです. そして，この給付水準改善効果は，令和元年財政検証資料をみれば分かるように，基礎年金に大きく表れます. こうした改革を実現するために，いわゆる年金官僚さんたちは，日夜働いてくれているわけなんです……と言っても，改革に抵抗する人たちが大勢いるから，あっちに山ありこっちに谷ありで，なかなか思うように行かないのが現実——年金というのは，ほんっと，現実の民主主義ってのは一体全体

知識補給図表17　足下（2019年度）の所得代替率（61.7%）確保に必要な受給開始時期の選択 I

〈経済前提：ケースⅢ、人口前提：中位推計（出生中位、死亡中位）〉

生年度（2019年度の年齢）	65歳到達年度	モデル年金（40年拠出） 所得代替率	就労引退	受給開始	就労期間[拠出期間]	平均受給期間（65歳の平均余命）	所得代替率	現行制度[基礎年金40年加入] 就労引退	受給開始	就労期間[拠出期間]	平均受給期間	オプションB-⑤[基礎年金45年加入・65歳以上の在職老齢年金廃止等] 就労引退	受給開始	就労期間[拠出期間]	平均受給期間
1954（昭和29）（65歳）	2019	61.7%	60歳0月	65歳0月	40年0月	22年4月	61.7%	60歳0月	65歳0月	40年0月	22年4月				
1959（昭和34）（60歳）	2024	60.2%				22年9月		62歳4月	65歳0月	42年4月	22年9月				
1964（昭和39）（55歳）	2029	58.6%				23年2月		65歳0月	65歳0月	45年0月	23年2月				
1969（昭和44）（50歳）	2034	56.6%				23年6月		65歳5月	65歳5月	45年5月	23年1月				
1974（昭和49）（45歳）	2039	54.1%				23年11月		66歳0月	66歳0月	46年0月	22年11月	65歳3月	65歳3月	45年3月	23年8月
1984（昭和54）（40歳）	2044	51.7%				24年2月		66歳7月	66歳7月	46年7月	22年7月	65歳8月	65歳8月	45年8月	23年6月
1984（昭和59）（35歳）	2049	50.8%				24年6月		66歳9月	66歳9月	46年9月	22年9月	65歳10月	65歳10月	45年10月	23年8月
1989（平成元）（30歳）	2054					24年9月					23年0月				23年11月
1994（平成6）（25歳）	2059					25年0月					23年3月				24年2月
1999（平成11）（20歳）	2064					25年3月					23年6月				24年5月

どのように動いているのか，政策ってどんなふうに決まっていくのかを知る教材として最高なんです．だから，この本の中にも，資本主義的民主主義，レントシーキングとか，政治家の得票率極大化行動，投票者の合理的無知などなど，民主主義の運行を理解するためのキーワードが出てきたり，僕が2015年に出した本は『年金，民主主義，経済学』だったりもするんですけどね．おっと話が逸れてしまったゾ．

　話戻って，令和元年の財政検証では，若い人たちにとって，とても参考になる資料が作成されていたので紹介しておきます．

　知識補給図表17は，たとえば皆さんが30歳だったとします（20歳でも40歳でも別に良いですけどね）．表の左の列の1989（平成元）（30歳）をご覧ください．1989年生まれで今30歳の君が65歳に到達するのは2054年になるそうです……計算すれば分かる話ではありますが．

　さて，君が65歳で年金を受給し始めるとき，もし20歳から40年間保険料を拠出しているとすると，表の左から2列目に示されているように，所得代替率は50.8%になります．

　仮に君のお父さんが，今65歳だとすると，40年間保険料を納めて65歳から年金を受給し始めるとすれば（それが「モデル年金」の定義ですけど），所得代替率61.7%の年金になるので，なんだか少

知識補給図表18　親子の人生？

生年度	男性の余命（年）			女性の余命（年）		
（2019年度の年齢）	0歳	65歳	75歳	0歳	65歳	75歳
1954（昭和29）（65歳）	63.14	12.88	8.20	67.69	15.00	9.24
1989（平成元）（30歳）	75.91	16.22	9.52	81.77	19.95	12.00
伸び	12.77	3.34	1.32	14.08	4.95	2.76

出所：「主な年齢の平均余命の年次推移」厚生労働省『平成30年簡易生命表』より筆者作成．

しうらやましい気もします．でも彼らが生まれた 1954 年頃は，生まれた赤ちゃんの平均寿命は男性 63.14 歳，女性 67.69 歳，65 歳での平均余命は男性 12.88 年，女性 15.00 年だったんですね．それが 1989 年に生まれた君たちの平均寿命は延びていて，男性で 12.77 年，女性では 14.08 年延びています．君たちが 65 歳になった頃は平均余命は男性で 3.34 年延び，女性は 4.95 年延びることになる．

先ほどの知識補給図表 17 は，仮に今年 65 歳の父親が 65 歳から受給する年金の所得代替率と同じ水準の給付を受けるためには，30 歳の君たちは，いくつから受給し始めれば良いかが示されています．ずばり，66 歳 9 ヶ月！　20 歳から 46 年 9 ヶ月働いて年金を受給し始めれば，今年 65 歳の父親と同じ所得代替率の年金を受け取ることができるってわけです．

こうした関係を，現在 65 歳と 20 歳の人を対象として図に示してくれているのが，次です．

知識補給図表 19　令和元年財政検証の意味

〈経済前提：ケースⅢ，人口前提：中位推計(出生中位，死亡中位)〉

	1954(昭和29)年度生 (2019年度 65歳)	1999(平成11)年度生 (2019年度 20歳)	
		就労延長により2019年度の所得代替率(61.7%)を確保する場合	
	モデル年金 (40年拠出)	モデル年金 (40年拠出)	現行制度	オプションB-⑤ ・基礎年金45年加入 ・65歳以上の在職老齢年金廃止等
所得代替率	61.7%	50.8%	61.7%	61.7%
受給開始時期	65歳	65歳	66歳9月	65歳10月
就労期間 (拠出期間)	40年 (20歳〜60歳)	40年 (20歳〜60歳)	46年9月 (20歳〜66歳9月)	45年10月 (20歳〜65歳10月)
平均受給期間	22年4月 (65歳〜87歳4月)	25年3月 (65歳〜90歳3月)	23年6月 (66歳9月〜90歳3月)	24年5月 (65歳10月〜90歳3月)

約3年延長（平均余命の伸び）

1〜2年程度延長

　左側に，今年65歳の人の姿が描かれています．彼らは，40年間保険料を拠出し，65歳から年金を受け取るとすると，その給付水準は61.7%で，これを平均すれば22年4ヶ月受給していきます．もし，20歳の人が同じライフプランでいくとすると所得代替率は50.8%になります……と言っても，年金を受け取る期間は，父親世代よりも約3年は長くなるんですけどね．

　そこで，もし，20歳世代の人たちが，昔の人よりは少し長く働いてみようかと思って，たとえば66歳9ヶ月まで働いて，保険料をそれまで納付するとしますね．すると，右側の 現行制度 にあるように，今の高齢者と同じ所得代替率の年金を受け取ることができるようになるわけです．さらにもし，令和元年の財政検証のオプションBで試算されたような基礎年金の加入期間を40年から45年にしたりすると，オプションB-⑤ に書かれているように65歳10ヶ月で今の高齢者と同じ所得代替率になります．

　寿命も余命も随分と延びてきたのに，父親の世代とそんなに変わらない給付水準になるのか？　っと思う人たちがいるかもしれません．その原因は，年金の繰り下げと被保険者期間の延長は，年金財政に関して絶大な効果を持つからなんですね．

　なんだか，年金は破綻したとかなんだかんだと大騒ぎするのがバカバカしくなりますよね．年金をどうにかすることも大切ではありますけど，それと平行して，いっそのこと，労働市場を，寿命の延びに合わせて，定年年齢を自動的に引き上げていく制度にしてしまったほうがいいくらいです．まぁ，少しは，その方向に進んでいるんですけどね．

　ところで，スウェーデンでは，年金財政報告書として「Orange Report」というものを出していて，（65歳時点からの）平均余命の

伸び分を補って年金水準を維持するために必要な退職年齢が明記されています——たとえば，先ほどの2019年で65歳の年金水準を維持する退職年齢は66歳9ヶ月というような話．それにあわせて，年金水準維持のためには，寿命の伸びのうち，概ね3分の2を就労期間の延長に充て，残りの概ね3分の1が年金受給期間に充てられる必要があるとしています．なんか，当たり前の話のような気がしますよね．みんなが若返って寿命がどんどんと延びているときに，お前は，サザエさんの波平さんの時代と同じ年齢55歳で引退しろっと言われても，その後の余命がながすぎて，やることなくって困りそうな気がしますよね．それよりも，みんなが長く社会参加することができる仕組みせっせと作っていった方がハッピーな気がするんですよ．みんなして，がんばろうよ．

　と，いろいろと令和元年財政検証について説明しましたが，実のところ，年金改革をはじめ社会経済制度改革に注がれる政治エネルギーは，平成26年財政検証が行われたオプション試算が含意する方向に向けられるべきことが明確に示されていたわけであります．しかし，その実行は難しいのかもしれません．それでもなお，やはりマクロ経済スライドの見直しを含めた平成26年財政検証時の3つのオプションに基づく改革は，将来の高齢者のため，つまり，今の若者たちのために，今成し遂げておくしかありません．そのためには，国民のみなさんに協力が是非とも必要になるわけです．正しい年金改革を進めようとする政治家を支えてあげる国民がいなければ，年金改革は，また挫折してしまいます．詳しくは『年金，民主主義，経済学』（2015）第Ⅱ部「平成26年財政検証の基礎知識」をご覧ください．

162 頁に戻る

バカ発見器？のひとつ——スプレッドへの理解へのV3での加筆

　さて，いよいよ最後の知識補給とあいなりました．明るく，パーッといきましょうかっ！　世の中には，ウソかマコトかウソ発見器なるものがあるようで，Amazonでウソ発見器と入力するとたくさんでてきます⁉　似た話かどうかは微妙ですけど，年金の世界では，ウソならぬ，論者の年金理解の度合いを見分けるリトマス試験紙のようなものがあります．昔は，「未納が増えると年金が破綻する」っていうのも有名なリトマス試験紙でした．当の本人たちはウソだと思っていないのだから，ウソ発見器とも呼べないんですよね——だからバカ発見器？

　本書にでてきたひとつめは，100年安心という言葉でした．これについては知識補給「100年安心バカ」で話をしました．ふたつめの「積立方式の年金はどんなに少子高齢化がすすんでも影響をうけません！」という言葉も，Output is centralという考え方を理解すればウソであることが分かると思います．そして3つめ——「財政検証での年金積立金の運用利回りが高すぎる！」と猛烈に批判する文章に見おぼえがあったりしましたら，あっ!!!……と思いだしてください．この言葉，はじめのふたつと共に，バカ発見器として結構役に立ちます．

　先進国の公的年金というのは，どの国でも基本，賦課方式で運営されているわけでして，現役世代の賃金の上下に応じて年金給付水準も上下するように制度設計されています．そこに日本のように他国と比べて大目の積立金が存在する場合，年金制度と積立金の関係はどうなると思いますか？

　微妙に積立金を持つ賦課方式のもとでは，年金財政への積立金の

貢献は，名目運用利回りから名目賃金上昇率を引いた「スプレッド」が果たすことになります．たとえば，平成21年財政検証の際には積立金の名目運用利回りは4.1%と仮定されました．でも，そこで想定されていた名目賃金上昇率は2.5%でしたから，スプレッドは1.6になります．この予定されたスプレッド1.6は，同期間の実際のスプレッドよりも低かったんですね．つまり，平成21年財政検証での運用利回りの想定にはムリはなく，決して高すぎることはなかった．あぁ，もう，分かんないですよね．だから，僕はこの話を書こうか書くまいか最後まで迷った挙げ句の果てに，みなさんがドン引きされることは覚悟の上で（そして編集者に迷惑をかけるのを覚悟の上で<(_ _)>ペコッ），校正の最終局面で加筆することにしたんですね．残念なことに，世の中，大切なことってけっこう複雑なんです．このあたりはどうしても難しい話ですので，経済学者のほとんども（いや，全員に近いくらい）気持ちよく間違えてくれます．もし詳しい話を知りたい人がいらっしゃいましたら，権丈（2015 第VII巻）にある「第8講　財政検証の積立金運用利回りの前提」や「第9講　微妙に積立金を持つ賦課方式のワナ」をご覧くださいませ．

　ちなみに，僕は大学のテストでは，Output is central という考え方とスプレッドという考え方についての説明をしつこく出題しています．この2つを理解していれば，公的年金で大きく道を踏み外すことはなくなりますからね．逆に言えば，このふたつを知らないままに公的年金を論じ始めると，世の中にとって百害あって一利なしの存在になりかねません——いや，実際にそうなること請け合いかな…（￣。￣）ボソ…

知識補給増補版での加筆

やさしい経済学「公的年金保険の誤解を解く⑥」
『日本経済新聞』2016 年 12 月 29 日より

　名目運用利回りの仮定は高すぎるといった批判は，微妙に積立金を持つ賦課方式の下では，公的年金を理解しているかどうかの重要な試金石となります．賦課方式の公的年金では，賃金の伸びが高いと給付水準も高くなり，賃金の伸びが低いと給付水準も低くなる自動調整メカニズムを持っています．そのなかでの年金財政への積立金の貢献は，名目運用利回りから名目賃金の伸び率を引いた「スプレッド」が果たしますので，運用実績はスプレッドで評価されることになります．

　たとえば，平成 21 年の検証時，名目賃金上昇率の想定は 2.5% だったので，運用の目標値であるスプレッド 1.6% と合計して 4.1% という数値が独り歩きしました．

　しかし実際には，財政検証が行われた平成 26 年から過去 8 年間の名目賃金上昇率は▲ 0.46%，名目運用利回り実績は 2.32% で，この間のスプレッド 2.78% は目標値 1.6% を大きく上回っていました．平成 21 年財政検証時の名目運用利回りの前提は，過大ではなかったのです．

オンラインへ GO！
やさしい経済学「公的年金保険の誤解を解く」
『日本経済新聞社』2016 年 12 月 22 〜 30 日

V3 での加筆

　しつこいですけど，スプレッドへの理解ってとても大切なので，

2018年3月に，とても良い説明が世に登場しましたので，紹介しておきますね．場所，公的年金の財政検証のための経済前提のあり方を議論して決める，「第4回社会保障審議会年金部会年金財政における経済前提に関する専門委員会」．ちなみに，僕はこの会議の委員でして，こういう資料を作ってくれたらうれしいなっと，会議で要求をだしていました．

○佐藤数理調整管理官

年金局数理課の数理調整管理官の佐藤です．私のほうから資料2「経済前提が年金財政に与える影響」について御説明いたします．この資料は第2回の当委員会において権丈委員より，経済前提が年金財政にどのような影響を与えて，最終的に所得代替率にどのように影響するのか整理していただきたいという旨の御発言がありました．そこで，事務局において経済前提が年金財政に与える影響を整理したものです．経済前提が年金財政に影響を与える結果として，マクロ経済スライドの給付水準調整期間が変動するということになりまして，それを通して将来の所得代替率にも影響を与えることになります．

……

3ページ（知識補給図表20）は経済要素がどのようなメカニズムで年金財政に影響を与えるかというものを整理したものです．賦課方式を基本とした公的年金ですので，当然人口構成の変化による影響を受けますが，ここでは人口要素を除いて考えております．人口要素を除いて考えると，右側の支出と左側の収入ともに基本的に賃金水準の変化に応じて，収入，支出が変化していくという仕組みになっています．

収支の各要素について見ていきますと，右側の支出の年金給付につきましては，新規裁定時は賃金，裁定後は物価スライドによって

知識補給図表 20　経済変動が年金財政へ与える影響

○ 賦課方式を基本とした公的年金は，人口構造の変化による影響を除くと，**収入（財源），支出（給付）ともに賃金水準の変化に応じて変動する**ことになる。この性質により，激しい経済変動に対しても一定の安定性を確保し，その時々の賃金水準に応じた年金給付を可能としている。
○ したがって，**収入，支出の中で賃金上昇に連動しない部分が年金財政に大きな影響を与える**。
〈賃金上昇に連動しない部分〉
・運用収入のうち運用利回りと賃金上昇率の差　…実質的な運用利回り（スプレッド）
・既裁定年金の物価スライド　…賃金上昇と物価上昇率の差（実質賃金上昇率）

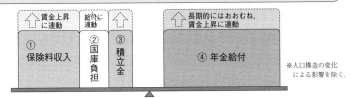

① 保険料収入　　…　賃金上昇に応じて増加
② 国庫負担　　　…　給付の増加≒（賃金上昇）に応じて増加
③ 積立金　　　　…　運用収入に応じて増加
④ 年金給付　　　…　新規裁定年金の賃金スライドにより，おおむね賃金上昇に応じて増加
　　　　　　　　→　既裁定年金は物価スライドであるが，年金給付の長期的な動向は賃金上昇に応じて増加する。

出所：「第4回社会保障審議会年金部会 年金財政における経済前提に関する専門委員会」（2018年3月9日）

変動していくという仕組みになっています．この仕組みの下では，長期的にはおおむね賃金上昇に応じて年金給付が増加していくということになります．

　一方，左側の収入の大半を占める保険料を見てみますと，賃金の一定割合で保険料が賦課されますので，賃金に保険料収入も連動するということになります．また，収入のうち国庫負担については，給付の一定割合として定まっておりますので，給付のほうが賃金に連動しますと，同様に国庫負担も賃金に連動するようになっております．

　このように，収支ともに賃金に連動するという性質により，公的年金においては，急激なインフレとか，激しい経済変動があったと

きも，現役の賃金水準に応じた財源を確保するということが可能となっておりますので，その結果として，賃金水準として一定の価値のある年金水準を確保することができるという仕組みになっています．

　したがいまして，逆に考えますと，収入支出の中で賃金に連動しない部分が，年金財政にとって大きな影響を与えるということになります．これは具体的に記しているのが上の四角囲いの下の部分に書いてありますが，2つほど要素があります．1つは，運用収入は必ずしも賃金に連動するものではありませんので，運用収入のうち賃金上昇との差に当たる部分，つまりスプレッドと言われる実質的な運用利回りが年金財政に影響を与える，重要な要素となるということです．

　もう1つ重要な要素となるのが，支出の年金給付についてですが，裁定後は物価スライドということになりますので，この部分が賃金と連動していない部分となります．すなわち，賃金と物価上昇の差に相当する実質賃金上昇率が，もう1つの重要な要素となってきます．

　以上，まとめますと，繰り返しになりますが，経済前提において重要な要素というものは，賃金を上回る実質的な運用利回り，つまりスプレッドと，あと実質賃金上昇率との2つということになります．

162 頁に戻る

「防貧」と「救貧」は異質——政策の実行可能性を考える

くらしの明日：私の社会保障論『毎日新聞』（2013年12月18日）より

年金論議が一つ目の峠を迎える2008年の話に入る前に，基礎概念の整理をしておこう．

年をとって初めて，その概念の持つ重要性がしみじみと分かるものがある．私にとってのその一つは「社会保険は防貧機能，公的扶助は救貧機能」．社会保険は事前に保険料を拠出していた人たちが相互に助け合いながら，貧困に陥ることを未然に防ぐ制度であり，生活保護は貧困に陥った人を事後的に税財源で救う制度であって，全く異質なものであるという意味だ．

学生の頃，講義でそういう話を聞きながら「うちの先生は，『貧』なんて言葉を使って，古くさいことを言っているなぁ」と思ったが，その時に覚えたことが，後に，重要となる．

07年10月の日本財政学会でのこと．私は年金財政試算の報告について，コメントを頼まれていた．その日の二つの報告は公的年金を保険方式から税方式にするような年金改革の試算の研究であり，質疑応答も，試算の技術的な話で大いに盛り上がっていた．その中，私の出番となり報告者に次の質問をした．

同じような研究をしている皆さんの間で，改革の際，ひとりひとりの年金保険料の過去の拠出履歴をどう扱うかの「制度移行問題」に関してどのような議論をしているのか？　他の制度，例えば，年金受給年齢以前の生活保護制度との整合性について，どのような議論をしているのか？

会場はシーンとする．報告者が弁明をした後，司会者が来場者に意見を問うても，水を打ったような静けさ．そして終了．

　この場に限らず，当時の民主党の周りにいた抜本改革論者たちは，現行の基礎年金財源を 100% 租税財源にすれば，すぐに全員に満額の年金が給付されると考えていた．続けて，未納問題が解消され，ひいては，無年金・低年金問題も解決するとも言っていた．

　不思議なことに，無・低年金者が目の前に存在する事実そのものが，実は，彼らの言う制度への移行の大きな障壁として立ちはだかることを，彼らは全然考えたことがなかったのである．

　仮に来年から基礎年金の財源を全額消費税に切り替えたとしても，例えば過去の未納ゆえに無・低年金である人たちに，保険料全納の人と同額を給付できるはずがない．そこで，無・低年金者の給付を増やせないまま財源をすべて消費税にすれば，彼らにとって消費税の負担増だけが課されることになる．抜本改革論者は，制度移行に伴って生じるそうした種々の政策細部の問題に気づいていなかった．

　年金改革時の「制度移行問題」を言い始めたのは私だと思うが，フィージビリティ（実行可能性）という多くの年金論者が無視してきた側面を私に考えさせたのは，「社会保険は防貧機能」という，あの時の講義で聞いた話であったような気がする．

＊＊＊

　2007 年 10 月 28 日の日本財政学会で「制度移行問題」を抜本改革論者に問うて数か月後の 08 年 3 月 4 日，僕は社会保障国民会議に「基礎年金租税財源化に関する定量的なシミュレーションの必要性」という資料を提出して，租税方式への移行問題を可視化するシミュレーションを提案しています．その提案に基づいて，5 月 19 日に社会保障国民会議で「公的年金に関する定量的なシミュレーション結果について」が発表されました．この，社会保障国民会議に

おける年金シミュレーションが，この知識補給の冒頭「年金論議が一つ目の峠を迎える 2008 年」を印象づけることになります[56].

　次は，権丈（2015 Ⅶ巻）53 頁より[57]

　日経が年金改革の抜本案を提示したあの（2008 年）1 月 7 日の日経の社説は，現行制度に対する宣戦布告のつもりで書かれたものだと思います．ところが，その年に開かれていた社会保障国民会議が 5 月 19 日に発表した「公的年金に関する定量的なシミュレーションについて」のなかで，保険料の未納が増えても年金は破綻しないことが示され，そのうえ，基礎年金の財源を消費税でまかなう場合の移行問題と財源規模問題が示されるわけです．そのシミュレーション結果を見た多くの人が，日経案にはフィージビリティ（実現可能性）がないと考えたようで，あの国民会議のシミュレーション以来，基礎年金の租税方式論はしぼんでいきます．5 月 19 日の国民会議の夜に知人の記者からメールが来たのですが，そこには，「租税方式の終わりの始まりですね」と書かれていました．歴史はそのとおりに進んでいきます．

45 頁に戻る

56　年金論議の二つ目の峠は 2011 年に迎えます．権丈（2015 Ⅶ巻）第 2 講中の「2011 年，年金制度改革 2 段階論？」56-57 頁参照．
57　このあたりの年金をめぐる出来事の年表は権丈（2015 Ⅶ巻）xxii 頁参照．

国民年金の未納者ってどんな人？

すみませんね．この本初版の校了後に，平成26年国民年金被保険者実態調査が公表（2015年12月）されましたので紹介させてもらいますね．

でっ，いったい，誰が未納者なのだと思いますか？

普通は，低所得者だと思うんですよね．でも，昔から，そうとは限らないところが世の不思議なんです．

このあたりのことについて，僕は，2008年の5月24日，つまり5月19日に社会保障制度国民会議で「公的年金に関する定量的なシミュレーション結果」（234-235頁参照）について報告がなされた5日後に次の文章を書いています[58]．

今週の20日火曜日は，4時から6時までの国民会議の医療介護分科会（内閣府ビル），6時から社会保障審議会年金部会（厚労省ビル）の梯子．といっても，年金部会の話題は，前日19日に発表された年金シミュレーションであり，シミュレーションの説明が行われている時間は，1時間近くあるだろうから，地下鉄の国会議事堂前駅から霞ヶ関駅までの一駅分をのんびりと散歩して，6時50分頃年金部会に到着──丁度，質疑応答がはじまった瞬間だった．

質疑応答の中，「未納が年金を破綻させないことは分かった．しかし，未納者はいずれ生活保護の受給者になる云々……」という話がでた．

このあたりについて，「2008年4月，今日的年金問題について[59]」に

---

58 「勿凝学問156　未納者は低所得者とは限らない──素人の常識と専門家の常識との距離」より
59 「政策懇談会」にての発表．

書いた文章を紹介しておきますね——データだけ，平成 26 年度国民年
金被保険者実態調査に更新しておきます．

＊＊＊

「2008 年 4 月，今日的年金問題について」（2008 年 4 月 12 日脱稿）
所得階級別未納者の度数分布をみてみよう（参考までに納付者も掲載）．

知識補給図表 21　世帯の総所得階級別保険料納付状況の度数分布

注：未納者は「1 号期間滞納者」
資料：平成 26 年度国民年金被保険者実態調査．
出所：筆者作成．

　　未納者では総所得金額 200 万円未満が 47.1% を占めている一方，
納付者の 31.1% は同じ所得階層にいる．他方，所得階層の 200 万円
以上 500 万円未満には，未納者の 38.1%，納付者の 35.6% が属して
いる．総所得金額 500 万円以上 1,000 万円未満では，未納者の
12.1%，納付者の 22.8% がいる．そして，1,000 万円以上に限ってみ
れば，未納者の 2.6% がいる．
　　また，次の「世帯の総所得階級別保険料納付状況」をみると，
1,000 万円以上の総所得をもつ世帯の 7.8% が未納者（1 号期間滞納

者），500〜1,000万円未満では13.7%であることがわかる．一方，所得なしであっても保険料を完納している者は22.7%おり，一部納付者と合わせると，28.2%になる．

知識補給図表22　世帯の総所得階級別保険料納付状況

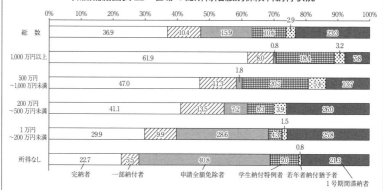

注1：「総数」には，世帯の総所得金額不詳の者を含む．
注2：福島県の避難指示区域を除く．
資料：平成26年度国民年金被保険者実態調査．

知識補給図表23　本人及び世帯全体の生命保険・個人年金の平均保険料月額の平均

（単位：万円）

	本人の保険料月額の平均		世帯全体の保険料月額の平均	
	生命保険	個人年金	生命保険	個人年金
総数	1.4	1.6	2.6	2.0
納付者	1.7	1.7	3.0	2.2
完納者	1.8	1.8	3.2	2.2
一部納付者	1.3	1.4	2.4	1.9
1号期間滞納者	1.1	1.4	2.0	1.7
申請全額免除者	1.0	1.1	1.6	1.5
学生納付特例者	0.7	1.2	3.0	1.9
若年者納付猶予者	0.7	1.1	2.4	2.0

注1：本人の保険料月額の平均は，生命保険又は個人年金の加入者についての平均である．
注2：世帯全体の保険料月額の平均は，生命保険又は個人年金の加入者がいる世帯についての平均である．
注3：本人の保険料月額の平均及び世帯全体の保険料月額の平均は，それぞれ本人の保険料月額及び世帯全体の保険料月額不詳の者を除く．
注4：福島県の避難指示区域を除く．
資料：平成26年度国民年金被保険者実態調査．

そして，1号被保険者本人が支払っている生命保険料，個人年金保険料を示しておく．調査対象の平成26年3月末の国民年金保険料は15.040円だったのであるが，未納者（1号期間滞納者）は，生命保険料1万1千円，個人年金保険料1万4千円を支払っている．

こうした資料を知る研究者たちは，**未納問題は必ずしも低所得問題でない**と考え，無年金・低年金であることのみを理由に，追加的な給付，支援の必要性・必然性をいう話に，どこか違和感を抱いてしまうのである．

ちなみに，次頁の知識補給図表24は，2008年11月12日に社会保障審議会年金部会に配付された資料です．平成19年度に免除・猶予なしの人は70%です．ところが，『所得特別調査』による所得状況に基づく場合は，免除・猶予なしの人は20%になります．

この70%と20%の差50ポイントの人たちは，所得が低いのに爪に火をともしながら国民年金の保険料を収めているのか？　それとも所得の捕捉がしっかりと行われていないのか？

この資料に関する目白大学教授（当時）宮武剛委員の指摘は知っておいていいかとも思います．

宮武委員……23ページ（知識補給図表24）で1号の被保険者の内訳が書いてあって，現実に何とかお払いになってはいるんですけれども，所得状況で見ればまともに保険料を払うべき人は2割しかいないわけです．……クロヨン問題というものはやはり大変な問題で，実際に制度設計をするときには極めて難しい問題が出てくるだろうということが素人でもわかります．

この知識補給を読んだ後に，もう一度，「知識補給　日本の年金

知識補給

知識補給図表24　平成19年度における国民年金第1号被保険者の内訳（粗い推計）

(万人)

| | | H19年実績（実際に当該免除を受けている者） | 所得状況によって分類した場合 | 現行の免除基準　所得（収入） | |
				単身世帯	4人世帯
第1号被保険者（任意含む）		2,035 (100%)	2,035 (100%)		
第1号強制加入被保険者計		2,001 (98%)	2,001 (98%)		
	全額免除	202 (10%)	521 (26%)	～57万円 (122万円)	～162万円 (257万円)
	4分の3免除	27 (1%)	284 (14%)	～93万円 (158万円)	～230万円 (354万円)
	半額免除	19 (1%)	196 (8%)	～141万円 (227万円)	～282万円 (420万円)
	4分の1免除	8 (0%)	153 (8%)	～189万円 (269万円)	～335万円 (486万円)
	若年者納付猶予	37 (2%)	103 (5%)	～57万円 (122万円)	
	学生納付特例	166 (8%)	251 (12%)	～141万円 (227万円)	
	法定免除	113 (6%)	113 (6%)		
	免除，猶予なし	1,430 (70%)	410 (20%)		
第1号任意加入被保険者		34 (2%)	34 (2%)		

注1：（ ）内の％は，第1号被保険者の総数に対する割合である．

注2：現行の免除基準は，申請者が世帯全員を扶養している世帯主である場合における申請者本人の所得（収入）の目安．なお，申請免除は申請者本人，配偶者および世帯主のそれぞれの前年の所得が，扶養状況に応じた免除基準に該当することが必要．

注3：若年者猶予制度は，本人および配偶者の前年の所得が，それぞれ全額免除基準に該当することが必要であり，学生納付特例制度は，本人の前年の所得が半額免除基準に該当することが条件．

注4：所得分布は，平成17年国民年金被保険者実態調査「所得特別調査」に基づく推計（平成16年所得）．調査対象者から，所得不詳，調査で学生と回答した者，16年度末に学生納付特例者であった者を除いて推計した．

注5：任意加入被保険者および法定免除者は，平成19年度末実績．

注6：学生納付特例該当者は，平成17年国民年金被保険者実態調査および平成19年度末時点の年齢別被保険者割合からの推計である．

出所：第12回社会保障審議会年金部会（2008年11月12日）配付資料．

の負担と給付の構造」，そしてこの増補版で追加した知識補給「年金どじょうは何匹いるのかな？」を読んでください．国民皆年金というのが，いかに「野党や研究者から見れば攻めるにやさしい年金行政のアキレス腱」となっているかを，以前よりも深く理解してもらえるかと思います．　　　　　　　　　　　　**61頁に戻る**

あってよかった介護保険

　多くの誤解や勘違いに基づいて，世の中で社会保障はとかく批判されます．そうしたなか，社会保障というのはまさにそういう目的のためにあるんだよな，という新聞記事を権丈（2015 Ⅶ）で引用させてもらっていました．この本でも紹介させてもらいますね．

「あってよかった介護保険」『読売新聞』2013 年 1 月 16 日
林真奈美記者　社会保障部次長（現論説委員）

　親の介護に直面するケースが友人・知人の間で急に増えてきた．「遠方に住む親が認知症」「脳梗塞で倒れた親が有料老人ホームに入った」．昨秋，何十年ぶりかで開かれた高校の同窓会でも，そんな話題が目立った．

　「いや，大変で」とぼやきながらも，彼らが一様に口にするのが，「あってよかった介護保険」である．独身で一人娘の友人がしみじみと言う．「何とか仕事を続けられるのも，経済的な不安を抱えずにすんでいるのも，制度のおかげ」．思い起こせば，介護保険は高齢者よりもむしろ，その子ども世代を支える仕組みとして登場した．2000 年の導入の前は中間所得層が利用できるサービスはほとんどなく，家族が抱え込むしかなかった．とりわけ嫁の負担は重く，「介護地獄」とも言われた．まだ課題も残るが，状況が改善されたのは確かだろう．

　時とともにその「ありがたみ」が忘れられ，高齢者だけが恩恵を受けていると思われがちだ．社会保障の世代間格差がよく言われるが，負担額と給付額だけを見れば確かに高齢者ほど有利だし，介護保険の創設がその傾向を一層強めた．すでに高齢だった人は現役時

の保険料負担なしでサービスを受けられるからだ．だが，下の世代
の介護負担軽減を忘れ，それを不公平というのは，違和感がある．

　介護は言うまでもなく，年金も，昔は家のなかで私的に行われて
いた老親の扶養を社会化・保険化したものです．実際，今の時代に，
親が無年金者だったら，子どもたちは，自分の親の生活のことを考
えなければならないから，なかなか辛いわけでして，親に年金があ
ってよかったと思っている人は相当いると思います．給料で収入を
得ているサラリーマンにとっては，仕送りをはじめ，親の生活をす
べて支える経済的援助を続けるのはなかなか辛いものがあると思い
ます．最近では，ネットの検索サイトで「結婚　無年金」と入力す
ると，「結婚を考えている相手の親が無年金です，結婚はとどまる
べきでしょうか」というような相談ごとが数多くヒットするんです
よね．

122 頁に戻る

守るべき国民医療とは何か

『週刊東洋経済』（2014 年 1 月 11 日号）

（権丈（2015 VI）第 30 講に所収）

　ロンドン五輪の開会式．アリーナでは英国の歴史がたどられていた．産業革命を迎えた時代では煙突が高々と掲げられ，いかにも誇らしげであった．さて，20 世紀をどう描くのかと眺めていると，パジャマ姿の子供たちが病院のベッドの上で無邪気に飛び跳ね始めた．英国の 20 世紀の象徴は，大戦後に生まれた NHS（国営保健サービス）だった．誰でも平等に医療を利用できるようにした点で，その果たす役割は日本の国民皆保険制度と同じである．

　NHS は，サッチャー政権下で，英国有数のスーパーマーケットチェーンの会長グリフィスを議長とした委員会が設けられ，市場化と民営化を求める熱にさらされた．だが，英国民はそうした方向への改革に不満を高め，NHS を守り切った．

　医療政策の根幹は，これを市場に任せると脅かされる医療の平等性と安全性を保障することにある．日本では皆保険制度下での低い自己負担率と保険外併用療養費制度（一種の混合診療）が政策の核．先進国を見渡せば，患者が希望する病院・診療所を選べるフリーアクセスの度合いが強いほど，自己負担率は高くなる傾向にある．このため，ゲートキーパーを持たずフリーアクセスの度合いが極めて強い日本の自己負担率は高い．そこで，高額療養費制度を設けて支払月額の上限を定め，何とかしのいでいる．また，保険外併用療養費制度のもと，安全性がある程度認められる先進医療などの混合診療を一定の基準を満たした病院で承認し，そこで得られた治験データを基に有効性が測られ，保険対象の診療にするかどうかが決めら

れている．

　公的領域は，国内外の民間企業や経産省などの経済官僚の目から
は新しい市場や仕事の場に見えるようで，皆保険制度は，彼らのビ
ジネスや権益拡大を阻むものとしてつねに攻撃される．その時のキ
ーワードの一つに「規制改革」がある．

　生活者を守る公共善のために設けられた「規制」という，かつて
のパラダイムの転換に強い影響を与えたのは，シカゴ大学の経済学
者スティグラーによる 1971 年の論文「経済規制の理論」であった．
このあたりから，規制は利益集団を守る悪しき制度であるとみなす
一辺倒な考え方が一部の国で通念になっていく．

　しかし，医療の平等性と安全性を確保するためには，市場の力を
あるべき場所に封じ込める防壁は必要であり，そのためのルール設
定は不可欠となる．そうしたルールの多くは，緩和・撤廃されるべ
き規制ではない．

　もっとも，迎えるべく超高齢社会における医療・介護の実需の増
大と，必要な負担増を何十年間も先送りしてきたゆえの財政難のた
めに，日本は「皆保険の維持，我々国民がこれまで享受してきた日
本の皆保険制度の良さを変えずに守り通すためには，医療そのもの
が変わらなければならない」状況にある（『社会保障制度改革国民会
議』報告書）．

　日本の医療提供体制の改革のためには，国民会議の大島伸一委員
の発言のように「（医師会・病院会などの）職能団体は腹をくくって
前に進む．国ももちろんそれを全面的に支援する．総力戦のような
形でやっていく」ことが求められている．そういう話を，私は，
2013 年末の「国民医療を守る議員の会」発足式でした．守るべき
国民医療とは国民皆保険制度であり，その方策としての医療改革の

実現に協力を願いたいと.

159 頁に戻る

現在の高齢者から将来の高齢者への仕送りを進めよう

ある年の9月5日（月），突然，連絡がくる．

　弊誌『週刊エコノミスト』9月26日発売号にて，「(仮) 人口と経済」特集を予定しております．日本はもとより，世界で人口動態が経済，社会のあり方にどう影響を及ぼしているかを読み解く狙いです．

　日本について考えるとき，やはり関心が集まるのは，人口の波が65歳を超えて高齢化していくなかで，年金・医療・介護の持続可能性の問題です．

　扶養負担をどう捉えるかというとき，65歳以上人口と65歳未満人口，あるいは生産年齢人口の比率ではなく，就業者1人当たりの人口でみるべきだと先生はご指摘なさっていて，この視点はやはり，「人口と経済」を考えるうえで欠くことができないものではないかと思う次第であります．

　そこで，ご執筆を視野に相談させていただきたく，出来れば今週内に……

　そこで3日後の9月8日，編集者に会うとすぐにでも原稿がほしいと……．そこで，彼女が会社に戻る前に，次を書いて送る──つまり執筆所要時間30分くらい？

　「日本の社会保障にとって今必要なことは，愚説に惑わされて不必要に動揺し，本当にやらなければならない改革を先送りしないこと」というのは，私の文章の中でも，けっこう紹介される言葉であ

る．

　今，現役世代と高齢者世代のふたつの世代があって，生産は現役世代が携わっていると想定する．この時，少子高齢化社会にあっては，現役世代 1 人当たりの生産高が変わらなければ，図（本書 24 頁，図表 11）のように，パイの縮小と「高齢者取り分／現役世代の取り分」の上昇は起こる．少子高齢化のこの影響は，公的年金が，賦課方式であろうが積立方式であろうが避けられない．さらには，こうした少子高齢化の下で，現在のパイの大きさ（GDP）を未来に向けて拡大するのは，旧民主党の 2009 年のマニュフェスト「ムダを省いて 16.8 兆円」同様，絵空事である．

　人々の生産性を表すのは労働力当たりの生産高であり，人々の生活水準を表すのは 1 人当たり GDP である．クルーグマンが述べていたように，「日本の生産年齢人口 1 人当たりの生産高は，2000 年ごろからアメリカよりも早く成長しており，過去 25 年を見てもアメリカとほぼ同じであり，ヨーロッパよりもよかった[60]」．つまり日本の経済は，かなり前からそこそこにがんばってきた．そしてピケティが強調するのは，1 人当たり GDP が年 1% 伸びれば，世代が入れ代わるのに要する 30 年ほど経つと 35% 以上は成長するという複利計算の単純な帰結である．

　知識と技術と消費水準が成熟社会の仲間入りをしている日本の目標は，分配に配慮しつつ 1 人当たり GDP を 1% 程度成長させていくくらいで十分であるように思える．だがそれとて民間のトライアル・アンド・エラーの絶え間ない努力で起こるイノベーションが必要となる．

60　Krugman. P. (2015), "Rethinking Japan," *New York Times*. October 20, 2015.

社会扶養の指標は就業者率

しばしば，高齢者 1 人を支える現役世代の人数をみて，「御神輿型から騎馬戦型，そして肩車型に変わるから，日本は大変なことになる」とも言われる．しかし，図（本書 4 頁，図表 3）にみるように，就業者 1 人当たりの非就業人口でみると，日本は昔から 1 程度で変化がない．今後も，高齢者と女性に今よりも少しばかり働いてもらえれば，その値はそんなに変わらないですむ．高齢者と女性が今よりも働きやすい社会を，みんなで協力して作る——それは可能である．

なお，日本の公的年金には，60 歳で受給を開始できる繰上げ受給，70 歳まで遅らせる繰下げ受給という制度があり，仮に 60 歳で受給し始めた給付額を 1 とすると 70 歳まで繰下げればおよそ 2 倍に増え，それは財政中立的に行える．大切なことは，繰下げ受給を自発的に選択してもらい，ゆたかな老後を送ってもらえるように，長く働くことのできる社会を構築することである．

年金について言えば，日本の公的年金は，2004 年，世界でも一早く少子高齢化に対応できるように大きな改革が行われた．その大改革とは，2017 年 9 月に保険料水準が 18.3% になった段階で固定し，この保険料水準で年金財政に入ってくる財源の範囲内で給付を行っていくとしたことである．18.3% の保険料水準では，今の給付水準（現役世代の所得に対する年金の比率）は下げざるを得ず[61]，その引き下げの自動的な仕組みをマクロ経済スライドという．

---

61 厚生労働省『平成 16 年財政再計算結果』によると，所得代替率で約 60% という，平成 16 年改革以前の給付水準を維持するためには，仮に基礎年金への国庫負担 2 分の 1 が実現したとしても，厚生年金 22.8%，国民年金の保険料は平成 16 年価格で 20,700 円が必要になります（国庫負担 3 分の 1 のままでは厚生年金 25.9%，国民年金 29,500 円）．

　他の先進国は，年金を満額受け取れる法定支給開始年齢をたとえ
ば65歳から66歳とか67歳に引き上げる，いわゆる「（年金月額が
一定のままでの）支給開始年齢の引上げ」という結構原始的な方法
で年金財政のバランスをとる方法を未だにとっている——日本は，
その必要はなくなっている．

デフレで遅れる改革

　しかし，固定された保険料水準の下で年金財政に入ってくる財源
を，今の高齢者が多くを受給するか，それとも将来の高齢者が多く
を受給するかという問題はある．この状況を，ひとつの羊羹を今の
高齢者と将来の高齢者の間でどのように切り分けるかという「羊羹
の切り方」にうまく例える人もいる．

知識補給図表25　ひとつの羊羹とマクロ経済スライドの役割

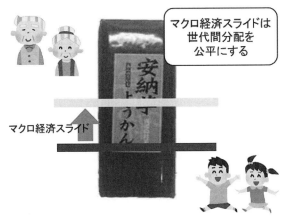

出所：ユース年金学会（2016年11月26日開催）における権丈研究会18期発
　　　表「どうしてマクロ経済スライドのフル適用は実行されないの？」より

　極めて残念なことは，2004 年の年金改革の時に，政治的な妥協の産物として，デフレの時はマクロ経済スライドを適用しないとする規定を設けたことである．この規定があったとしても，デフレでなければ何の問題もなかったのだが，日本はデフレが続いてしまった．したがって，次の図（本書 163 頁，図表 69）に見るように，今の高齢者の年金は，名目額が変わらなくても，給付水準（所得代替率）が，2004 年改革直後からマクロ経済スライドが適用されることが想定されていたものよりもはるかに高くなっている．そうなると，将来の高齢者は，2004 年の時に想定した羊羹の取り分よりも相当に少なくなる．

　これは，将来，大変な問題になるということで，目下すみやかに行うべきと考えられている年金改革が，どんな経済状況にあってもマクロ経済スライドを適用するという意味での，「マクロ経済スライドのフル適用」の実現である．他の表現を用いれば，インフレの時もデフレの時も実質価値が同じになるようにマクロ経済スライドを適用する，「実質価値徹底」と言うこともできる．今の制度は，インフレの時とデフレの時とで，年金の実質価値が変わってしまうというおかしな制度なのである．

　マクロ経済スライドのフル適用という改革を実現すると，デフレ下でも高齢化に対応した制度となり，今の年金財政には余裕が生まれる．しかしながら，そこで浮いたお金は，政治家や官僚の懐に入るのではなく，今の高齢者世代の，孫やひ孫の世代の年金になるのである．私が会ってきた多くの高齢者たちは，そうした仕組みを知らないままに，マクロ経済スライドのフル適用に反対していたが，制度をよく知ると，みんなは「なるほど」と，考えを変えてくれるものである．

　人間というのは，それほどエゴイスティックではないようで，公的年金という助け合いの仕組みと，この制度が抱える大きな課題を正確に理解してくれれば，マクロ経済スライドに協力するという姿勢に変わってくれる．

　政治家は，高齢者団体を不当に怯え，高齢者や若者との対話をすることもなく，姑息な妥協策をすぐに模索しようとするのだが，今政治家に求められていることは，高齢者に対してしっかりと制度の説明をして正確な理解を得るように努めることである．そして若い世代も退職した世代も，日本の公的年金に関する正確な理解を共有し，人類史上未曾有の少子高齢社会に対応した社会保障制度に切り替えることに協力していくことが求められている．今という時は，数十年後の高齢者のために必要な改革を着実に成し遂げておかなければならない大切な時期なのである．

163 頁に戻る

年金どじょうは何匹いるのかな？

どじょう鍋と言えば駒形どぜう．どぜう，どじょう，まぁ，どっちでもいいや．いまから，柳の下にはどじょうがいっぱいという話をします．

この本の知識補給増補版を準備している最中に，名前を民進党に変えたかつての民主党の議員たちは，相も変わらず自分たちには新しい年金のアイデアがあると言っていました——彼らは，2004年の参議院選挙の時に年金を政争の具として勝利し，その後，選挙の度に出てくるのが，彼らの言う年金どじょう，おっと間違えた年金の抜本改革案．

そこで，彼らがかつて言っていた新しい年金について，彼らが2009年の，いわゆる「年金選挙」に大勝利して政権を取った前後の流れを簡単に説明しておくとしますね．

民主党がわずか11頁の年金抜本改革法案[62]を国会に出したのは2004年4月で，年金一元化と7万円の最低保障年金が骨子でした．この抜本改革案を掲げた年金戦略は2004年7月の参院選で大成功しました．その後，彼らが法案の具体化を図ることはまったくなかったのですが，狙い通りに具体的な姿を見せないことが功を奏して，2009年8月に年金選挙と言える中で政権交代という悲願を果たします．

しかし政権交代から2年ほど経った2011年7月，菅内閣の下での社会保障・税一体改革「成案」という閣議了承で，年金抜本改革は棚上げされました．この「成案」作成段階の2011年春，民主党

62　2004年（平成16年）年金改革に向けて政府が提出した年金改革関連法案は，法律案460頁．

の要人たちは非公開の場で，年金改革の財政試算を年金局に行わせ
て検討したのですが，厳しい現実を数字で突きつけた具体的な試算
をみて，それを封印しています[63]．「成案」をとりまとめたのは与
謝野馨さんですが，菅内閣から野田内閣に替わり与謝野さんが一体
改革の最高責任者から外（さ？）れた後，民主党はマニフェスト総
崩れの批判を恐れ，そのうえ次回も年金選挙を！　という夢を見た
のでしょう，2009 年マニフェストへの回帰を図り始めました．そ
の様子を外から眺めていた与謝野さんは，2011 年末のインタビュ
ーで，民主党の年金制度改革は「嘘」であり「使いものにならな
い」，「成案では，一応看板だけ残しているが，あれは墓碑銘」とも
評し，だから復活させると政治全体が行き詰まると，世の中に警告
してくれていました．

　しかしながら，「成案」が成立した 2011 年 7 月 1 日から 9 ヶ月近
く経った 2012 年 2 月 17 日の野田内閣の下での閣議決定，社会保
障・税一体改革「大綱」では，「成案」で葬られていた新しい年金
制度が復活──「成案」と「大綱」は似ても似つかぬものになりま
した．その後，新しい年金制度の話はなにも具体化されることもな
く民主党の中で生き続け，2012 年 12 月に政権交代を迎え，民主党
は 3 年 3 ヶ月の政権を終えます．

　それから時は 4 年ほど経ち，2016 年の臨時国会．

63　2011 年 5 月 24 日，隠蔽されていた年金試算がリークされています（権丈（2015
　　Ⅶ巻）xxiv 頁）──「実は，昨年（2011 年）5 月に民主党は密かに年金改革に要
　　する財政試算を行っています．しかし，その結果があまりに非現実的だったので，
　　彼らは試算を封印しました．でも，そうしたやり方に慣れた誰かがメディアにリー
　　クして，われわれもその話を知ることができたわけです（「民主の新年金制度案
　　財源 38 兆円　公表に及び腰」『神戸新聞』2011 年 5 月 24 日）」（権丈（2015 Ⅶ巻）
　　289 頁）．

　民主党の後継政党である民進党の議員は，今の若い人たちが将来
受け取る年金額を引上げる効果のある年金改革法案を「年金カット
法案」と呼んで強く批判する一方で，自分たちには抜本改革案があ
ると言っていたようです．

　彼らが年金抜本改革の話を持ち出すのは国会で選挙風が吹き始め
た季節の風物詩？　だと思っておいていい話なんでしょうね．これ
からも，2匹目どころか，何匹目のどじょうか分からないですけど，
この話を僕たち日本人は選挙が近づく度に聞かされることになるの
だと思います．まぁ，それが忘れっぽいという特徴を持つ民主主義
ってものなんでしょう——「忘れっぽい民主主義の欠点」という言
葉は，権丈（2015）のⅥ巻，Ⅶ巻の「あとがき」にあります．ほん
っと，民主主義って，物忘れが激しいんです．でも，過去の出来事
をみんなが覚えていたら，情報弱者を対象とした情弱ビジネス化し
ている政治は成り立たない？ [64]

おまけ——民主党，民進党の抜本改革案へのメディアの評価
　僕は，権丈（2015 Ⅶ巻，75-76頁）に，次のように書いていますね．

---

[64]　社会保障制度改革国民会議が2013年8月にまとめた報告書には，民主党が言っ
ていた改革案の核となる一元化について，「所得比例年金に一元化していく立場か
らも通らなければいけないステップであることが，以前より，指摘されている．す
なわち，年金制度については，どのような制度体系を目指そうとも必要となる課題
の解決を進め，将来の制度体系については引き続き議論するという二段階のアプロ
ーチを採ることが必要である」と書かれました．実は，年金一元化を2段階方式の
2段階目に棚上げして国民会議を終わらせようとしていた面倒くさがり屋の僕を，
山崎泰彦先生が戒めると言いますか，叱るシーンがあります．この名場面は，権丈
（2015 Ⅶ巻）256-257頁に紹介していますので，お手すきの時に，是非ご覧下さい
ませ．また，どのようにして，民主党の抜本改革案が2段階目に棚上げされていっ
たのかについては，権丈（2015 Ⅶ巻）第2講中の「2011年，年金制度改革2段階
論？」（56-57頁）に書いています．

彼ら野党の政治家が分かっていないのは，9年前の2004年頃と比べてメディアが賢くなっているということですね．9年以上も年金のことを眺めてきた記者たちは，野党の政治家たちよりも圧倒的に年金まわりのことを理解しています．この人たちの存在はこの国の立派な財産だと思います．と同時に，記者のほうが年金政局を狙う政治家よりははるかに地頭がいいみたいで，年金研究者よりもずいぶんと賢いみたいです．

ということで，日付の古い順に……

『産経ニュース』2016年10月22日「民進，年金でブーメラン　民主時代の新制度に政府案同様の抑制策」

　　「民進党の長妻昭元厚労相は「旧民主党の新年金制度のポイントは『最低保障年金』という最低保障機能があるということだ」と反論した．ただ，党内で最低保障年金の財源や規模について合意が得られているわけではなく，「民進党は責任ある対案を示すべきだ」（厚労省幹部）との批判も出ている」

共同通信発信『東奥日報』2016年10月25日「民進の減額批判　的外れ」

　　「09〜12年の間，政権の座にあった民主党を引き継いだ民進党は，こうしたことを十分認識しているはずだ．もしも知らないのなら不勉強だし，分かった上で今回の新ルールに反対しているのなら不誠実さを欠く．年金を「政争の具」にする愚はやめ，建設的な議論をしてほしい」

『東洋経済オンライン』2016年10月27日「民進党の“年金カット法案批判”は見当違いだ」

　　「民進党の「悪癖」が再び顔をもたげている．今臨時国会で審議中の年金制度改革法案について，同党の玉木雄一郎幹事長代理や山井

和則国会対策委員長らが「年金カット法案」と強硬な批判を展開している．しかし，その内容は制度に対する誤解を含め，まるで見当違いの主張だ．有権者を混乱させるという意味では，かつて民主党政権が「嘘つきマニフェスト（選挙公約）」と呼ばれた時代に逆戻りしつつある．……このような中で，長妻昭元厚生労働大臣に至っては「今すぐ"抜本改革"に取り組む必要がある」と主張し始めており，完全にかつての民主党に先祖返りしつつある」

『読売新聞』2016年11月6日「年金改革法案　将来世代の給付改善が重要だ」

「疑問なのは，民進党が「年金カット法案」と批判することだ．目先の年金額のみに注目し，長期的視野を欠いた，的外れの主張である．民主党時代に年金を争点化し，国民に支持された成功体験の再現を狙っているのだろう．だが，当時の看板政策の年金改革案は，財源不足で実現不可能と判明し，7月の参院選公約から消えた．その反省が見られない」

『毎日新聞』2016年11月9日「年金改革法案　民進は政争避け議論を」

「民進党の長妻昭元厚生労働相は「民主案の要点は（全額税で負担する）最低保障年金がある点だ」と反論するものの，最低保障額の党内合意はできていない．「年金たたき」で再浮上を狙う民進党の姿は見苦しい」

次は，抜本改革案に対する評価ではありませんけど，

『朝日新聞』2016年12月1日「延長国会　国民の不安に向き合え」

「民進党などは「年金カット法案」と批判し，与野党の対立が続く．……年金を受ける世代には厳しい内容だが，避けて通れない改革でもある．年金をめぐっては，現役世代には将来，十分な金額を

受け取れるのかという不安がある．法案は，将来世代の年金水準を
守り，年金制度を持続させていくためのものだ」

『読売新聞』2016 年 12 月 15 日「年金改革法成立　世代間で痛みを分
かち合おう」

「現行制度は，保険料水準を固定して，長期的な収入の範囲内で給
付をやりくりしている．今の高齢者に多く払うと，それだけ将来世
代の年金が減る仕組みだ．少子高齢化で，今後の給付水準低下は避
けられない．それを最小限に抑えるため，高齢者にも少し我慢して
もらう必要がある．民進党は，こうした現実を無視し，「年金カッ
ト法案」といった的外れの批判に終始した．国民の不安をあおり，
政権不信を高める狙いがあったのだろう．民主党時代から，年金問
題を政争の具にしてきた党の体質は，相変わらずである」

やれやれ．

2016 年秋の臨時国会での厚生労働省年金局年金課の国会答弁数
は，年金大改革が行われた 2004 年や一体改革の 2012 年の時よりも
多かったそうです．関係者のみなさん，お疲れ様でした．

でっ，政策形成過程を知るって，なんだか面白いでしょう……幸
か不幸か，この国では，年金って，民主主義というものを知るのに
最高の教材なんですよ．やだやだ．だから，年金って，イヤなんだ
よね（￣。￣）ボソ……

と言っても，この本を，じとーっと根暗に終わらせるわけにはい
かないですよね！──ということで，僕が去年の春，2016 年 3 月
に書いた文章でも紹介しておきますか．

あるところから，「高齢社会における経済的・文化的・医学的パ
ラダイムシフト」について書いてくれとの依頼がありました．そこ
で僕が書いた文章は……ちょっと本気モードの文章ですけど，そこ

は，えっ，この人，こんな真面目な文章も書けるんだぁっと笑って
読んでおいて下さいませ[65].

> 　政治経済学を政策に応用しようとするとき，あるいは逆に，政治経済
> 学に政策現場でのダイナミズムを反映させようとするとき，そこではど
> うしても，いまに至るまでに累積されてきた歴史，制度に関する知見が
> 必要となる．ところが，パラダイムシフトを掲げれば，それまでの累積
> 的な過程である，歴史，制度の学習を経ることもなく，なにがしかのポ
> ジションを得ることができてしまう．そして政策の世界にあって，自分
> の名前のついた業績を求める政治家や研究者が，過去との不連続性を特
> 徴とするパラダイムシフトをさかんに唱えたくなるのもうなずける．し
> かもその傾向は，政治家や研究者の競争が激しくなればなるほど強くな
> るわけである．その結果，何が起こるか？
>
> 　つぎからつぎへと新しい政策の名前が生まれる．その内実は，いつも
> 過去のものの寄せ集め．古くから指摘されていた問題はなんら解決して
> いないにもかかわらず，政策の焦点だけがぼやけていく．そして，国民
> はネコの目のように目まぐるしく変わる政策ネーミングの中で，何が起
> こっているのかも分からぬまま．したがって，本当になされねばならな
> い改革も，世論の後押しが得られないために実現できず，改革を阻む岩
> 盤は，無傷のまま，時だけが流れていく．
>
> 　社会科学，政策の世界では，パラダイムシフト，イノベーション，抜
> 本改革，ポスト○○といった，過去との不連続を許してくれる言葉であ
> ふれかえっている．たとえそこで言われている内容の，過去の累積的な
> 過程を無視した歴史との不連続性が，論者の不勉強に帰することであっ
> たとしても，見栄えの良い言葉はそのことを隠してくれる．そうしたシ

ーンをいくどとなく私は見てきたわけであるが，その弊害は大きい．この弊害を避け，重要な問題を本当に解決しようとするのであれば，そうした派手な姿勢とはまったく逆に，問題が解決するまで愚直なまでにしつこく同じことを言い続けることである．次は，ウェーバーが『職業としての政治』に残した有名な言葉である．政治家に限らず，公共政策に関わる者たちはみな意識しておいてもよい言葉であるような気もする．そして，解決すべき問題に向けてみなが真剣に取り組んでいるときに，政策の焦点をぼかし，ずらす者が出てくることは，迷惑なだけである．

　　政治とは，情熱と判断力の2つを駆使しながら，堅い板に力をこめてじわっ，じわっと穴をくり貫いていく作業である．……現実の世の中が——自分の立場からみて——どんなに愚かであり卑属であっても，断じて挫けない人間．どんな事態に直面しても「それにもかからわず！」と言い切る自信のある人間．そういう人間だけが政治への「天職」を持つ[66].

168 頁に戻る

66　ウェーバー［脇圭平訳（1980）］『職業としての政治』157 頁.

人間の認知バイアスとポピュリズム

銷夏随筆『日本病院会雑誌』2019 年 7 月号

　なかった——ここ何年も，選挙の度に投票する先がなかった．そう思う人たちは，けっこういるのではないか．不思議なことに，野党の支持率よりも消費税増税の支持率の方がはるかに高いのに，野党は揃って増税反対を掲げてくる．

　かつてこの国に「民主党」という政党があった．彼らが大勝した選挙は，ちょうど 10 年前の 2009 年 8 月 31 日．あの政権交代は何を残したのか？　とのインタビューを先日受け，「当時の幹部が政治家である限り，絶対に政権交代が起こらない日本を残しましたね」と話すと，ふたりの記者は揃ってごもっともと．

　今でこそ，先進各国はポピュリズムに悩まされているが，日本はその大先輩だった．政権交代直前の政治風景を眺めながら，ある雑誌の 2009 年 8 月号に次の文章を書いていた[67]．

　「正しい政治行為とは，合理的に無知な投票者に正しいことを説得することによって権力の地位をねらうことであるにもかかわらず，ポピュリズムというのは，合理的無知な投票者に正しいことを説得する努力を放棄して（あるいは無知や誤解の度合いを増幅させて），無知なままの投票者に票田を求めて権力を追求する政治行為である」．

　ここにある合理的無知については，『日医ニュース』（2011 年 2 月 5 日）に次の説明がなされたこともある（執筆者から，僕の本を参考にしたとの連絡も来ていたわけですが）．

---

[67] 「政策技術学としての経済学を求めて——分配，再分配問題を扱う研究者が見てきた世界」『at プラス創刊号』2009 年 8 月号．権丈（2015）『年金，民主主義，経済学』第 3 講に所収．

「私たちは，政治・経済分野に多くの知識と理解を求められます．ところが，自発的にわざわざ時間を割いてこれらの事柄を勉強しても，選挙で行使出来るのは一票にしかならず，中身よりも知名度の高い候補が当選します．これでは，せっかく休みの時間を政治経済の勉強に使う意味がない……合理的だと考えて，難しい勉強はやめて無知であることを選択します．これを政治経済学では“合理的無知”と言い，大衆が選択する行為だそうです．」

人は合理的に行動すると公共政策については無知に陥る．彼らに票田を求める政治家達はファクトなどお構いなしでポピュリズム政治をしかけてくる．

ところで，心理学の世界に，人がどのように物事を認知するかに関して，システム1とシステム2があるとの話がある．システム1は，直感的推論の基礎をなすもので，自動的に高速で働き，努力はほとんど必要ないが系統的なバイアス（間違い）をもたらす．システム2は，複雑な計算など困難を伴う知的活動で思考に負荷がかかり努力が必要であるのに，怠け者である．人の判断は圧倒的にシステム1に基づいてなされている．だが，財政や社会保障の話は，複雑でエビデンスベースの統計的判断が必要な側面が強く，理解するにはシステム2が不可欠となる．となれば？

よく塩野七生さんの『ギリシャ人の物語』を薦めている．ペリクレスまでは民主主義の名の下にノブレス・オブリージュを備えたエリートが支配していた．そして彼以降，大衆を煽って権力を握るデマゴーグが勝利し，後にアテネは消滅する．さてさて，本当の民主主義というのは，ペリクレス前なのかそれとも後なのか．そうしたことを，これからも選挙の季節になる度に考えていくのだろうか．

xi 頁に戻る

ヒューリスティック年金論

　2019 年の秋，中央公論のおもしろ企画として，元年金局長であり『教養としての社会保障』の著者である現アゼルバイジャン大使，香取照幸さんと僕とのメールによる遠距離往復書簡が企画されました．そこで，公的年金って，どうしてこうも，いわゆるインテリに属しているはずの人たちも間違えるのかを表現するために，ヒューリスティック年金論という言葉を使って説明しています．どうもねぇ，年金って，無知だから間違えるのではないんですよね……いや，公的年金保険に関しては無知なわけですけどね（￣。￣）ボソ…

　「往復書簡　社会保障の基本思想（前）」『中央公論』2019 年 10 月号
権丈：公的年金は，確かに間違えて理解しやすい側面があります．正しく理解すれば，未納が増えても年金は破綻しない，500 兆円超の債務超過なんかは存在しない，積立方式の年金も少子化の影響を受ける，積立金の運用利回りを名目の利回りで見てはダメ，年金の支給開始年齢の引き上げなんて必要ないとか，挙げれば山ほどあるけど，これらを分かるには少し学習してもらわなければならない．そして，年金の（給付／負担）の倍率で測られる世代間格差はどの国にもありますが，その格差が他の先進国よりも大きいというのも時々騒ぎになりますけど，高齢者に一定の生活を保障するという政策目標を掲げると，後は，公的年金制度が成熟する過程での経済成長と少子高齢化のスピードが速ければ，そうした格差は大きくなる．そうした格差はあるけど，それを不公平とみなすか否かは，また別問題の話で，これを理解するには，少し立ち止まって考える胆力が必要になります．
　僕らは以前から，年金の天動説と地動説という話をしてきました．一

見すれば天が動いているように見えるけれど，よく観察すると地球が動いていることが分かる．最近は，年金天動説を「ヒューリスティック年金論」と呼んでいたりもします．「ヒューリスティック」とは心理学の用語で，人間が複雑な問題に直面して何らかの意思決定を行うときに，これまでの経験に基づいて判断すること．判断が瞬時になされるので，思考する負荷は小さいけれど，その判断結果が正しいわけではなく一定のバイアス（偏り）を含んでいることが多い．ヒューリスティック年金論には，まさにこの「認知バイアス」がかかっています．このバイアスは，少々負荷のかかる学習を経ないことには克服できないのですが，そのバイアスの存在にすら気づかないままの学者，研究者も山ほどいて，自分の専門外のことを，あたかも分かっているかの如く振る舞う．オルテガの言う「近代の野蛮人」に類した話が起こり得る世界です．

　先日，春学期の社会保障論のテストで，学生に書評を読ませ，それを論評してもらう問題を出しました．書評は東京大学の経済学者が書き，評論された本は学習院大学の経済学者が書いたものです．それが読売新聞に載っていたわけですから，ハロー効果抜群で，誰もが信じてしまうはず．しかし，本も書評もヒューリスティック年金論が満載で，評者は「娘の借金をなんとかしないといけないようだ．このままだと，年金に加入しないよう奨めないとならない」と書いているわけですね．それに対して学生は，「何より問題なのは，評者が東大教授という知のスペシャリストでありながら，健全な世論の形成を妨げていることである．合理的無知とか言っている場合ではない．こういうところからデマゴーグが生まれ国は壊れていく」と回答していました．僕はよく，「合理的無知」の話をします．投票者が合理的に自分の時間を配分すれば，公共政策の勉強に時間を配分することはまれで，投票者は合理的な行動の結果として公共政策に無知になるという話です．しかし学生に，そんなこと言っている場合じゃないヨッと叱られてしまいました（笑）．公的年金

は無知と一概に呼べない人でさえ間違える「罠」を持っている．そこに邪な動機を持つ野党の政治家が参加する．

「往復書簡　社会保障の基本思想（後）」『中央公論』2019 年 11 月号

権丈：研究の世界では，1970 年代から積立方式でも少子化の影響を受けることが指摘されていました．そうした経緯をレビューすることもしない者たちがヒューリスティックな自らの信念を掲げて，年金を悪者に仕立て上げていった．しっかりと既存研究を渉猟する学問の作法は，認知バイアスを本能的に抱える人間の弱点を克服するためにアカデミズムの世界で築き上げられてきたのに，彼らはそうした作法さえ知らず，人間が陥りやすい「確証バイアス」——自分の信念を支持する情報ばかりを集め，信念に反する情報を無視する傾向——通りに，見たいものしか見ないままで，年金の世界に参入してきた．そして彼らは，不思議と「過去の不始末」とか「大本営発表」という扇動的な言葉を多用する性格の人たちだったので，社会に蔓延する不満や悪意に火をつけることに大成功しました．最近，私はヒューリスティック年金論を克服してもらうために，次のクイズを出しています．

iii 頁　「公的年金大好き度テスト」にジャンプ

xi 頁に戻る
あるいは 30 頁に戻る

分からず屋は放っておこう──WPP で前向きに！

ある日，いや 2019 年 4 月ですけど，次のような連絡が届く…

　　50 歳からの資産運用入門（仮）という 40 頁強の特集を考え
ています．

　　年金がもらえなくなるのではないかという漠然とした不安か
ら，過度に高リスクの商品に手を染めるビジネスマンが少なく
ないようです．

　　また，「退職時に 1 億円は必要」という触れ込みで，ビジネ
スマンに高リスク高コスト商品を勧める金融機関が後を絶ちま
せん．そこでそもそも日本の公的年金は意外にしっかりしてい
るよ，だから過度に心配しなくていいよ，というお話を権丈先
生にしてほしいのですが，可能でしょうか．
……

　　インタビュアーとして保険相談室代表の後田亨氏を同行した
いのですが，構わないでしょうか．後田さんは今回の企画で，
公的年金の充実ぶりをしっかり押さえておくべきだ，ぜひ権丈
先生のインタビューを掲載すべきだと主張してくださった方で
す．

　　権丈先生の『ちょっと気になる社会保障』を読み，感銘を受
けているとのことです．

ということで，「後田亨」さんをネットで検索してみると，ブログ
がヒット．

2017 年 04 月 27 日

京都の FP 伊藤俊輔さんのブログで知った『ちょっと気になる社会保障 増補版』を読みました．http://kyogokudemachifp. blog14.fc2.com/blog-entry-2660.html

たとえば，FP が年金制度などを語る際，これを読んでいないとマズいと思います．

そこで，伊藤さんのブログを覗いてみると，

全国民が読むべき本

……

先に結論を書いておきます．

この本は中学または高校の教科書として採用されてほしいと強く願いたいほどの内容です．そして，公的年金についてマイナスな発言をする人には必ずこの本を勧めてください．きちんと読んだうえで，それでもなおマイナスな発言を続ける人は公的年金がまともであっては困る余程の事情をお持ちなのだと思います．

私もおかげさまで公的年金についてはさまざまに学んできましたし情報を得てきたつもりですが，この本はすべての根本です．久しぶりに感動レベルの本に出会えたといえるほどです．大大大大大お勧め，過去最大級にお勧めです[68]．

---

68 と言っても，伊藤さんのブログには，最後に次が書いてあるんだけどね……
「この本で一つだけ残念なことを挙げるとすれば，過剰な演出（あおり言葉）です．ただし，新聞・テレビ・雑誌などのメディアのように世の中（私たち）をあおっているということと同じではなく，公的年金保険制度を把握していない（把握しようとしない）にもかかわらず，適当なことを発信している方々へのあおりです．これ

となれば，引き受けるしかないでしょう（笑）.

　ちなみに，インタビューは5月7日だったのですけど，ネットの『週刊東洋経済 Plus』にアップされたのは6月15日——野党が亥年の参院選を前にしかけた「老後2000万円キャンペーン」でにっぽん中，大騒ぎのグッドタイミング.

オンラインへ GO！

年金は破綻なんかしていない——分からず屋は放っておこう
『週刊東洋経済 plus』2019年6月15日号

　このインタビューの冒頭に，WPP（ダブリュー・ピー・ピー）という高齢期の所得保障制度に関するコペルニクス的大転換の大提言がありますが，これは，次のような経緯で生まれてきたものです.

オンラインへ GO！

「人生100年時代の公的年金保険改革とは何か」
『東洋経済オンライン』2018年12月8日

　このオンライン記事の最後に，次のような文章があります……

らによって，きちんと読めば理解してくれるかもしれない公的年金不信論者の方々が反発してしまわれることだけが唯一の悩ましいところです. 反対に言えば「よくぞこれだけ言ってくださった！」という内容です」
——別に彼らを「方々」なんて呼ぶことはない，放っておけばいいんだよ. 彼らが世の中にどれだけ迷惑をかけてきたことか……おっと，またやってしまったかな（笑）…….

私的年金の未来と Work Longer

　「年金学会シンポジウムまとめ」の最後には，私的年金の役割が
まとめられている．このパートを報告した谷内陽一氏（第一生命保
険株式会社）は次のように話していた．

> 　私的年金の役割として，従来は「つなぎ」という言葉が用いられていま
> したし，権丈先生も「つなぎ年金としての私的年金，企業年金の準備が
> 必要[69]」と本の中に書かれていました．しかし，先発完投（＝終身給付）
> が至高とされてきた世界では，「つなぎ」は格下，補欠あるいは二線級
> に見られがちで，企業年金の関係者はあまり使いたがりません（私もそ
> うです）．
> 　しかし，時代は変わりつつあります．今後の私的年金の役割は，野球で
> 例えるなら「中継ぎ」，それも勝ちパターンで抑えの切り札（公的年金）
> につなげる「セットアップ」としてとらえるのが適切ではないかと考え
> ます．なお，個人的には中継ぎよりもセットアップのほうがしっくり来
> ますが，どちらの名称がよいかは，会場の皆さまのご決断に委ねます．

　知識補給図表 26　年金における公私の役割分担──「完投型」から「継投型」へ

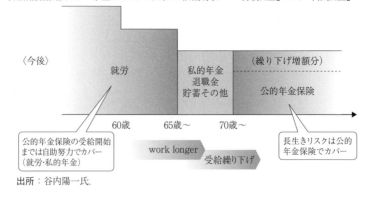

出所：谷内陽一氏.

69　権丈（2015　Ⅶ巻）185頁.

「継投型」についてまとめると，まずは働けるうちはなるべく長く働く（Work longer），そして私的年金（Private pensions）が中継ぎ（セットアップ）の役割を務め，最後は公的年金（Public pensions）が守護神として締めくくる形になります．

かつてプロ野球の阪神タイガースには「JFK」という盤石なリリーフ陣がいましたが，私たちの人生後半を支える強力なリリーフ陣は，W.ork longer，P.rivate pensions，P.ublic pensions の「WPP」の3本柱による継投で備えることが，年金制度における公私の新たな役割分担の姿になるものと考えております．

WPP，はやることを期待したい．

たしかに僕は，谷内さんが言うように，2015年に出した『年金，民主主義，経済学』（184-185頁）に次のように書いていましたね……

退職を迎える生活者にとっての公的年金保険の価値は，それが終身で給付されることから得られる安心感にあると思われる．なるべく高い給付水準の年金を終身得られるという安心感を享受してもらうためにも，繰下げ受給を薦めたく，希望する受給開始年齢までのつなぎ年金としての私的年金，企業年金は準備しておいてもらいたい．

……

1. 年金局の課題

　1.1　できるだけ早く

　　・希望する受給開始年齢までのつなぎ年金としての私的年金，

企業年金の準備

　ここに書いた「つなぎ年金」という言葉が，企業年金の関係者さんたちの癇に障ったようでありまして……すいません．WPP の普及に尽力いたします，はい <(＿＿)>.

81 頁に戻る

国家財政の増大と「広さの怖さ」と「広さの強み」

本文で，ピケティの「20世紀を通じた財政増大は，基本的には社会国家の構築を反映したものなのだ」と紹介しました．この後に続く文章として，本当は，書きたい文章があるんですよね．ということで，2019年4月に，日本医師会の日医総研が『日本の医療のグランドデザイン2030』を発表し，その中の「財源論」を僕が書いているので，そこにこっそりと？　書き込んだことを紹介しておきます．こんな感じです……

> ピケティの住むフランスも，日本を含む他の多くの国々でも，20世紀に入って拡大した政府活動のほとんどは，資本主義の成熟化と社会の変容の中で市場問題と生活問題を同時に解決する社会保障が大きくなってきたことによる．その財源については，再度ピケティを引用すれば，「万人にかなりの拠出を求めなければ，野心的な社会給付プログラムを実施するための国民所得の半分を税金〔や社会保険料[70]〕として集めるのは不可能だ[71]」──つまりは，財源を高額所得者に求めるだけではまったく足りず，どうしても万人の協力を得なければならなくなる．
>
> 複利計算というのは，長期で見ると多くの人が想像するよりも数字が大きくなることで知られており，その怖さを知らない人たちが，情報弱者として金融市場などで犠牲になったりする．この複利の怖さに匹敵するものとして，薄く広くの「広さの怖さ」というものがある．日本人にひとり1万円を配ると1兆2,700億円が必要で，これだけでも，国が得るたばこ税の収入（約9,000億円）をはるかに超えてしまうし，1人10万円を毎月国民全員に配れば1年で152兆円超を要し，直近2016年度

70　ピケティ（2014）には「政府の巨額の税金や社会保険料を徴収」（496頁）と記述されている．

71　ピケティ（2014）516頁．

の社会保障給付費 120 兆円を上回る．そうした「広さの怖さ」がある現実の中で，福祉国家では広く国民全般を対象とした給付を増やしてきたのだから，給付側面での広さの怖さを，財源調達側面での「広さの強み」で迎え撃つのは自然であった．再々度ピケティに登場を願えば，「現代の所得再分配は，金持ちから貧乏人への所得移転を行うのではない．……それはむしろ，おおむね万人にとって平等な公共サービスや代替所得，特に保健医療や教育，年金などの分野[72]」であり，そうした万人を対象とした広い範囲に受給者をもつ福祉国家では，財源調達を広く求めるしか方法はなかった．

　20 世紀の半ばころから，西欧の福祉先進国で広く国民全般に協力を求める付加価値税が普及していったのは，そうした理由による．日本ではそれは消費税だったのであるが，この国では消費税は逆進的であるという呪文が流行り，健全な福祉国家の建設を阻んでいった．だが，この逆進性批判はあまりにも一面的に過ぎた．負担面の逆進性と言っても，その税収で社会保障を充実させれば，給付額から負担額を差し引いたネットの受取額は低所得者の方が多くなり，社会全体の格差は縮小し貧困は少なくなる．こうした，負担と給付をセットとして見る理性的な論点は，社会保障の財源論としては不可欠となる．

　この文章では 93 頁にある次の逆さ漏斗型グラフにもご注目いただければと思います．その意味は……はい，オンラインへ GO!

オンラインへ GO!
財源論『日本の医療のグランドデザイン』2019 年 4 月

72　ピケティ（2014）498 頁.

知識補給図表27　税率区分毎の課税所得の逆さ漏斗型グラフ

・限界税率区分〔課税所得（給与所得）〕

・45％〔4,000万円〜(4,473万円〜)〕

・40％〔1,800万円〜4,000万円(2,321〜4,473万円)〕

・33％〔900万円〜1,800万円(1,409万円〜2,321万円)〕

・23％〔695〜900万円(1,210〜1,409万円)〕

・20％〔330〜695万円(836〜1,210万円)〕

・10％〔195〜330万円(654〜836万円)〕

・5％〔0〜195万円(354〜655万円)〕

区分	金額
45％	2.6
40％	3.8
33％	6.1
23％	3.6
20％	15.9兆円
10％	17.3兆円
5％	69.4兆円

出所：財務省資料に基づき筆者作成.

103頁へ戻る

Work Longer を阻む壁

　日本老年学会・日本老年医学会が分析しているように，日本人は
10年，20年前と比べて，個人差はもちろんあるでしょうけど，総体
として10歳は若返っているということは，どうも確かなようであり
ます．それは僕たちの生活実感からも十分に分かります．だから，
75歳からを高齢者と呼ぶべきであるという両老年学会からの高齢者
再定義の提言は多くの人たちがうなずけるものでして，こうした背
景もあり，この国は今，より多くの人たちが就労やボランティアな
どで生き生きと長く社会参加することのできる世の中を作ろうと，
いろいろなところで説得，調整をはかっているというのが現状です．
このうち，Work Longer に関しては，女性も含めて，次のような壁
があるとも言えます〔ちょっと気になるシリーズ著者合作（？）〕．

高齢者

〔社会保障制度〕

○在職老齢年金制度（65歳以上，厚生年金保険）

○被扶養者制度（60〜74歳：180万円）（医療保険）

〔雇用関係〕

○定年制・継続雇用制度（原則65歳）

○高齢者雇用・就業機会の問題

女性（現役世代）

〔社会保障制度〕

○第3号被保険者制度*・被扶養者制度（130万円，106万円（一定規模
　以上の企業の労働者））（厚生年金保険・医療保険）

○仕事と育児・介護等の両立問題（待機児童問題など）

○遺族年金非課税・社会保険料賦課対象から除外

〔雇用関係〕

○柔軟な働き方，職場復帰，中途採用の機会の問題

○企業の配偶者手当

※配偶者特別控除（38万円）：給与収入150万円から201万円にかけて段階的に逓減（2018年〜）

所得税：給与収入が103万円を超える場合，超えた額に課税

11頁に戻る

---

*　ただし，第3号被保険者から第2号被保険者になれば，自らの厚生年金の受給権が生まれ，老後の生活を安定させることができる．

　この点を視野に入れずに「130万円の壁」という表現が，過去に広く流布していたのは残念なことであった．

地域医療構想，医師偏在対策，医師の働き方改革を含めた三位一体の改革

　2013年の社会保障制度改革国民会議の報告書を起点として，具体的には地域医療構想が動き始めた後，医師の偏在対策と医師の働き改革の話が出てきています．前者については，『ちょっと気になる医療と介護　増補版』の第10章「医療のマンパワー総数と偏在問題」に詳しく書くと共に，その後の，「医師偏在指標」が作られていくあたりは次のように書いているのでご参考までに．

医師偏在対策

「喫緊の課題「医療介護の一体改革」とは──忍びよる「ポピュリズム医療政策」を見分ける」『中央公論』2019年1月号より

　地域医療構想によって，病床を中心とした将来ビジョンが描かれたとしても，そこに医療従事者がいないことには医療は成り立たない．そこで2015年12月に「医療従事者の需給に関する検討会」が立ち上げられ，その下に3つの分科会──医師需給分科会，看護職員需給分科会，理学療法士・作業療法士分科会──を置き，それぞれの分野での中長期的な，医療従事者の需給問題が検討されはじめたのである．

　その一つ，「医師需給分科会」は，途中一年近い休止期間を挟む異例の経過を辿りつつも，同分科会は2018年11月まで3年間に24回開かれてきた．

　この分科会では今，「医師偏在指標」の作成が進められている．医療政策に関わったことのある人たちは，人口10万人当たり医師数という指標を見たり，用いたりしたことがあると思う．そしてこの指標がある地域での医師の過不足を示すにしてはあまりに不十分であるという思い

を抱いたことがあるだろう.

　そこで分科会は，人口 10 万人当たり医師数は，「医師の地域偏在・診療科偏在を統一的に測る「ものさし」にはなっていない」とみなし，政策に活かすことのできる医師偏在指標の開発を試みている．ここで考慮されているのは，次の 5 要素である.

1. 医療需要（ニーズ）及び将来の人口・人口構成の変化
2. 患者の流出入等
3. へき地等の地理的条件
4. 医師の性別・年齢分布
5. 医師偏在の種別（区域，診療科，入 院／外来）

　分科会は，新たな医師偏在指標を作ることで，都道府県内で医師が多い地域と少ない地域を可視化し，知事が偏在の度合い等に応じて，具体的な医師確保対策を実行できるようにしようと考えている.

知識補給図表 28　医師偏在指標で考慮すべき 5 要素

出所：第 24 回医師需給分科会（2018 年 10 月 24 日）.

　これまで長い間，問題視されていた医師の偏在に対して，ようやく第一歩が，動き始めていると言える.

　13 年の国民会議の報告書にも書いてある通り，「適切な場で適切な医療を提供できる人材が確保できるよう，職能団体には計画的にそのよう

な人材を養成・研修することを考えていく責務」（25頁）がある．そして第2回医師需給分科会（16年2月4日）に提出された日本医師会・全国医学部長病院長会議の報告書「医師の地域・診療科偏在解消の緊急提言——求められているのは医学部新設ではない」には，地域・診療科における医師の安定的確保という「この課題解決のためには，医師自らが新たな規制をかけられることも受け入れなければならない」とある．医師の需給問題，偏在問題に関して，事態はもはやそういう段階にきている．国民会議委員当時，国立長寿医療研究センター理事長・総長であった大島伸一先生の会議での発言，「職能団体は腹をくくって前に進む．国ももちろんそれを全面的に支援する，全体で総力戦のような形でもってやっていくという形をとらない限り，今の問題は多分クリアできない」というのはその通りであろうし，職能団体もそれ相応の覚悟を固めてきている．

医師の働き方改革，その経緯

　医師の偏在問題を検討する医師需給分科会が始まる少し前の2015年秋，9月25日に，自民党総裁選に再選された首相は，その日の記者会見で，一億総活躍社会を目指すと発表！　翌2016年には一億総活躍話から働き方改革の話が生まれ，そこで時間外労働規制の議論が進んでいると，その対象は医師にも及んできて，医療改革そのものに大きな影響を与えることになってきました．簡単に経過を振り返ってみましょう．

　2017年3月28日に決まった「働き方改革実行計画」の中に，医師の働き方改革については2年後の2019年3月までを目途に別途検討し，改正労働基準法が施行される2019年4月の5年後，つまり2024年4月に規制を適用することが明記されました．

　「医師の働き方改革に関する検討会」は，2017年8月に発足され，翌年2月に中間論点整理が出されて，その翌年の2019年3月に，予定通りに報告書がまとめられています．

医師の労働の特殊性と制度的対応

　なぜ，医師の働き方については，通常の労働者への一般則とは違う基準について，別途検討が必要なのでしょうか？

　その理由としては，関係者達の間での工夫がこらされ，4つの特殊性，「公共性・不確実性・高度の専門性，技術革新・水準向上」の組み合わせによる説明がなされるようになりました——特殊性がなかったら，一般則と同じ基準になりますから．

- 公共性：国民の生命を守るものであり，国民の求める日常的なアクセス，質（医療安全を含む），継続性，利便性等を確保する必要がある．このため，職業倫理が強く働くことに加えて，法においても応召義務が設定されている．医師の健康確保が本人の利益という観点からだけでなく，医療安全の観点からも求められており，公的医療保険で運営されている．
- 不確実性：疾病の発生や症状の変化が予見不可能であり，治療の個別性，治療効果の不確実性がある．
- 高度の専門性：医師の業務は業務独占とされている．医師の養成には約10年以上の長期を要し，需給調整には時間がかかる．
- 技術革新と水準向上：常に新しい診断・治療法の追求と，その活用・普及（均霑化）の両方が必要である．このために必要となる知識の習得や手技の向上は医師個人の努力に大きく依存している．

知識補給図表 29　医師の働き方の観点からみた医療の特性

□医療は，医師が医学に基づき人命を預かることを中心とした公共サービスである．医師の働き方の観点からその特性を整理していく際，以下の4つの要素が重要ではないか．

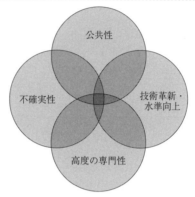

出所：第12回医師の働き方に関する検討会（2018年11月9日）.

　上の図にみる，こうした医療の特性，医師の特殊性ゆえに医師には通常の労働者とは異なる基準が準備されることになるのですが，その論理は次のようになります（知識補給図表30参照）.

　まず，36協定によっても超えられない時間外労働の時間数の上限として(A)水準（年960時間）を設ける．次に，地域医療への影響を緩和するために，(A)水準を超える労働が法律上認められる労働時間，(B)水準を暫定的に設け，この(B)水準は，将来，(A)水準に落ち着いていく〔(B)水準：地域医療確保暫定特例水準（年1860時間）．地域医療確保のための暫定措置ゆえに2035年度末には解消〕．そして最後に，恒常的な制度として，一定の期間集中的に技能向上のための診療を必要とする医師向けの労働時間水準を(C)水準として準備する.

知識補給図表30　2024年4月とその後に向けた改革のイメージ

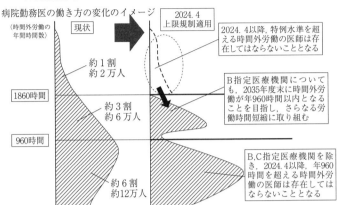

出所：第16回「医師の働き方改革に関する検討会」（2019年1月11日）での配付資料「イメージ②（案）」を、その後の議論を反映させて——暫定特例水準を1860時間，恒常的制度としてのC水準の準備を反映——筆者が改編．

　もちろん，医師の仕事に特殊性があるとしても，ひとりひとりの医師に長時間の労働に耐えられるような肉体的な特殊性があるわけではありません．そのため，次頁の図にみるように，医師全般に関しては，「追加的健康確保措置」をしっかりと準備していくことでサポートされていくことになります——こうした考え方に基づく報告書が2019年3月にまとめられ，この制度は2024年4月から施行されることになっています．

宿日直と研鑽

　医師の労働時間に関する論点として，今後とも鍵となる「宿日直」の，現時点での解釈について紹介しておきます．
　これまでは，昭和24年（1949年）に発出された医師・看護師用の（今から見ると曖昧な）基準を満たせば，夜間で言えば「一晩（医

知識補給図表 31　医師の時間外労働規制について

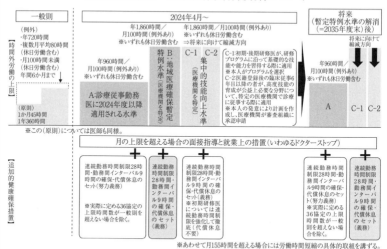

出所：『医師の働き方改革に関する検討会報告書』（2019年3月28日）参考資料.

療機関では一般的に 15 時間程度）すべてが労働時間」ではなく，宿日直許可を前提とした定額の「当直手当」ですますことができ，労働基準法第 37 条に基づく時間外・深夜等の割増賃金を支払う必要はありませんでした．しかし今回，宿日直許可対象の基準を 1949 年から 70 年経って初めて改め，具体的な姿として描かれました．すなわち，

○病棟当直において，少数の要注意患者の状態の変動への対応について，問診等による診察，看護師等他職種に対する支持，確認を行うこと，

○外来患者の来院が通常想定されない休日・夜間（例えば非輪番日であるなど）において，少数の軽症の外来患者や，かかりつけ患者の状態の変動について，問診等による診察，看護師等多職種に対する支持，確認を行うこと

282

が追加されています.

　今後，個々の病院は，この追加規定と自院の状況を照らし合わせながら，診療体制，賃金原資と医師の給与体系について，見直しを図る必要がでてくると考えられています.

　医師の労働時間をどのように規定するかについて，「宿日直」と並んで「研鑽」も重要になってきます.今回は，「どのような場合が労働時間にあたらないのか」を３つに分けてまとめられたりしています.そのあたりは，「医師の働き方改革に関する検討会」報告書（42頁）をご覧頂ください.

三位一体の改革と地域医療構想

　次頁の知識補給図表32にみるように，医師の時間外労働上限規制は，2024年４月にはじまり，地域医療構想の実現のための第9次医療計画終了時2035年度末に終了，つまり暫定措置としてのＢ水準がなくなります.今後医療は，地域医療構想，医師偏在対策，医師・医療従事者の働き方改革という３つの改革が並行して進められることになっており，これは医療の三位一体の改革と呼ばれてもいます.

　ここで，三位一体改革のなかで，医療を利用する人たちにとって最も重要な意味をもつと思われます，地域医療構想について若干説明しておきます.

　地域医療構想とは，2013年の『社会保障制度改革国民会議報告書』では，その地域地域であるべき医療の姿としての「地域医療ビジョン」と書いていたものですが，本書155頁の2014年６月成立「医療介護総合確保推進法」の中で，「地域医療構想」と名前を変えたものです.この地域医療構想を実現する方法として，本書156頁では，「データによる制御機構」の話を書きました.この政策理念

知識補給図表 32　時間外労働規制の施行について（中長期の見通し）

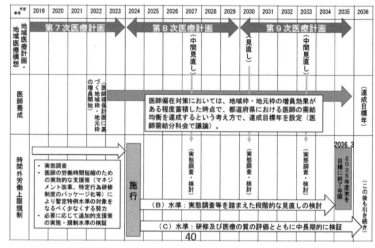

出所：『医師の働き方改革に関する検討会報告書』（2019 年 3 月 28 日）参考資料.

を，現実の政策に落とすために，「医療介護情報の活用による改革
の推進に関する専門調査会」が 2014 年 8 月から開かれています.
そしてこの専門調査会は，2015 年 6 月に「第 1 次報告—医療機能
別病床数の推計及び地域医療構想の策定に当たって」を出しました.
そこに，次の文章があります.

・今後も少子高齢化の進展が見込まれる中，患者の視点に立っ
　て，どの地域の患者も，その状態像に即した適切な医療を適
　切な場所で受けられることを目指すもの．このためには，医
　療機関の病床を医療ニーズの内容に応じて機能分化しながら，
　切れ目のない医療・介護を提供することにより，限られた医
　療資源を効率的に活用することが重要（→「病院完結型」の
　医療から，地域全体で治し，支える「地域完結型」の医療への転

換の一環）

・地域住民の安心を確保しながら改革を円滑に進める観点から，今後，10 年程度かけて，介護施設や高齢者住宅を含めた在宅医療等の医療・介護のネットワークの構築と併行し推進

　地域医療構想の実現の必要性は，これに尽きると思います——この会議に僕も参加していて，報告書のこのあたりの文章は，「患者の視点に立って，どの地域の患者も，その状態像に即した適切な医療を適切な場所で受けられることを目指す」，「医療機関の病床を医療ニーズの内容に応じて機能分化」という政策理念がちゃんと入っているかどうかなどを入念にチェックしています．こうした理念の実現を図ろうとするのが地域医療構想であり，三位一体改革のなかでも，これこそが，医療を利用されるみなさんにとって最も重要な意味をもつことになるわけです．詳しくは，『ちょっと気になる医療と介護 増補版』の第 5 章「地域医療構想と地域包括ケアという車の両輪」をご笑覧ください．

156 頁に戻る

受給開始年齢から受給開始時期へ

「受給開始年齢自由選択制」という言葉をこの本の中で使い，おかげさまで，この言葉への理解も広がってきたのですけど，いかんせん，「支給開始年齢の引き上げ」を言い続けてきた石頭さんたちが，「受給開始年齢の引き上げ」とか，へんてこりんな使い方をしたりと議論が混乱してしまいました．そこで，それまで「受給開始年齢の選択制」という言葉を使っていた年金局は，もう「受給開始年齢」を使うことはやめて「受給開始時期」に切り替えるっ！　と宣言をすることになりました．そのあたりの経緯を「居酒屋ねんきん談義」から紹介しておきますね．あの日ご来店の藤森さんは，日本福祉大学福祉経営学部教授，みずほ情報総研主席研究員で，第38回日本年金学会総会・研究発表会のシンポジウムで「厚生年金の適用拡大」について研究報告をされた方，年金と雇用の専門家です．

オンラインへ GO！

居酒屋ねんきん談義　第3夜その2　雇用の変容と年金

「支給開始年齢」「受給開始可能期間」「受給開始時期」の概念整理で改正議論をブレさせない

編集部：引き続きまして，「雇用の変容と年金」をテーマにご談義いただきたいのですが，このテーマにつきましては，年金部会では第5回，第6回で検討しています．「居酒屋ねんきん談義」では，この2回の部会での議論を踏まえて，第5回と第6回を行き来しながら幅広く「雇用の変容と年金」ということで，ご自由にご談義いただいて結構です．

権丈：そうであれば，まず一番は，（2018年）11月2日の第6回年金部会に提出された資料1の最初にある「年金制度における「支給開始年

齢」「受給開始可能期間」「受給開始時期」の整理」（知識補給図表33,
次頁）ですね．いつまで経っても，支給開始年齢と受給開始年齢の違い
がわからない学者，いつまで経っても，支給開始年齢の引き上げを書く
メディアに対して，厚労省は，もういい加減にしろよっと腹を立てて，
この資料を作ってるんじゃないでしょうかね．年金局自身が，これまで
受給開始年齢という言葉を，たとえば「60歳から70歳まで受給開始年
齢を選べることができます」というように使っていたのですけど，「受
給開始年齢」は少しレベルが高い概念だったのか，学者をはじめ，理解
できない人がずっといました．だから，年金局は「受給開始年齢」とい
う言葉を使うのを止めて，これを「受給開始可能期間」と「受給開始時
期」の2つに分けますよっ！　と宣言した．僕は，2011年ぐらいから
「支給開始年齢」と「受給開始年齢」という言葉を使い分けて，これで
充分だろうと思っていたのですけど，世間は，思った以上に頭が悪かっ
た（笑）．

　週刊誌なんかは，年金局は支給開始年齢の引き上げを目論んでいるっ
て感じで記事を書けば，PVを稼げるし，読者達の怖いもの見たさで雑
誌も売れるから書きたいんだろうけど，支給開始年齢の引き上げなんて
バカなことはやるわけがないじゃないかって何度言えばいいのかですね．

オンラインへGO！
年金を75歳までもらえなくなるって本当？──日本は受給開始を
自由に選択できる制度『東洋経済オンライン』2018年3月16日

藤森：私は2011年ごろに，権丈先生がお書きになられた「日本の公的
年金制度は，実質的には60歳から70歳までの間での『受給開始年齢自
由選択制』である」という文章を読み，とてもわかりやすい説明だと思
いました．

知識補給図表 33　年金制度における「支給開始年齢」「受給開始可能期間」
　　　　　　　「受給開始時期」の整理

・多くの公的年金が採用する確定給付型（DB）においては，報酬額や加入年数をもとに給付額を定義する算定
　式があり，その算定式により求められる給付額を受け取ることのできる年齢が定められている．これが一般
　的に年金の「支給開始年齢」と呼ばれるものである．
・OECD の "Pensions at a Glance" では，"the standard pension-eligibility age"（2011 年版，2013 年版），"the
　normal pension age"（2015 年版，2017 年版）などの語を用いて，この「支給開始年齢」を表記している．
・その上で，多くの国では，「支給開始年齢」の前後に，実際に年金を受け取り始めることのできる期間を定め
　ている（「受給開始可能期間」）．この場合，平均余命までの期間における給付総額と財政中立的になるように，
　増額（「支給開始年齢」より遅く受給を始める場合）又は減額（「支給開始年齢」より早く受給を始める場合）
　される．
・年金制度においては，この 2 つの要素が制度的に定められている．
　（概念上の拠出建て方式（NDC）を採用している公的年金では，拠出総額と仮想運用益により給付額が算出さ
　れるため，確定給付型のような「支給開始年齢」という概念は存在しない．

・この資料では，以下のように整理する．

制度上定められているもの	「支給開始年齢」	＝給付算定式で得られた額を増減額なく受け取ることができる年齢
	「受給開始可能期間」	＝「支給開始年齢」の前後の，実際に年金を受け取り始めることのできる期間
個人で選択するもの	「受給開始時期」	＝「受給開始可能期間」の中から，受給者本人が年金（選択した時期により増減額あり）をいつから受給するか選択する時期

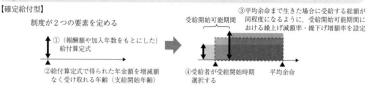

【確定給付型】

出所：第 6 回社会保障審議会年金部会 2018 年 11 月 2 日資料 1「雇用の変容と年金
　　　（高齢期の長期化，就労の拡大・多様化と年金制度）」厚生労働省年金局．

　重要なのは，60 歳から 70 歳のどの年齢で年金の受け取りを始めたと
しても，平均的な死亡年齢まで生きた場合の「年金給付総額（＝年金月
額×年金受給期間）」はほぼ同じになるように設定されている点ですね．
つまり，65 歳より早く受給を開始した場合，65 歳からもらい始めた時
に比べて，より長い期間，年金を受けとれるものの，年金月額は減額さ
れてしまう．一方，65 歳より後に受給を開始した場合は，年金の受け取
り期間は短くなるけれども，年金月額は増額されます．換言すれば，年
金財政としては概ねニュートラルであり，受給開始年齢を 65 歳よりも
後ろにしたからといって，年金給付総額が減少するわけではありません．
……

　増額された年金をもらいたければ，できる限り長く働いて，65 歳より

も後で受給を始めるという選択肢があります．これは，とても大きいことです．講演会でこのことをお話しすると，「65歳よりも後でもらうようにして，65歳で亡くなったら，損するのではないか」と質問を受けることがあります．しかし，公的年金は保険です．「長生きしても何とか生活していける」という安心感をもちながら亡くなるまで暮らせたのならば，公的年金保険から効用を得ているといえるのではないでしょうか．生涯無事故だった元ドライバーが，「自動車保険に入って損をした」と考えないのと同じです．

編集部：「受給開始年齢の選択」と「支給開始年齢の引き上げ」との違いは何ですか．

藤森：「支給開始年齢の引き上げ」は，自由選択ではなく，一律に受給開始年齢を65歳よりも後ろにするというものです．また，支給開始年齢の引き上げは，すでに年金を受給している高齢者の年金給付総額には影響しませんが，将来世代の年金給付総額を減らすことになります．

「支給開始年齢を引き上げるべき」と主張する人は，「年金給付総額が減少するので，少子高齢化によって厳しくなる年金財政を改善できる」と考えているのだと思います．しかし，日本はすでに「マクロ経済スライド」という少子高齢化の進展に合わせて年金給付総額を自動調整する仕組みを導入しています．しかもマクロ経済スライドは，将来世代のみならず，すでに年金を受給している高齢者の年金給付総額も調整していきます．マクロ経済スライドがあれば，支給開始年齢の引き上げは必要ないし，世代間の公平性という点からはマクロ経済スライドの方が優れていると言えるわけです．

こうした「受給開始年齢自由選択制」と「支給開始年齢の引き上げ」の違いを理解しないと，「年金局は支給開始年齢の引き上げを目論んでいる」という誤った見方をしてしまうのだと思います．

権丈：いつまで経ってもそうした誤解が解消できないから，年金局は怒

っちゃって，用語を再定義するよっというセレモニーが必要だったんでしょう．「支給開始年齢」という漢字 6 文字は，ハレーションが大きくってですね．この言葉が出てきた瞬間，年金での建設的な議論が全部吹っ飛んでしまう．

　ということで，僕らも，年金局の血と汗と涙に報いるために，「受給開始時期」と「受給開始可能期間」という言葉を使ってあげないといけないですね．この V3 では，これまで，受給開始年齢と書いていたところで受給開始時期としておいた方がよさそうなところはそうしています——ここんとこ，年金改正論議がブレて混乱しないために大事なので，よろしく！

161 頁に戻る

適用拡大という成長戦略

どうも僕は遠い昔？から，成長戦略として労働者の賃金を上げることが重要だと考えているようでして，その一環として適用拡大の必要性を論じてきていたようです……たとえば，次などは 2009 年の大久保満歯科医師会会長たちとの鼎談ですね．

「権丈教授に医療政策をきく　第 1 回」『日本歯科医師会雑誌（2009，Vol. 61, No. 10)

「仕事」が生産性を持っているわけで，生産性が高い仕事をこの国にいかにつくるかが重要になってくるんです．良いポスト，職業をこの国にいかに準備するかが経済政策，産業政策では重要であって，この国に今ある産業構造をまったく変えずに，生産性をあげることはなかなか難しい．

スウェーデンなどで「同一労働，同一賃金」とよく言われますが，あれは 非常に怖いこと，生産性が低い企業は倒産しなさいということも意味するんですね．つまり，低い生産性しか持っていない会社は潰れなさいということになります．潰れて，そこで職を失った労働者を生産性の高い企業あるいは産業に移すことを積極的に展開していくための標語が「同一労働，同一賃金」なんです．この政策を展開すればものすごい構造転換を伴っていきます．

ここで話していることは，次の図で説明ができます．

この図は，2019 年 3 月に，自民党の「人生 100 年時代戦略本部」から，社会保険の適用拡大の重要性について話してくれと言われて説明してきたものです．北欧の同一労働同一賃金を成長戦略として位置づけたのが，1950 年代にスウェーデンで採られた政策——レーン＝メイドナー・モデルに基づく政策——でした．

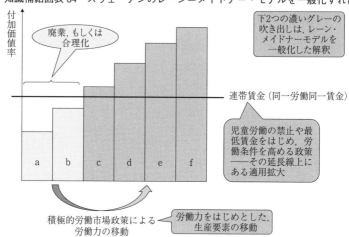

知識補給図表 34　スウェーデンのレーン＝メイドナー・モデルを一般化すれば

注：レーン＝メイドナー・モデルは，1951 年に LO（全国労働組合連合）の方針とし
　　て採択．1950 年代から 1970 年代にかけて，社民党政権下でのスウェーデン・モ
　　デルの中核を成す．

出所：Hedborg, A., R. Meidner, *Folkhemsmodellen*, Raben & Sjogren, 1984 をベース
　　に筆者作成（自由民主党人生 100 年時代戦略本部報告資料「勤労者皆 SI
　　（Social Insurance）に向けて」（2019 年 3 月 28 日）より）．

　理論的には，次のような話です．

　図の中の連帯賃金政策（同一労働同一賃金）の線以下の左側の企
業 a，企業 b は，今のままではやっていけず，廃業か合理化を図る
しかありません．スウェーデンでは，一国の経済政策として，企業
a，企業 b がもし合理化できないのであれば廃業してもらい，そこ
で使われている資本や労働力を，もっと生産的なところにシフトさ
せていくことを経済政策として行っていました．そのかわり，「積
極的労働市場政策」を展開して，廃業した企業の労働者が生産性の
高い企業に移動しやすい仕組みを準備していったんですね．小国で
あるスウェーデンは資本主義世界の中で生きていくのに必死で，労

働者，生活者は守る，しかし成長戦略として，資本，経営者には自己責任を求めて突き放すという政策を展開してきました．

こうした考え方は，スウェーデンのLO（全国労働組合連合）で働いていた2人の経済学者，イェスタ・レーンとルドルフ・メイドナーが，1951年のLO全国大会に提出した『労働組合運動と完全雇用』（レーン，メイドナー編集）で唱えられていたので，レーン＝メイドナー・モデルと呼ばれてきました．

次のオンラインへGO！には，2019年3月に自民党の「人生100年時代戦略本部」で話した時のことを書いています．

オンラインへGO！

今すぐ読んでもらう必要のない年金改革の話──言ってどうなるものでもない世界はある『東洋経済オンライン』2019年11月16日

その日のメインの話は，そもそも公共政策の多くは，ミクロ・短期の視界では正しいことであっても，それをマクロ・長期的に合成すると正しくなくなる「合成の誤謬」という問題を解決するためにある．被用者保険の適用拡大とは，まさにその世界の話である．ミクロ・短期的視野のもとに反対者がでるのは当然であって，それをマクロ・長期的観点，国民全体の幸福，我が国全体の発展に資するように調整していくのが政治の仕事である，というストーリーでした．

こうした考え方の延長として，僕は，2018年9月の年金部会でも，成長戦略としての適用拡大の話をしています．

> 　　　　　　　　第4回社会保障審議会年金部会（2018年9月14日）
>
> 権丈：適用拡大の問題には，賃金の水準が影響してくるのですが，最終的に適用拡大をしていくと賃金率が上がっていって，企業側の負担がふえていくという形になります．けれども，スライド2（経済・社会の変化と年金制度の対応）に書いてありますように生産性革命を政府がやると言っているんですね．基本的にサービス産業が短時間労働者を雇用しているわけですけれども，サービス産業ですと，生産性という形で測っているものは基本的には付加価値になります．付加価値には賃金が入っております．この賃金が上がらないことには生産性革命はできません．そういう意味で，適用拡大は正しい意味での成長戦略であり，生産性革命に寄与するわけです．この生産性革命を政府が唱えているというところが今あるわけです．これは，過去にはなかった条件としてあげることができるかと思います．

　「生産性」って，本当は，いろんな人が自分の都合の良いように使っている妙な言葉なんですけど，僕は，ここでは，「付加価値生産性」として使っています．そのあたりの正確な意味と用法については，『ちょっと気になる政策思想』の第1章にある「働くことの意味とサービス経済の意味」をご覧ください．もしあなたがサービス産業で働いているとしたら，あなたの生産性って，なんで測ればいいんでしょうかね．そのあたりを胆力を持って落ち着いて考えていけば，いわゆる「生産性」が低いというのは，労働者，まして彼らの働き方というような話よりも経営者の責任の方が重大であるということにたどり着くと思います．

　次もどうかな？

オンラインへ GO！

AIで本当に人間の仕事はなくなるのか？──アダム・スミスが予見できなかった未来『東洋経済オンライン』2018年2月3日

164頁に戻る

適用拡大をめぐる社会保険の政治経済学

　令和元年財政検証で，オプション A に位置づけられた，次の年金改革の最大の課題である適用拡大は，実行しようとすると，なかなか手強いものがあります．2007 年にこの問題取りかかっていたとき，僕は，社会保障審議会年金部会の下に作られた「パート労働者の厚生年金適用 WG」にいました．そのことを知った編集者さんから原稿の依頼があったので，書きました……でっ，ごめんなさいね．ちょっと真面目モードで書いてしまっています．この問題に関わると，なんか腹が立ってきたりするんですよねぇ……アハハ．

『会報（東京都社会保険労務士会）』2016 年 5 月号 No. 426
　本稿は，依頼文「厚生労働省のパート労働者の厚生年金適用に関するワーキンググループ（WG）にご参加されていたことを知り……」を引き受けたものである．

　この WG は，当時の社会保障審議会年金部会委員 18 名のうち 6 名からなる下部組織として立ち上げられ，2006 年 12 月から 07 年 3 月まで合計 10 回開催された．本 WG の特徴は，パートタイム労働者（以下，短時間労働者と呼ぶ）の割合が高い，流通・小売業や飲食サービスなどの業種の代表者を呼んで，彼らと WG が直接議論を行ったことにある．結果は，短時間労働者の厚生年金への適用拡大を進めたかった WG が，それを阻止したい団体に対しての惨敗であった．適用拡大をめぐるこうした敗北は，07 年の WG を含めて 3 回ある．

　一度目は，2004 年年金大改革を前にした 03 年であり，2 度目が再チャレンジ支援政策の中で模索された 07 年，そして 3 度目にして，ようやく今年 2016 年 10 月からはじまる 25 万人の適用拡大が行われることになった．ただしこの時でさえ，原案当初の 45 万人から，対象基準「月

額7・8万円以上」が「月額8・8万円以上」に変えられることになって, 25万人に縮小させられている. さらには, 原案附則にあった「施行後3年までに適用範囲をさらに拡大する」という政府に措置を義務付ける規定は「施行後3年以内に検討を加え, その結果に基づき, 必要な措置を講じる」という検討規定に改められた[73].

ちなみに, 2014年財政検証のオプションⅡでは, 被用者保険の更なる適用拡大を行った場合の適用拡大対象者数として, 一定以上の収入（月5・8万円以上）のある所定労働時間週20時間以上の短時間労働者に適用拡大（220万人ベース）と, 一定以上の収入（月5・8万円以上）のある全ての雇用者に適用拡大（1200万人ベース）の2種類が試算されている.

そうであるのに, 今年（2016年）10月から適用拡大される対象者は25万人にすぎない.

なお, 厚生年金の適用拡大が行われるとき, 医療の被用者保険でも適用が進むので, ここでは年金, 医療を合わせて被用者保険の適用拡大と表現しておく.

民主主義の教材としての適用拡大問題

私はかなり前から,「政策は, 所詮, 力が作るのであって正しさが作るのではない」[74]と論じてきた. 被用者保険の適用拡大問題は, まさにそれを知る事例である.

短時間労働者の割合が高い業種の事業主達が, 適用拡大に反対する理由は次のように説明できる.

知識補給図表35の横軸には労働時間, 縦軸には労務コスト, 所得を取っている.

---

73 この間の政治過程については, 岡部史哉(2014)「短時間労働者への社会保険適用をめぐる検討経緯と今後の課題」『社会保障法研究』第4号（2014年10月）参照.
74 権丈（2005〔初版2001〕Ⅰ巻）21頁.

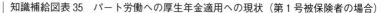

知識補給図表 35　パート労働への厚生年金適用への現状（第1号被保険者の場合）

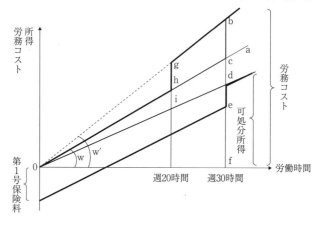

　時間あたりの賃金，すなわち賃金率wの下では，労働時間の増加につれて 0a 線上に沿って，労働者にとっては所得，企業にとっては労務コストが増えていく．しかし現行制度では週 30 時間以上働く労働者には厚生年金への加入義務がある．したがって，例えば 30 時間働く労働者は w × 30 時間の賃金 cf から厚生年金保険料の労働者負担分 cd を支払い，可処分所得（手取り）df を受けとることになる．もっとも，厚生年金に加入していない労働者は国民年金に加入しなければならない．現行制度の下では，定額保険料 ce を払っていた労働者が厚生年金に適用されると，知識補給図表 35 に描いているように国民年金の保険料は cd ですむようになり，結果，労働者の可処分所得は増える．

　一方，この労働者を雇う企業は w × 30 時間 = cf に加えて bc の保険料を負担しなければならない．つまり，社会保険適用者にとっては賃金率が w から w′ に跳ね上がるのである．こうした制度の下では，企業側は労働者を被用者保険が適用されない労働時間にしようとする強いインセンティブをもつことになろう．そして社会保険労務士を始めとした経営コンサルタントたちも，従業員を短時間労働者にして社会保険料の負

担を節約する（逃れる？）ことを薦めたくもなる．誰が悪いという話ではなく，制度が悪いのである．

　ここでいま，週労働 20 時間以上の労働者まで適用拡大することを考えてみる．

　この時，企業側にとっては，それまで社会保険の適用除外に位置づけていた労働者にも追加的な労務コスト——たとえば週 20 時間労働者に対しては gh の追加コスト——がかかり，賃金率が w から w′ に上昇する．企業側が死に物狂いでレントシーキング，ロビイングを展開するのは当然である．ちなみにレントシーキングとは，「企業が政府官庁に働きかけて法制度や政策を変更させ，利益を得ようとする活動．自らに都合がよくなるよう，規制を設定，または解除させることで，超過利潤（レント）を得ようという活動のこと」（デジタル大辞泉）．

　このレントシーキングゆえに，適用拡大という社会保険改革を通して国民の老後生活の安定を図ろうと考える我々サイドは，労務コストの増加を忌諱しようとする企業サイドに敗れるのである．法案を作るのは，**土壇場になると政治家と官僚の折衝の中でなされることになる**．2003 年，07 年，12 年とも，所管府省である厚生労働省は適用拡大をより大きく進めようとしていた．しかし，政治家は抵抗を示して，適用拡大の対象者数を制限するための諸条件を厳しくつきつけてくる．それが社会保険の適用拡大 3 連敗の歴史であり，その歴史は，適用拡大による負担増を拒否する人たちに政治力があったという事実の現れなのである．

　なぜ，そういうことが起こり続けるのか．以前から，有権者が完全情報を持っていない民主主義の下では，経済力を持つ主体，すなわち経済界が政治力を持つ様子を資本主義的民主主義と呼んできた[75]．

75　本書「知識補給　投票者の合理的無知と資本主義的民主主義」参照。

民主主義の中での第3号被保険者問題

　企業側と適用拡大の交渉を行おうとうすると，彼らは，適用拡大を本人達が望んでいないというアンケート調査をもってくることがある．それはどういうことか．

　知識補給図表35における ce の国民年金定額保険料を第3号被保険者は支払っていない．ゆえに第3号にとっては，適用拡大は，当面の可処分所得が cd だけ減ることと受け止められるのであろう．そうであれば，第3号被保険者に適用拡大の賛否を問うと，「反対」と答えることは充分に考えられる．現行はそういう制度であるために，私は6年ほど前の年金部会において次のような発言をすることになる．「民主主義プロセスの中で若干私は憤りを感じるところがあって，パート労働の厚生年金適用を支持しますかと問うと，支持しませんと答える人たちが大量に3号の中にいたりする．……労働市場における攪乱要因，そして民主主義プロセスにおける攪乱要因として，3号が，1号あるいは非正規の人たちの生活の足を引っ張っているところがある」（社会保障審議会年金部会議事録2008年7月2日）．

　もっとも，第3号被保険者にとっても，厚生年金に第2号として自分名義で加入することは年金権の確保という意味でメリットがある．しかしそのことはあまり知られていない．

再分配政策の政治経済学という観点から見れば

　社会保険料をこれから追加的に負担すれば経営がなりたたない．適用拡大に反対する企業は，そう言う．たしかに，彼らが採っている非正規雇用依存型のビジネスモデルを持続するのは難しくなるであろう．しかし，外食産業やスーパーマーケットの需要そのものがこの国から消え去るはずはなく，新しいビジネスモデルを考えた経営者がでて来るのは必然である．

　第1号被保険者の4割程度を占める厚生年金に入っていない被用者は，老後，基礎年金のみで生きて行くことは難しく，彼らの多くは生活保護を利用せざるを得なくなるであろう．「就職氷河期世代の老後に関するシミュレーション」というものがある[76]．それによれば「就職氷河期の人々について，働き方の変化（非正規の増加と，家事・通学をしていない無業者の増加）によって生じる潜在的な生活保護受給者は77・4万人，それが具体化した場合に必要な追加的な予算額累計約17・7 兆円〜19・3兆円」と試算されている．現在の生活保護費が4兆円程度であることを考えると相当な額となる．この額には非正規労働者のみならず，無業者の分も含まれているため，すべてが社会保障未適用を原因とするわけではないが，こうした試算をみれば，将来の生活保護費，すなわち将来の税金で，社会保険の適用免除を許す今の制度を存続させておく意義が，はたしてどの程度あるのかということを考えたくもなる．

　税の負担をはじめ，将来世代に負担を転嫁して，目の前の問題解決を逃れる．政治も経済界も，そして労働界も，有権者たちも，そろそろ社会保険の適用拡大問題を契機に，これまでの長い間，自分たちのやってきたことを考え直した方が良いと思う．そして，公共政策の相当部分は，個々の思い通りに振る舞っていたら全体として不都合が生じる「合成の誤謬」の修正にある．そうした問題の解決方法は，当事者達の意見をダイレクトに反映させることではない――個々の当事者達が抵抗を示すのは当たり前なのである．

　平成26年財政検証オプションIIでは，適用拡大が進めば，基礎年金の給付水準がかなり上昇することが示された．今の日本の公的年金が抱える課題，「給付の十分性」の確保に対して，適用拡大は実に有効な政策でもある．その理由をはじめとした，将来の年金給付水準の底上げを

76　辻明子（2008）「就職氷河期世代の老後に関するシミュレーション」『就職氷河期世代のきわどさ――高まる雇用リスクにどう対応すべきか』総合研究開発機構.

図るための具体的な方法については，権丈（2015）「第Ⅱ部　平成26年
財政検証の基礎知識」を参照されたい．

　この問題については，オンラインへGO！　にもご登場願ってお
きましょうか．今，「土壇場になると政治家と官僚の折衝の中でな
されることになる」と書いていたのですが，今はここに，官邸閣僚
なるものが，たとえば，財政と現業の責任を持つ財務省や厚労省が
政治に求める政策をブロックする門番として，官邸官僚が政治家と
官僚の間に立ちはだかっていたりします．どうしてそういうことが
起こるのか？　については，『ちょっと気になる政策思想』の「知
識補給　税収への推移と見せかけの相関および国のガバナンス問
題」や『ちょっと気になる医療と介護』の「知識補給　いま何が起
こっていて，これから何が起こるのかを考えるのに知っておいた方
がいいかもしれない小選挙区制と内閣人事局」を眺めながら，じっ
と腕を組んで考えてみておいてください．

オンラインへGO！
今すぐ読んでもらう必要のない年金改革の話──言ってどうなるも
のでもない世界はある『東洋経済オンライン』2019年11月16日

164 頁に戻る

世の中まんざら捨てたもんじゃないことを教えてくれる退職者団体

「居酒屋ねんきん談義」で，マクロ経済スライドの名目下限問題に退職者団体がどのような対応をしてくれたのかを，次のように話していますね．

オンラインへ GO！

居酒屋ねんきん談義　第4夜　その2　多様な働き方と年金

第4夜　第7回年金部会「今後の財政検証の進め方について」の議論を巡って　その2　　　　　　　　　　（2019年2月26日開催）

編集部：名目下限維持，また既得権の主張は，将来世代への分配を拒否する，改革に対する抵抗ですから，そこはマクロ経済スライドのフル適用という波動砲をドーンと撃ち込まなければいけませんね．

権丈：ただ，退職者連合は2009年1月に僕に声を掛けてくれて，どうもこいつの言っていることは本当の話じゃないかみたいなところがあって，箱根に呼ばれ話をしておじさんたちと一緒にお風呂に入って帰ってきたんだけど（笑），その年の秋にもう一度，今度は日暮里に呼ばれて話をしたら，後で知ったけど，その日に，「マクロ経済スライド反対撤回（「名目下限堅持」つき）」の決議をされたようです．

小野：退職者連合は名目下限維持も取り下げていますよね．

権丈：そう，ユース年金学会のために学生が訪ねて行った翌年の2017年の夏に，名目下限の堅持という要望も取り下げてくれていました．理由は，「将来世代（孫・ひ孫世代）にもしっかりとした制度を引き継いでいかなければなりません」とあるのですが，うちの学生たちがよほど可愛かったのでしょうかね（笑）．退職者連合には日教組の退職者たちも

所属していて，彼らは，「教え子が生活できる高齢者」になるような政策を支持しないわけにはいかないと言ってくれています．そして，退職者連合の方針のなかに「支給開始年齢の引き上げは，生涯年金額の減額であり，かつその減額影響は，すべてこれからの年金受給世代に負わされる（現受給者は逃げ切り）．既裁定年金の抑制策を持たない国では例があるが，日本には不要で合理性を欠く手法」という文章も書き込んでくれています．

年金受給者の団体に，こうした理解が得られているということは心強いですね．

日本退職者連合というのは，連合と連携し，民間企業や公務員や民間企業の OB を中心に会員約 78 万人を擁する退職者団体．日本退職者連合の政府への要求は，学生が訪ねていった翌，2017 年に次のように変わっています……なんか，世の中，まんざら捨てたもんじゃないなぁという気がしますよね．

知識補給図表 36　退職者団体のマクロ経済スライド（次世代への仕送り）への対応
（＝＝＝ 2016 年要求，太字　2017 年要求時に挿入）

・年金制度について
・(1) マクロ経済スライド調整の~~名目下限方式の堅持~~在り方
・マクロ経済スライドによる調整にあたっては~~名目下限方式を堅持すること．~~**制度による年金額調整の在り方について，現受給者の年金を守るとともに将来の年金受給世代が貧困に陥らない年金額水準を確保できることを重視して，退職者連合と誠実に協議すること．**
・変更した理由
・…退職者連合は，年金受給者団体として，より良い給付を確保するために全力を尽くすことは当然ですが，同時に将来世代（孫・ひ孫世代）にもしっかりとした制度を引き継いでいかなければなりません．…

出所：日本退職者連合（2017）日本退職者連合 2017 年要求」．

164 頁に戻る

図表一覧

事 項 索 引

人　名　索　引

著者略歴

慶應義塾大学商学部教授　博士（商学）

1962年福岡県生まれ．1985年慶應義塾大学商学部卒業，1990年同大学院商学研究科博士課程修了．嘉悦女子短期大学専任講師，慶應義塾大学商学部助手，同助教授を経て，2002年より現職．この間，2005年ケンブリッジ大学ダウニグカレッジ訪問研究員，1996年～1998年ケンブリッジ大学経済学部訪問研究員．

公務では，社会保障審議会，社会保障国民会議，社会保障制度改革国民会議，社会保障制度改革推進会議の委員や社会保障の教育推進に関する検討会の座長など，他にもいくつか引き受けたり，いくつかの依頼を断ったり，また，途中で辞めたり．

主要業績に，『ちょっと気になる政策思想──社会保障と関わる経済学の系譜』（2018年），『ちょっと気になる医療と介護　増補版』（2018年），『ちょっと気になる社会保障　増補版』（2017年）（以上，勁草書房），『年金，民主主義，経済学──再分配政策の政治経済学Ⅶ』（2015年），『医療介護の一体改革と財政──再分配政策の政治経済学Ⅵ』（2015年）『社会保障の政策転換──再分配政策の政治経済学Ⅴ』（2009年），『医療政策は選挙で変える──再分配政策の政治経済学Ⅳ［増補版］』（2007年［初版2007年］），『医療年金問題の考え方──再分配政策の政治経済学Ⅲ』（2006年），『年金改革と積極的社会保障政策──再分配政策の政治経済学Ⅱ［第2版］』（2009年［初版2004年，労働関係図書優秀賞］），『再分配政策の政治経済学Ⅰ──日本の社会保障と医療［第2版］』（2005年［初版2001年，義塾賞］）（以上，慶應義塾大学出版会），『医療経済学の基礎理論と論点（講座 医療経済・政策学　第1巻）』（共著，勁草書房，2006年），翻訳としてV. R. フュックス著『保健医療政策の将来』（共訳，勁草書房，1995年）などがある．

URL　http://kenjoh.com/

ちょっと気になる社会保障　V3

2016年1月20日　　第1版第1刷発行
2017年2月10日　　増補版第1刷発行
2020年2月10日　　第3版第1刷発行
2024年5月20日　　第3版第4刷発行

著　者　権　丈　善　一

発行者　井　村　寿　人

発行所　株式会社　勁　草　書　房

112-0005　東京都文京区水道2-1-1　振替　00150-2-175253
（編集）電話 03-3815-5277／FAX 03-3814-6968
（営業）電話 03-3814-6861／FAX 03-3814-6854
本文組版 プログレス・港北メディアサービス・中永製本

勁草書房

＊表示価格は 2024 年 5 月現在．消費税 10％ が含まれております．
†はオンデマンド版です．